파국의 지형학

하이브리드 총서 6

파국의 지형학

1판 1쇄 발행일. 2011년 9월 10일
2판 1쇄 발행일. 2021년 2월 10일

지은이. 문강형준
펴낸이. 정은영

펴낸곳. (주)자음과모음
출판등록. 2001년 11월 28일 제2001-000259호
주소. 04047 서울시 마포구 양화로6길 49
전화. 편집부 02. 324. 2347 / 경영지원부 02. 325. 6047
팩스. 편집부 02. 324. 2348 / 경영지원부 02. 2648. 1311
이메일. munhak@jamobook.com

ISBN 978-89-544-4582-5 (04300)

하이브리드 총서 6

파국의 지형학

문강형준

자음과모음

부모님께

이해할 수는 없었지만, 언제나 찾아올 것 같기만 하고
정작 오지는 않던 세상의 끝이 어딘가에서 이미 시작된 듯했다.
땅과 하늘 모두가 천천히 죽음에 먹히고 있었다.
/ 윤이형, 「큰 늑대 파랑」

패거리들은 그것이 인간이든 동물이든 모두
전염, 전염병, 전쟁터, 파국과 더불어 증식한다.
/ 질 들뢰즈 · 펠릭스 가타리, 『천개의 고원』

진정한 창세기는 처음이 아니라 끝에 있다.
그것은 사회와 존재가 근본적이 될 때,
즉 자신들의 뿌리를 움켜쥘 때만 비로소 시작한다.
/ 에른스트 블로흐, 『희망의 원리』

파국의 지형학

서문 왜 '파국'인가?

1

한자어로 '파국破局'은 '깨어지는 판'이라는 뜻이다. 이 한자어가 환기하는 이미지는 마치 지진 같은 것, 평온한 일상의 판plane에 갑작스레 찾아온 진동과 균열, 이로 인해 더 이상 과거의 삶이 가능하지 않은, 혹은 모두의 절멸로 향하는 전례 없는 위기의 형국이다. 파국을 뜻하는 영어 'catastrophe'는 그리스어 'katastrephein'에서 유래하는데, 이는 '아래kata'와 '뒤집힘strephein'이 결합된 것으로 '아래로 뒤집히는' 상황을 그리고 있다. 16세기 영어에서 'catastrophe'는 연극에서의 예측 불가능한 전환점, 곧 반전을 뜻하는 용어로 사용되기도 했다. '기대하고 있던 서사가 갑자기 뒤집히는 순간'을 의미했다.

지진으로 세상이 뒤흔들린 후에는 그 위에 전과는 다른 건물이 들어서고, 'catastrophe'로 서사가 반전을 맞으면 그 이후에는 관객이 상상하지 못했던 새로운 관계들이 생겨난다. 마치 '혁명revolution'이라는 단어가 '빙그르 돌아가면서 뒤집히는' 역전逆轉의 모양에서 유래했듯, '파국' 역시 현재의 체제가 완벽히 깨어짐으로써 마련되는 어떤 잠재적인 역전의 계기를 품고 있다. '파국'은 끝과 종말을 부르는 미증유未曾有의 대참사를 일컫기도 하지만, 동시에 기존의 질서가 갑작스레 전복됨으로써 생겨나는 새로운 시공간이기도 한 것이다. 그래서 '파국'은 언제나 끝이면서 시작인, 절망이면서 희망인, 디스토피아면서 유토피아인, 독이면서 약인 이중성을 가진다.

예로부터 인류는 자신의 문화적 유산들 속에 이 '파국'의 이중성을 알게 모르게 기입해왔다. 인류의 창조와 종말, 그리고 새로운 시작에 관한 유대-기독교 서사에서부터, 각자위심各自爲心의 시대가 끝나고 동귀일체同歸一體의 새 시대가 도래하는 후천개벽後天開闢에 관한 동학의 원리, 자본주의의 과잉 착취가 스스로의 무덤을 파면서 불러올 코뮤니즘에 대한 마르크스의 역사철학, 기후 급변과 자원 고갈, 경쟁 격화로 인해 발생할 근미래의 대참사에 대한 포스트-아포칼립스 문화 텍스트들의 상상력에 이르기까지 인류는 세상의 끝과 시작, 체제의 격변과 역전에 관한 수많은 서사들을 만들어냈고, 여전히 만들어가고 있는 중이다. 죽음의 가능성에 직면할 때 뒤늦게 샘솟는 생의 에너지처럼, 그것이 문학이든 과학이든 종교든 파멸에 대한 상상은 어쩌면 인류를 살게 하는 힘이 아니었을까.

2

우리 시대는 '파국'을 기피하는 시대다. 우리는 생산력이 모든 결핍을 채우고, 과학기술이 모든 문제를 해결하고, 자본주의가 모든 이를 성공으로 이끌 것이라는 어떤 도저한 믿음 속에서 살아간다. 간지奸智를 발휘하며 신들의 시험과 괴물들의 손아귀를 피해 페넬로페의 품으로 돌아간 오디세우스처럼, 이 시대는 기존의 생산력과 과학기술과 시스템을 물신화함으로써 다른 모든 균열을 덮고 헤쳐나갈 수 있다고 생각하는 듯 보인다. 그럼에도 불구하고 이 시대는 가장 실제적인 파국의 가능성에 직면한 시대다. 도처에서 지진이 일어나고, 쓰나미가 몰려오고, 봉기가 발생하고, 경제위기가 반복되고 있다. 부자들이 하늘에 닿은 바벨탑 위로 올라가는 반면 빈민들은 점점 지하로 내려가고, 그 중간에 있었던 이들은 자취를 감추고 있다. 그 어떤 재난도 극복하는 국가, 그 어떤 위기도 이겨내는 시장의 힘을 맹신하면 할수록 사람들은 높아가는 허무와 불안과 분노 속에서 그저 하루하루 견뎌내는 전쟁 같은 삶을 산다. 체제가 유토피아를 설파하는 동안 인민은 디스토피아를 예감하는 균열이 있고, 문화는 파국에 관한 상상력으로 그 균열을 채운다.

되돌아보면 파국은 언제나 '아래에서부터' 상상되었다. 떠돌아다니는 유대인, 언더월드에 살던 중세 유럽의 민중, 부패한 권력에 피를 빨리던 조선의 민중, 기계처럼 노동해야 했던 프롤레타리아, 미쳐버린 철학자, 인정받지 못한 사이언스 픽션 소설가와 만화가들이 파국적 상상력의 주인공들이다. 이들은 '아래'에 있었기에 땅 밑에서 들려오는 미미하고 불규칙적인 진동을 느낄 수 있었다. 그들은 현재에 만족할 수 없었기에 현재를 뒤집는 상상을 할 수 있었다. 그리고 아직 오지 않은 미래를 그렸기에 현재의 틈을 파악해낼 수 있었다. 지금 우리의 시대, 우리의 일상이 영원하리라고 믿는 이들은 언제나 오늘 편안한 이들이다. 오늘 뼈가 빠져야 하는 이들은 오늘의 시대와 일상을 그대로 받아들이기 힘들다. 바로 그 불편함 속에서 파국의 상상력이 출몰出沒한다, 마치 유령처럼.

파국의 상상은 일상의 불편함을 조금씩 기워나가는 사회공학적 접근이 아니라, 위기와 절멸을 상상함으로써 현재의 질서를 역전시키고 절멸시키려는 근본적인 접근이다. 파국이 아니라면, 새로운 질서도 새로운 사유도 나올 수 없기 때문이다. 그렇다고 해서 파국의 상상이 초월적인 것은 아니다. 모든 파국의 상상은 자신이 선 땅의 내재적 질서에서부터 시작한다. 그것이 초월적으로 보이는 것은 파국의 상상을 하기에는 너무나 안락한 자신의 푹신한 의자 때문이다. 진실을 알고 있기에 제대로 장사葬事되지 못한 파국의 상상이라는 유령은 세상의 부패함과 불안함을 드러내는 전령傳令이 된다. 실체 없는 유령이 현실의 모순 속에서 만들어지듯, 파국의 상상과 예감은 모순적인 현재에 개입하는 입구가 된다. 파국의 담론이 필요한 이유다.

3

이 책은 이러한 파국의 상상력을 다룬다. 그러나 지질학地質學, geology이라기보다는 지형학地形學, geomorphology으로서 다룬다. 지질학이 구멍 뚫는 굴착기라면 지형학은 활짝 펴진 그물망이다. 지질학이 수직적이라면 지형학은 수평적이다. 지형학은 땅 표면의 형태를 그리며 그 표면과 형태에 작동하는 여타의 다른 힘들 간의 상호관계에 주목한다. 지구의 내부를 파고들어 형성의 역사를 다루기보다는 현재 우리가 발 딛고 살아가는 땅의 모양새를 눈여겨본다. 그래서 '파국의 지형학'은 이 시대가 직면한 파국의 분위기와 가능성을 톺아보고 아직 오지 않은 파국에 대한 상상을 들춰보며 그 속에서 우리가 사유해야 할 과제들, 우리가 고민해야 할 윤리적 질문들을 뽑아낸다. '파국의 지형학'에서 분과 학문은 의미가 없다. 파국의 기미는 분과적으로 오더라도, 파국의 사건은 연쇄적으로 발생한다.

파국의 지형도를 그리는 데 필요한 도구는 결국 손에 잡히는 대로 이용할 수밖에 없다. 파국의 지형은 아직 제대로 분석되고 보고된 적이 없기에, 이 책은 좀 더 제대로 된 파국의 지형학과 지질학을 위한 첫 스케치일 수밖에 없다. 아직 그물망에는 구멍이 숭숭 뚫려 있고, 도구는 날카롭지 못하며, 스케치북은 군데군데 얼룩져 있다. 그래서인지 이 책이 내놓은 지형도는 들쑥날쑥하다. 열한 편의 글은 하나의 체계적인 설계도면이 아니라 갖가지 시점으로 그려낸 도면과 보고서를 이어붙인 콜라주에 가깝다. 그것은 설계도면보다는 콜라주를 좋아하는 이가 쓴 글이어서이기도 하고, 평평하고 매끄러운 지표면보다는 들쑥날쑥하고 울퉁불퉁한 지표면들에 집중하려 했던 이의 전략이기도 하다. 콜라주이기에 '파국의 지형학'은 어디에서 시작해도 상관없다. 하나의 그림과 다른 하나의 그림은 완전히 다른 지표처럼 보이지만 결국 그것들은 '파국'이라는 하나의 개념, 언제나 이중적인 파르마콘pharmakon으로 귀결된다.

4

모든 것은 『왓치맨*Watchmen*』에서 시작되었다. 2009년 봄 잭 스나이더Zack Snyder 감독의 영화 〈왓치맨〉이 개봉하기 전, 나는 앨런 무어Alan Moore 원작의 『왓치맨』(1987)을 읽었다. 냉전 시기의 불안과 핵전쟁의 공포가 짙게 깔려 있는, 그래서 나비의 날개짓 한 번이면 폭풍이라도 불 것 같은 세계의 모습과, 그 세계를 더 나은 곳으로 바꾸기 위해 가공할 폭력을 사용했던 오지만디아스의 선택을 어떻게 이해할 것인가? 파국은 우리 눈앞에 이미 와 있는가? 그 전조는 무엇인가? 파국의 상황은 오로지 이 시대의 것이었나? 파국의 상황이 중요한 이유는 무엇인가? 파국에는 어떤 이중성이 담겨 있는가? 파국의 상황에서 인간은 어떤 선택을 할 수 있는가? 파국의 상상력을 통해 우리는 무엇을 사유해야만 하는가? 이 실현되지 않은 픽션은, 유령은 우리를 어떻게 실제로 바꿀 수 있을 것인가? 질문은 다른 책들로 이어졌고, 이 질문의 답을 함께 고민할 스승을 찾는 것으로 발전되었다.

그러던 중 천운天運과도 같이 피터 백Peter Y. Paik 선생님을 만났고, 선생님과의 세미나와 대화를 통해 질문은 점점 풍성해질 수 있었다. 텍스트들은 늑대의 발자국처럼 사방으로 흩어져 있었고, 들어갈수록 다른 길로 이끄는 미로와도 같았으나, '파국'이라는 하나의 주제 속에서 그것들은 희미하게 연결되는 것처럼 보였다. 계간 『자음과모음』의 복도훈 편집위원에게서 '하이브리드' 연재를 청탁받은 것이 그 무렵이었다. 2010년 봄호부터 겨울호까지 네 차례에 걸쳐 모두 500매 분량의 원고를 쓰는 조건이었다. 연재를 통해 머릿속의 질문들을 정리하면서 지도와 지형도를 그릴 좋은 기회였다. 고민 없이 청탁을 받아들였고, 즐거운 마음으로 고통스럽게 글을 쓰기 시작했다. '파국의 지형학'은 그렇게 시작되었다.

이 책은 네 차례의 연재 글을 바탕으로, 그 과정 바깥에서 만들어졌던 다른 글들을 함께 배치함으로써 이루어졌다. 1~5장을 이루는 다섯 편의 글들은 파국의 지형에서 돋보이는 지표면에 대한 각기 다른 주제의 보고서들이다. 다섯 편의 글들에 이어지는 다섯 편의 짧은 글은 말 그대로 앞의 글에서 미처 말하지 못한 것들이나 빠진 것들을 채워넣는 글로서 보유補遺라 이름 붙였다. 앞의 지표면 인근에 있는 다른 땅에 관한 글로 이해하면 되겠다. 마지막 6장은 이 책의 결어에 해당하(기를 원하)는 글로서 보유를 넣지 않았다. 6장에 대한 보유는 이 책 이후 다시 시작하는 질문들에 침잠함으로써 언젠가 파국의 새로운 지형에 관한 한 권의 다른 책으로 나올 수 있기를 바란다. 다만 지금은 '파국'이라는 이 개념을 독자들 각자가 다른 방식으로 풀이하고 해석하고 이어붙이고 비틀어, 깊은 성찰과 새로운 사유를 위한 재료로 삼아주기를 바랄 뿐이다.

1 늑대의 시간의 도래[1]

파국의 지형학을 위한 서설

디스토피아적 감성

세계가 점점 더 파국으로 치닫고 있다고 말하지 않을 수 있는가. 지진으로 무너진 건물들과 거리 곳곳에 이리저리 쌓인 시체 사이로 살아남은 자들이 아우성치는 아이티의 참상 속에서 아프리카 최초로 프랑스 식민 권력에 맞서 진정한 노예해방 혁명을 이루었던, 프랑스혁명의 한계를 드러낸 저 '상상할 수도 없는 사건unthinkable event'을 만들어냈던 빛나는 역사를 한 움큼이라도 느낄 수 있는가.[2] '재산'에 불과했던 노예가 '인간'임을 주장하며 프랑스 공화주의 부르주아의 인종주의와 계급적 편견을 분쇄해버렸던, '근대적 의식'이 서구의 발명품이 아니었음을 공포로 보여주었던 그 아이티의 거리는 프랑스와 미국 등이 만들어낸 수십 년간의 독재와 쿠데타로 이미 만신창이가 된 이후, 이제 대지진으로 인한 무질서 상태를 빌미로 다시 열강을 중심으로 한 다국적군이 점령한 형국이 되어버렸다. 역사는 이렇게 돌고 돌아 제자리로 오는 것인가.

아이티혁명이 보여주었던 '인권'의 장엄한 외침이 도달한 곳은 무슬림의 테러 시도로 인한 공포로 사색이 된 선진국들의 '알몸투시기'가 아닐까. 이제 전 세계 여행객들은 각국의 공항에서 투시기 광선에 제 몸을 비추어 '내 몸 어느 곳에도 테러 장비를 숨기고 있지 않다'는 사실을 '투명하게' 입증해야 하는 때가 되었다. 투시기 앞에 선 '벌거벗은 몸'은 그 어떠한 인

1 이 글은 같은 제목으로 계간 『자음과모음』 2010년 봄호에 수록되었다.

2 Antonio Negri and Michael Hardt, *Commonwealth*, Cambridge, MA.: Harvard University Press, 2009, pp. 13~14; Peter Linebaugh and Marcus Rediker, *The Many-headed Hydra: Sailors, Slaves, Commoners, and the Hidden History of the Revolutionary Atlantic*, Boston: Beacon Press, 2000, ch. 7.

간의 권리도 '테러'에 대한 경보 앞에서는 아무것도 아님을 보여준다. 물론 '알몸'도 다 같은 알몸이 아니다. 미국인, 영국인의 '알몸'과 이란인, 나이지리아인의 '알몸'은 이미 위계질서 속에 놓여 있다. 위험국으로 분류된 국가에서 온 사람은 더욱 철저한 '투시'의 대상이 되는 것이다. '테러'는 뉴욕의 그라운드 제로나 아메리칸 에어라인의 비행기 속에 꿈틀거리는 것이 아니라, 바로 투시기 앞에 긴장된 표정으로 서 있는 이들의 '알몸' 속에 존재한다. "자연상태의 생명zoē이 폴리스polis의 영역으로 들어오는 것", 즉 "있는 그대로의 생명bare life 자체의 정치화가 근대성의 결정적 사건을 구성한다"고 한 조르조 아감벤Giorgio Agamben과 함께, 이제 JFK와 히드로와 인천에 줄지어 있는 인간들을 통해 우리는 한나 아렌트Hannah Arendt가 "벌거벗은 생명naked life"이라고 표현했던 그 자연상태의 생물학적 생명에 대한 합법적 투시의 권력이야말로 지배의 원천임을 '직관'하기 시작하고 있지 않은가.[3]

무너진 대지와 알몸투시기를 통과해 한국에 온다고 살림살이가 나아지는 것은 아니다. 신규 실업급여 신청자 수가 2009년에 사상 처음 100만 명을 돌파했고(전년 대비 28퍼센트 증가), 소위 '청년 백수'가 100만 명에 육박하고 있으며, 2009년 현재 실질 실업률이 12퍼센트에 이르렀다. 지난 10년간 국공립대 등록금은 116퍼센트(대학원 92퍼센트), 사립대 등록금은 80퍼센트(대학원 113퍼센트)가 상승했다. 본격적 신자유주의로의 전환을 맞이한 지 14년째를 맞은 한국의 현실은 어딜 가나 여전히 '어렵다', '위기다'라는 신음뿐이다. 서민경제의 위기와 빈부격차의 확대는 고스란히 범죄율 증가로 나타나고 신문의 사회면에는 생계형 범죄에서부터 약자들을 향한 폭력, 부자와 외국인 노동자에 대한 양극의 증오 범죄가 꼬리를 물고 이어지고 있다.

불안과 위기, 범죄의 일상화는 안전에 대한 부자들의 욕구를 강화시킨다. 이에 따라 '강부자'라는 기표로 상징되는 다양한 한국판 '폐쇄 공동체gated community'가 생겨서 부르주아 계급은 타자들의 침입이 제한되는 자신들만의 시공간에서 마음껏 시장의 쾌락을 음미한다. 이 '폐쇄 공동체'에 들어가고자 하는 욕망, 그래서 '너의 쾌락을 나도 누리고 싶다'는 '쾌락의 평등주의'가 무너지는 한국의 중간계급이 부여잡고 있는 유일한 욕망으로 보인다.

> 한국 중간계급이 지지하는 민주화라는 건 결국 (신자유주의적인) 시장주의이고, 이를 통해 쾌락의 평등주의를 달성하는 것이다. 이는 결국 시장의 규칙 안에 들어와 '공정하게' 경쟁하는 것을 의미할 뿐, 이 시장에 진입하는 과정에서 발생할 수 있는 여러 가지 기회비용에 대한 배려는 사실상 생략된다. 무조건 시장 안에 들어가야 하는 것이 우선 과제이고, 그래서 입시경쟁이나 취업경쟁이 발생하는 것이다. (……) 한국 중간계급의 특징은 부르주아 계급을 혐오하면서도 동경하고, 프롤레타리아 계급을 동정하면서도 무시하는 태도에서 찾을 수 있다. 즉 한국 사회에서 중간계급은 '건전한 시민의식'이라는 이상적인 도덕성을 체현한 주체라기보다는 부르주아 계급과 노동 계급 사이에서 독자적으로 자기 이해관계를 추구하는 세력으로 보는 것이 타당하다.[4]

이택광이 설명하는 이 '중간계급의 태도'는 궁극적으로 사회의 불평등 구조에 대한 집단적 행동보다는 "입시경쟁이나 취업경쟁"과 같은 '각개전투'로 나타나고, 이것이 어려서부터 경쟁체제의 승자가 되어야 한다고 교육받은 청년 세대에 이르러 '스펙'의 무한 확장으로 드러난다. 이 거대한 구조 속에서 한국의 '좌파'는 영원히 '간지'를 얻을 수 없는 '힘없는 약자'의 이미지로 굳어진다. '강기갑 의원의 공중부양'과 같은 표현이나 '남성인권보장위원회'와 같은 운동권 패러디는 이제 한국의 주류 대중문화에서 좌파

3 Giorgio Agamben, *Homo Sacer: Sovereign Power and Bare Life*, trans. Daniel Heller-Roazen, Stanford, CA.: Stanford University Press, 1998, p. 4; Hannah Arendt, *The Origins of Totalitarianism*, New York: Schocken Books, 2004, pt. 2, ch. 5.

4 이택광, 『무례한 복음: 이택광의 쾌도난마 한국문화 2008-2009』, 난장, 2009, 64~65쪽.

가 거의 '허경영'과 동급으로 취급되는 상황에 이르렀음을 보여준다. 그나마 중간계급의 범주에도 들어갈 수 없는 도시의 하층민들은 부동산 자본의 이윤과 결탁한 경찰력에 밀려 물대포를 맞고 불타서 죽어가기 일쑤다. 부르주아 계급의 이익과 중간계급의 '쾌락의 평등주의'가 맞아떨어져 생겨난 이명박 정권은 그 어떠한 저항에도 '묵묵히' 제 갈 길을 가고 있으며, 어느새 '10년 좌파 정권'의 조그마한 전진마저도 이제는 역사의 뒤안길로 사라져버린 듯한 형세다. 이런 총체적 난국 속에서 오직 걸그룹만이 엉덩이를 흔들고 오직 이명박만이 희망을 말하며 오직 부르주아 계급만이 미소를 짓고 있다.

이러한 상황에서 이 시대를 살아가는 이들에게 디스토피아적 파국의 상상력은 일상화될 수밖에 없다. 이미 우리는 어떻게 등록금을 마련해야 할지, 어떻게 정규직을 얻을 수 있을지, 어떻게 해야 해고되지 않을지, 어떻게 노후를 보낼지에 대해 언제나 고민 중이다. 우리는 어쩌면 우리도 모르는 사이 용산의 참사가 2년 넘게 해결되지 못하는 것을 보면서, '백수 취업준비생'을 다루는 시사 프로그램을 보면서, 언론사의 사장과 진행자와 프로그램이 하루아침에 사라지는 것을 보면서, 평등과 자유를 진전시키는 법률안들이 상정도 되지 못하는 국회의 모습을 보면서, 이미 디스토피아적 서사를 살고 있는지도 모른다. 즉 우리가 사는 세상에 더 이상 진정 유의미한 역사 발전이 가능하지 않을지도 모른다는 그 공포, 이미 우리의 삶에는 어떠한 희망의 목표도 남지 않았을지도 모른다는 그 좌절, 내가 지금 길을 걸어가고 있지만 그 길이 나를 어디로 인도할지 알 수 없다는 그 절망, 이런 디스토피아적 감성이 우리 삶의 서사 위에 짙게 드리워 있는 것이다.

언제나 그렇듯 디스토피아적 감성 역시 가장 먼저 대중문화에 의해 포착되어 우리 앞에 펼쳐진다. 2009년 말 이후 쏟아져 나온 〈2012〉, 〈팬도럼Pandorum〉, 〈더 로드The Road〉, 〈아바타Avatar〉 같은 영화들은 모두 디스토피아적 상황을 전제로 하는 텍스트들이다. 〈2012〉는 마야문명이 예고한 지구 멸망의 시간인 2012년 12월을 배경으로 지구에 닥치는 대재앙을 피해 달아나는 가족의 이야기를 담았고, 〈팬도럼〉과 〈아바타〉는 지구의 자원 부족이라는 절망적 상황을 타개하기 위해 새로운 행성을 탐사하는 과정에서 발생하는 이야기이며, 코맥 맥카시Cormac McCarthy의 소설을 원작으로 한 〈더 로드〉는 지구 재앙이 닥친 후 생존한 아버지와 아들이 희망이 남아 있을 거라 믿으며 남쪽으로 길을 재촉하는 상황을 그리고 있다. 이 영화들에서 공통적으로 등장하는 코드는 바로 '파국破局'이다. 할리우드 정치학 속에서 만들어진 이 영화들은 물론 파국의 상황 속에서도 한 줄기 남은 휴머니즘적 연대와 희망을 결코 놓치지 않고 있지만, 그럼에도 불구하고 이 영화들을 관통하는 멸망과 소진消盡의 상황은 희망을 무색케 하기에 충분할 만큼 강력하다.

우리는 무엇보다 이 영화들이 그리는 디스토피아적 상황, 즉 자연재해, 자원의 소진, 인류의 멸망, 원시로의 귀환을 알레고리로 경험하는 것을 넘어 이미 지금 여기서 목격하고 또 경험하고 있다. 아프가니스탄과 이라크의 폐허, 아이티의 죽음과 혼란, 용산의 폭력, 실업자와 노숙자의 절망, 알몸투시기의 벌거벗은 영상은 이미 영화 속의 디스토피아적 상상력이 다양한 형태로 우리의 경험 속에서 변주되고 있음을 보여준다. 우리는 불안하게 감지한다. 언젠가 스크린 위의 영상이 우리 삶의 모습이 될 수도 있다는 것을. 언젠가 내가 저 시쳇더미 한가운데를 지나칠 수도 있고, 나의 벗은 몸을 누군가에게 드러냄으로써만 어딘가를 '통과'할 수 있다는 것을. 유일하게 믿을 사람은 내 아버지, 내 가족밖에 없다는 것을. 이 불안은 그 자체로 디스토피아적이다. 교회에서 '짐승의 숫자 666'이 퍼지고 있다며 나눠준 책을 공포스럽게 읽었던 1980년대의 소년은 얼마 지나지 않아 한국 기독교의 과잉 강박증에 코웃음을 쳤지만, 이제 어른이 되어 21세기를 사는 그는 파국의 소리, 파국의 신호를 실제로 감지한다. 아포칼립스apocalypse의 파편은 「요한계시록」 속에 있는 게 아니라 바로 이곳, 지구의 '현재' 위에 지속적으로 상처를 남기고 있다. 당신은 세계가 점점 더 파국으로 치닫고 있지 않다고, 말할 수 있는가.

또 다른 종말?

그러나 우리는 이 파국의 기미幾微, 디스토피아의 감성을 단지 '기미'와 '감성'의 영역 속에 뭉뚱그려서는 안 된다. '기미'와 '감성'을 어떤 초월적인 상태를 지각하는 감각으로 한정하는 순간, 우리는 현실에서 벌어지는 역사적 사건과 그 역사 '속에서' 살아가는 주체들이 발전시키는 감각 사이의 연관성을 잃어버리게 된다. 많은 이들이 그러하듯 디스토피아적 감성의 지도를 그리는 데 '동자보살의 영발'을 기대해서는 안 된다. 지구상에서, 또 한국에서, 일상에서 벌어지는 일련의 사건들 속에서 형체를 드러내는 디스토피아적 감성의 정체는 결국 우리의 현실을 통해 다시 점검되고 역사화되고 서사화되어야 한다.

디스토피아적 감성의 지도 그리기는 이미 시작부터 질문거리를 안고 있다. 즉 도대체 누가 파국의 기미를 감지한단 말인가? 내가 이 글에서 사용하고 있는 '우리'는 누구인가? 다시 말하면 디스토피아의 감성을 과연 모두가 공유하고 있는가? 어떤 이들은 불행하지만 어떤 이들은 여전히 행복하지 않은가? 나는 앞서 '어떤 계급'은 쾌락을 느끼고 있다고 말하지 않았는가? 그렇다. 현실의 '디스토피아'를 말하는 일은 특정한 이들의 전유물일지도 모른다. 그것은 오직 현실의 무게를 실제로 감지할 수 있는 자들만이 가진 감성일지도 모른다. 마치 극히 미세한 대지의 진동을 느끼고 미리 도망가기 시작하는 쥐들처럼, 종말과 소멸의 진동은 특정한 이들에게만 다가온다. 용산참사 현장에서 일 년간 집회가 이어지며 크고 작은 충돌이 발생하는 동안, 집회 현장에서 횡단보도 하나를 건너서 있는 '민자民資' 용산역의 화려한 현대백화점과 CGV영화관은 언제나 사람들로 북적였음을 기억하라. 세상이 무너진 것 같은 유가족들의 감각과 백화점에서 신상 샤넬 백을 고르는 소비자의 감각은 엄연히 다른 공간, 다른 시간에 놓여 있다. 세상이 힘들고 사는 게 두렵다고 외치는 사람들이 이토록 많은 세상에, 우리는 잘하고 있다며 샴페인 잔을 들고 있는 이들이 공존한다. 어떤 이들의 디스토피아는 반대편 이들에게는 유토피아로 감지된다.

이 지점에서, 지금 말하는 '종말'이 아닌 '또 다른 종말'을 이미 이야기했던 때로 잠시 에둘러갈 필요성이 생긴다. '역사의 종말End of History'이라는 프랜시스 후쿠야마Francis Fukuyama의 테제가 그것이다. 주지하다시피 후쿠야마가 말하는 '종말'은 오늘, 디스토피아적 감성과는 정반대편에서 탄생했다. 세계대전이라는 물리적 열전熱戰에 뒤이은 이데올로기적 냉전冷戰의 상황, 즉 파시즘이 물러난 자리에 뒤이은 스탈린식 전체주의에 맞서고 있던 미국의 자유민주주의 헤게모니가 베를린 장벽의 해체와 소비에트 연방의 해체라는 역사적 사건으로 인해 최종 승리한 것처럼 보이던 1992년에 후쿠야마의 '종말'은 탄생했다. 그가 말하는 '종말'은 보편적 역사, 대문자로 시작하는 '역사History'의 종말이다. 베를린과 소련을 지켜보며 후쿠야마는 '공산주의'라는 거대한 역사적 실험이 드디어 폐기되고, 이제 '정치적 자유주의political liberalism'와 '경제적 자유주의economic liberalism', 즉 민주주의와 자본주의의 최종적 성공이 확실시된다고 판단한다. 자유의 최종 승리를 향한 역사의 도정이라는 헤겔G. W. F. Hegel의 역사론을 나름대로 재해석한 후쿠야마에 따르면, 이야말로 인류의 보편적 역사가 제 몫을 다한 후 드디어 더 이상의 변종을 기대하기 힘든 상태로의 이행, 즉 '역사의 종말'을 맞이한 상태가 된다.

> 만약 우리가 현재와 본질적으로 다른 세상을 상상할 수 없는 지점에 와 있다면, 즉 미래에 우리의 현재 질서에 대한 근본적인 발전을 의미할 분명하거나 명백한 방식이 존재하지 않는다면, 우리는 '역사 자체History itself'가 종말에 도달했을지도 모른다는 가능성 역시 고려해 봐야만 한다.[5]

후쿠야마의 '역사의 종말' 테제는 자본주의와 결합한 민주주의 혹은 자유주의의 승리라는 샴페인을 터뜨리고 싶었던 미국 헤게모니의 다급함으로

5 Francis Fukuyama, *The End of History and the Last Man*, New York: Free Press, 2006, p. 51.

판명되었다. 후쿠야마의 '역사의 종말'이 등장한 지 10년이 채 되지 않아 미국은 자신의 지구 지배에 대한 거친 반격을 뉴욕 맨해튼 한복판에서 경험하게 되고, 또 그로부터 10년이 안 되어 1929년의 대공황에 버금가는 경제위기의 진앙지가 되면서 '자유주의'의 균열과 맞닥뜨렸다.

'역사의 종말' 테제를 더 정확히 이해하기 위해서는 후쿠야마가 아니라 알렉상드르 코제브Alexandre Kojève를 참고해야 한다. 헤겔에 관한 주석으로 유명한 코제브는 헤겔의 '역사의 종말과 인간의 소멸'이라는 주제를 특유의 명쾌한 해석으로 재정립했다. 코제브는 역사의 종말과 인간의 소멸이 '정신의 차원'에서 진행되는 것임을 강조한다. 코제브에 따르면 헤겔에게 역사란 정신Spirit의 자기 구현이다. 정신은 자유를 향해 나아가며, 이 자유가 완전히 실현되었을 때 역사를 통한 정신의 구현은 종말을 맞는다. 이것은 곧 자연적인 세계는 그대로 남을 것이고, 생물학적인 재앙의 차원이 아니라는 의미이기도 하다. 그렇다면 사라지는 것은 "주어진 것을 부정하는 행동Action, 과실Error 또는 일반적으로 대상에 저항하는 주체Subject로서의 소위 인간"이다. 다시 말하면 헤겔에게 '역사의 종말'은 부정과 저항이라는 어떤 '투쟁'의 과정이 소멸한다는 의미로, 곧 "전쟁과 피나는 혁명의 소멸"이다. 이제 투쟁은 사라지고, 정신은 역사를 통해 완전히 자신을 구현했으므로 더 이상 세상을 이해하는 지혜로서의 철학 역시 존재할 필요가 없다. 남는 것은 예술, 사랑, 연극 등 인간을 "행복하게 만드는 모든 것"뿐이다.[6] 이러한 상태는 마르크스Karl Marx가 말한, 자연과 투쟁하고 인정을 위해 싸우는 "필요의 영역Realm of necessity"이 극복된 상태, 더 이상 투쟁도 없고, 노동은 필요에 따라서만 수행하는 "자유의 영역Realm of freedom"에 이른 상태와도 연결된다.[7]

코제브의 해석을 참고했을 때, 후쿠야마의 테제가 결정적으로 오류를 범하는 지점은 미국식 '자유주의'의 승리를 헤겔과 마르크스의 '자유의 승리'와 동일시한 데 있다. 개인의 침해받지 않는 인권[8]과 소유권을 핵심 요소로 삼는 '자유주의liberalism'는 왕과 종교가 권력을 장악하고 있던 시기에는 혁명적 역할을 담당했으나, 권력이 부르주아와 자본에게로 넘어간 이후에는 그 혁명성을 잃어버리게 된다. 보편적 인간의 자유를 옹호하는 자유주의의 이념은 실은 태생부터 무산자, 노동자, 여자, 노예, 유색인 등을 제외하는 방식으로 역사에서 구현되었다. 20세기의 대표적 자유주의자인 프리드리히 하이에크Friedrich Hayek나 칼 포퍼Karl Popper는 전체주의적 이념에 맞서는 싸움의 선봉에 자유주의를 위치시켰으나, 자본주의가 전체주의화하는 양상을 파악하는 그들의 촉수는 무디기만 했다. 자유주의는 언제나 자본가에게 가장 유리한 게임의 법칙이었으며, 오히려 1970년대 말 이후가 되면 '신자유주의'라는 이름으로 재탄생함으로써 자신의 본질을 분명히 드러낸다.[9] '자유주의'가 말하는 '자유'와 헤겔과 마르크스가 보편 역사를 이론화하면서 사용한 '자유'를 동일시함으로써 잘못된 방향으로 나아가는 후쿠야마의 '역사의 종말' 테제는 후쿠야마 자신의 이론적 한계를 보

6 Alexandre Kojève, *Introduction to the Reading of Hegel: Lectures on the Phenomenology of Spirit*, trans. James H. Nichols, Jr., Ithaca, NY: Cornell University Press, 1980, pp. 158~159.

7 Karl Marx, *Capital: A Critique of Political Economy*, Vol. 3, trans. David Fernbach, London: Penguin, 1981, ch. 48.

8 아감벤은 인권을 "벌거벗은 자연적 생명이 국민국가의 법적-정치적 질서에 등록됐다는 시초의 형상을 나타내는 것"으로 규정하면서 국민국가의 보호에서 예외시되는 '난민'의 형상을 강조함으로써 인권이 내세우는 보편성의 한계를 강조한다. 조르조 아감벤, 『목적 없는 수단: 정치에 관한 11개의 노트』, 김상운 · 양창렬 옮김, 난장, 2009, 2장 참조.

9 이 글에서는 신자유주의의 시작을 1970년대 이후 자본 축적의 하락과 노동자 투쟁의 확산에 대한 자본가 계급의 대응으로 바라보는 데이비드 하비David Harvey 등의 관점을 따르고 있다. David Harvey, *A Brief History of Neoliberalism*, Oxford: Oxford University Press, 2005 참조. 이에 비해 푸코Michel Foucault의 경우는 자유주의에서 신자유주의로 이어지는 역사적 연관성을 서양 자유주의의 통치적 합리성의 변동이라는 관점에서 기술하고 있다. 푸코에 따르면 신자유주의는 제2차 세계대전 이후 독일의 '질서 자유주의자들Order Liberals'의 사상에서 그 기원을 찾을 수 있으나, 길게 보아 18세기 이래 서구에서 등장한 자유주의적 통치성liberal governmentality에 연원을 두고 있다. Michel Foucault, *The Birth of Biopolitics: Lectures at the College de France 1978~1979*, trans. Graham Burchell, Hampshire: Palgrave Macmillan, 2008 참조. 이 두 관점은 상호 보완적인 측면에서 받아들일 필요가 있다.

여줌과 아울러, 역설적으로 '자유주의'가 욕망하는 유토피아의 꿈을 선명히 드러냈다고도 할 수 있다. 소련 해체 이후 레이건과 대처에 의해 '세계화'된 신자유주의라는 이름의 변종 자유주의가 말하는 '종말'은 오늘날 여러 지표가 보여주는 바대로, 곧 '자본의 유토피아의 시작'을 의미한다. 그것은 다른 한편으로는 자본의 유토피아의 이면에 있는 다수의 사람들에게는 결국 파국의 기미, 디스토피아의 감성을 촉발하는 시발점이 된다.

지구를 지켜라!

'역사의 종말'이 키메라Chimera에 불과했다는 사실이 밝혀졌을 때, 즉 후쿠야마의 '승리'가 "자유의 영역"을 확보한 것과는 전혀 상관없었다는 사실을 깨달았을 때 다시 우리에게 남은 것은 "필요의 영역"이다. 인간은 여전히 자연과의 투쟁, 양식을 구하기 위한 투쟁, 인정을 위한 투쟁의 공간에 내던져져 있다. 현재의 역사에서 이 필요의 영역을 지배하고 있는 이념은 역시 여전히 자본주의다. 그리고 이 자본주의의 지배가 작동하는 근본원리 중 하나는 '희소성scarcity'이다. 다시 말하면 인간은 물질적이고 비물질적인 자원이 한정되어 있는 결핍을 향해 가는 상황에서 그 자원들을 차지하고 획득함으로써 '개인적' 자유의 영역을 확장한다는 것이 '상식'이 된 어떤 상태에 놓여 있는 것이다.

이 희소성이야말로 우리 일상의 경제원리를 다스리는 대원칙이다. 정부와 교육과 미디어는 희소성을 둘러싼 가없는 투쟁을 긍정적인 '삶의 원리'로 만들어낸다. 모두가 이 투쟁 영역 속에 들어가 최선을 다할 때 우리 모두 행복해질 수 있다는 것이다. 그러나 사람들은 이 상황을 바꿀 의지는 없어도, 이 투쟁 속에서 돈도 학벌도 외모도 없는 이가 승리하기 힘들다는 사실은 이미 인식하고 있다. 1970~1980년대 독재권력이 경제를 틀어잡고 어느 정도 자본의 무한 욕망을 통제하고 있었을 때만 해도 개천에서 용 나는 상황이 발생할 수 있었으나, 1990년대 이후 자본권력이 국가권력 위에 올라서는 헤게모니 전환이 일어난 이후로는 못 가진 자들이 성공하기는 힘들어졌다. 1997년 IMF 외환위기 이후 확연히 신자유주의적으로 구조조정된 한국 사회에서는 그 어려움이 더욱 깊어졌다. 극소수가 자신들만의 유토피아 속에서 사는 반면 대다수가 하루하루의 생존 가능성에 목을 매고 사는 오늘, 희소성의 원리는 우리 시대의 디스토피아적 감성이 유발되는 가장 근본적 지점이라고 해도 틀리지 않다.

희소성을 사회적 조건으로 안고 사는 이 시대를 뒤바꿀 수 있는 투쟁은 가능할까? 혁명의 소용돌이를 예견하고 또 희망하면서, 1907년에 조르주 소렐Georges Sorel은 "피해 갈 수 없는 철칙에 의해 묶여 있는 체제를 단 하나의 덩어리라는 형태로 구성하는 사회적 조건은 오직 전체를 대상으로 하는 대참사catastrophe를 통해서만 사라질 수 있다"고 썼다.[10] 점진적이고 단계적인 개혁은 체제라는 거대한 덩어리를 절대로 소멸시키거나 뒤바꿀 수 없다고 소렐은 보았다. 오직 질풍노도처럼 몰아쳐서 소심한 부르주아를 부르르 떨게 만드는 폭력('대참사')만이 현재의 사회적 조건을 뒤바꿀 수 있다는 것이다. 마찬가지로 우리는 1917년 여름의 레닌V. I. Lenin에게서도 같은 방법론을 볼 수 있다. 『국가와 혁명Государствоиреволюция』에서 레닌은 이렇게 쓰고 있다.

> 최초로 부자들을 위한 것이 아닌 빈자들과 인민을 위한 민주주의의 거대한 팽창과 함께 프롤레타리아 독재는 억압자들, 착취자들 그리고 자본가들에 대하여 일련의 자유의 제한을 가하게 된다. 우리는 인류를 임금노예제로부터 해방시키기 위해 그들을 짓밟아야 한다. 그들의 저항은 물리력으로 격파되어야 한다. 억압이 있는 곳에는 폭력 역시 함께한다는 사실은 명백하다. (그곳에는) 자유도 없고 민주주의도 없다.[11]

10 Georges Sorel, *Reflections on Violence*, ed. Jeremy Jennings, trans. Thomas E. Hulme, Cambridge: Cambridge University Press, 1999, p. 11.

11 Vladimir Ilyich Lenin, *State and Revolution*, New York: International Publishers, 1943, p. 73.

이 인용문에서 레닌은 '자유'와 '민주주의'는 오직 억압자에 맞서는 사람들에게만 적용되는 것이고, 인민을 착취하는 자본가에 대해서는 '폭력'만이 유일한 대응책이라고 밝히고 있다. 레닌에게는 억압자에 대한 '폭력'을 통해 일시적으로 세워지는 프롤레타리아의 '독재'가 이후의 진정한 '민주주의'로 가는 유일한 길이다. 소렐과 레닌이 말하는 거침없는 '폭력'은 이처럼 기존 체제를 부정하고 새로운 질서를 세우는, 벤야민Walter Benjamin의 표현을 따르면 "법을 정립하는law-making" 것이 아니라 "법을 파괴하는law-destroying" 수단이다.[12]

그런데 과연 이 시대에 소렐과 레닌, 벤야민이 말하는 그 폭력은 어떻게 가능할까? 희소성을 둘러싼 게임의 법칙 속에 대부분의 사람들이 꼼짝없이 갇혀 있는 이 형국에서 억압자에 대한 폭력이 집합적인 행동은 차치하고 개인적으로라도 가능한 일일까? 적어도 현재의 우리에게 '신적 폭력'의 가능성이 활짝 열려 있다고 말할 사람은 거의 없을 것이다. 소렐의 말처럼 우리의 체제는 "철칙에 의해 묶여" 있는 "단 하나의 덩어리라는 형태로" 단단하게 결집되어 있으며, 그 덩어리에 저항하는 이들은 '묵사발'이 나기 십상이다. 용산에서 쌍용까지, 최근 일어난 수많은 비정규직 노동자들의 투쟁과 철거민들의 투쟁이 어떤 상처를 남기고 끝났는지를 되돌아보라.

디스토피아의 감성은 이 좌절의 경험에 바탕하고 있다. 장준환 감독의 2003년 작품 〈지구를 지켜라!〉는 약자의 폭력을 통한 억압자에의 저항이 어떤 좌절을 겪는지 잘 보여준다. 병구(신하균)와 강만식(백윤식)이라는 두 인물 간의 갈등관계는 표면적으로는 과대망상에 사로잡힌 병구의 판타지(지구를 지키려는 투사 對 지구를 파괴하려는 안드로메다인과 연락이 가능한 '로열 분체교감 유전자 코드'를 가진 외계인)로 싸여 있으나, 본질적으로는 노동자와 자본가의 관계다. 영화가 진행됨에 따라 우리는 병구의 과대망상 밑에는 자본과 국가에 의해 가족 전체가 파괴된 한 불쌍한 청년의 과거가 있음을 알게 된다. 아버지는 갱도에서 불구가 되었고, 어머니는 화학공장에서 일하다가 약품에 노출되어 의식을 잃었으며, 여자친구는 파업에 참여했다가 곤봉에 맞아 죽었다. 어머니와 여자친구 그리고 자신이 일했던 '유제화학'의 사장인 강만식이라는 인물은 병구에게는 그가 사랑했던 이들을 죽음으로 몰아넣은 최종 책임자가 된다. 강만식은 중소기업의 사장이자 경찰청장의 사위로 설정되었는데, 이것은 그가 자본과 국가권력의 결합을 뜻하는 기호임을 말해준다. 곧 병구의 강만식 납치사건은 자본과 국가에 의해 모든 것을 잃은 노동자가 사력을 다해 폭력의 반격을 가하는 소렐과 레닌의 서사와 겹치는 것이다. '지구를 지켜야 한다'는 병구의 믿음 속에서 우리는 자본가의 억압에 대한 반격이라는 병구의 실제 행동과 지구의 구원이라는 병구의 판타지 사이에 묘한 연관관계가 있음을 눈치챌 수 있다. 레닌이 인류의 해방을 위해 부르주아에 대한 폭력이 필요하다고 외치는 것과, 지구를 구하기 위해 강만식 사장을 납치하는 병구의 행동은 멀리 떨어져 있지 않다.

하지만 우리는 병구의 폭력에 잠시 정신을 차리지 못했다가 이내 반격을 취하는 강 사장의 모습을 지켜볼 수 있다. 한국의 강 사장은 소렐이 파악한 20세기 초 프랑스의 "소심한 부르주아"가 아니다. 그는 자신이 당한 폭력에 대해 간교한 지능과 더 큰 폭력으로 맞서는 '강력한 부르주아'다. 병구의 일기와 자료를 통해 사건의 전말을 파악한 강 사장은 병구의 판타지에 부합하는 한 차원 높은 판타지를 만들어서 그와 대적한다. 심지어 우리는 강력한 의지로 손에 박힌 못을 빼고 십자가에서 빠져나오는 강 사장의 모습에서 십자가상의 예수가 초인으로 변한 것 같은 느낌마저 받는다.

> "넌 날 못 이겨. 왠지 알아? 난 너 같은 병신 새끼들한테 한 번도 진 적이 없거든. 너 같은 놈들을 잘 알아. 지가 병신 같은 건 모르고 평생 남의 탓이나 하면서 꼴값 떠는 새끼들. 넌 아직도 내가 겁나지? 약

12 Walter Benjamin, "Critique of Violence", *Reflections: Essays, Aphorisms, Autobiographical Writings*, ed. Peter Demetz, trans. Edmund Jephcott, New York: Schocken Books, 1978, p. 297.

이 없으면 가까이 오지도 못하잖아. 너 같은 겁쟁이는 결국 지게 되어 있어. 그러니까 미친 척 그만하고 포기해. 더 더러운 꼴 보기 전에."

강 사장이 병구에게 이렇게 말할 때 우리는 병구가 '진짜로' 겁먹고 있다는 것을, 그가 "결국 지게 되어 있"다는 사실을 알게 된다. 병구가 '병든病 개狗'라면, 강만식은 '모든 것을萬 먹어치운다食'. 강 사장의 이 말 속에는 계급적인 차이가 종種의 차이로까지 확장되어 있다. 노동자의 분노는 "평생 남의 탓이나 하면서 꼴값 떠는" 이들의 습성이고, 그 습성은 '겁'에서 우러난다는 것. 여기서 우리는 '평범한 이들the common과 고귀한 이들higher type'의 습성적 차이를 이분화하는 니체Friedrich Nietzsche적인 세계관을 읽을 수 있다. "그들(평범한 이들)은 고귀한 이가 몰래 자신의 이익을 구했던 것처럼 그를 의심한다."[13]

강 사장에게 가진 병구의 원한Ressentiment 역시 이러한 니체의 범주에서 벗어나기 힘들다. 결국 병구는 강 사장의 말에 속아 어머니에게 벤젠을 해독제인 줄 알고 먹여 그녀를 자기 손으로 죽이게 된다. 병구는 "니들 목숨 질긴 건 내가 더 잘 알아"라고 강 사장에게 말하는데 그것은 사실로 판명된다. 끝내 강 사장은 병구의 손에서 벗어나고, 피 칠갑이 되어 쓰러진 병구를 향해 다시 한 번 반복해서 말한다. "너희들은 날 못 이겨."

〈지구를 지켜라!〉는 병구의 슬픈 인생사에서 출발해서 강 사장의 초인적인 '의지의 승리Triumph des Willens'로 끝을 맺는다. 모든 것을 빼앗긴 노동자는 자본가를 자신의 손에 넣은 상황에서마저도 자신의 의지를 관철시키지 못하고 그에게 당하고 만다(물론 강 사장을 구출하기 위해 '서울대 출신'의 형사가 등장하는 것 역시 그냥 넘길 사안은 아니다). 병구의 죽음 이후 장준환 감독은 강 사장이 '실제로' 외계인임을 보여줌으로써 병구의 망상이 '진실'이었음을 증명한다. 역시 자본가와 노동자는 '종'이 다른 것이다. 밴드 '눈뜨고코베인' 역시 〈외계인이 날 납치할 거야〉라는 노래에서 지배자와 피지배자 사이의 종적 차이를 이렇게 그려내고 있다.

국민 여러분, 외계인이 침공해왔습니다.
정부는 사실상 마비 상태입니다.
국민 여러분들께서는 알아서 하십시오.
반복합니다. 알아서 하십시오.
외계인이 날 납치할 거야. 외계인이 날 납치할 거야.
국가의 중요한 인물이 될 나를 납치할 거야.
외계인이 날 납치할 거야. 외계인이 날 납치할 거야.
인류를 구원할 인물이 될 나를 납치할 거야.
내가 아무리 가진 것 없다 말을 해도
외계인은 나를 놓치지 않을 거야.
이부자리에 누워 하루 종일 잠을 자도
외계인은 나를 놓치지 않을 거야.
국민 여러분, 이번 상황은 실제 상황입니다.
정부 행정 관계와 국회의원들 대다수가 외계인인 것으로
판명되었습니다.
국민 여러분, 아무도 믿지 마십시오.
저희의 마지막 방송입니다.
국민 여러분, 아무도 믿지 마십시오![14]

내가 무엇을 해도 "외계인은 나를 놓치지 않"는다. 그는 강 사장처럼 병구의 모든 것을 파멸시키고도 승승장구하며, 붙잡혀 죽을 위기에 놓였을 때에도 마지막에는 결국 "나를 놓치지 않"는다. 희소성의 원리가 지배하는 자본주의 경쟁체제 속에서 그 체제 자체와 '맞장'을 뜬다는 게 얼마나 불가능한 일인지 〈지구를 지켜라!〉의 병구와 '눈뜨고코베인'의 '나'는 말한다.

13 Friedrich Nietzsche, *The Gay Science*, trans. Walter Kaufmann, New York: Vintage Books, 1974, p. 77.

14 눈뜨고코베인, 〈외계인이 날 납치할 거야〉, 1집 앨범 《Pop to the People》, 2005.

그들/외계인들은 우리를 '장악'하고 있는 것이다. 파국의 기미, 디스토피아의 감성은 이 실패, 이 불가능에 닿아 있다. 장준환은 이 실패와 불가능의 현실과 전망을 견딜 수 없었던 것으로 보인다. 강만식/안드로메다 왕자로 하여금 인간의 치유 불가능성을 깨닫게 하고, 결국은 지구를 파괴하도록 만드니 말이다. 그렇지만 우리는 안드로메다 왕자가 아니다. 지구는 파괴하고 싶다고 해서 파괴할 수 있는 게 아니다. 병구와 '나'를 극심한 망상과 비관에 빠지게 만든 이유가 무엇인지에 대해 질문함으로써 디스토피아적 감성을 형성하는 절망의 고리를 추적해보는 것이 우리가 할 수 있는 최소한의 작업일 것이다.

호모 호미니 루푸스: 인간은 인간에 대해 늑대다.

영화 〈지구를 지켜라!〉와 〈외계인이 날 납치할 거야〉에서 공히 드러나는 하나의 사실은 '국가의 실종'이다. 병구는 자신의 상처에 대한 복수의 대상으로 자본가를 선택하는데, 영화의 서사를 자세히 뜯어보면 자본가의 악행 뒤에는 아무런 일도 하지 않는 국가가 있다. 병구 어머니의 화학약품 중독은 자본이 노동자의 건강에 대해 무관심했던 행위를 국가가 감독하지 못했던 데에서 기인하고, 병구 여자친구의 사망 역시 노동자의 파업에 대한 자본의 반격을 국가가 뒷짐 지고 있었던 데에서 이유를 찾을 수 있다. 오히려 국가는 노동자가 아닌 자본의 뒤에서 그를 보호하는 데 급급하다. 강만식 사장의 장인이 경찰청장이고, 그의 실종에 대해 경찰 수사팀이 발 벗고 나서는 설정은 이를 보여준다. 〈외계인이 날 납치할 거야〉는 아예 "정부 행정 관계와 국회의원 대다수가 외계인"인 상황을 묘사한다. 따라서 "외계인이 침공"한다고 해도 국민이 할 수 있는 일은 없다. 외계인은 지구 바깥에 있는 게 아니라 '정부'와 '국회' 속에 꿈틀거리고 앉아서 국민의 꿈을 빼앗고, 그를 "놓치지 않"는다. 위기 상황에서 국민은 "아무도 믿지" 못하고, "알아서" 해야 한다.

지그문트 바우만Zygmunt Bauman은 이렇게 국가가 실종된 상태를 "액체의 시대liquid times"라고 표현한다. 이 '액체의 시대'는 사람들이 어떤 집합적인 유대 속에서 안정을 찾고, 예상 가능한 미래를 그려볼 수 있었던 단단했던 시대가 녹아 흘러내리는 상황을 의미한다. 이 녹아 흐름을 추동推動한 힘을 바우만은 신자유주의적 세계화로 보고 있으며, 그 결과는 사회를 보호했던 국가의 실종으로 나타난다.

> 사회는 더 이상 국가에 의해 보호되지 않거나 적어도 보호를 제안받았을 때 그것을 믿지 못한다. 사회는 이제 자신이 통제할 수 없는 탐욕스런 힘에 그대로 노출되어 있으며, 그 힘을 포획하여 굴복시킬 아무런 희망도 의욕도 사라진 상태에 있다. 이러한 이유로 정부는 현재 하루 단위로 몰아치는 폭풍을 잠재우기 위한 임시방편식의 위기관리 정책과 비상조치 따위만을 내놓는 데에만 전력을 쏟는다. (정부는) 다음번 선거 때 권력을 유지하는 것만을 꿈꾸기 때문에 반복적으로 발생하는 나라의 문제들의 근본적 해결책에 대한 비전은 말할 것도 없고, 멀리 내다보는 프로그램이나 포부를 결여할 수밖에 없다.[15]

국가는 사라지고, 사회는 녹아내리고, 남는 것은 개인의 '각개격파'뿐이다. '필요의 영역'에서 이루어지는 투쟁이 개인적 차원으로 파편화한다는 것은 근대의 '사회계약' 상태가 해체되고 다시 '모두가 모두에게 늑대가 되는 homo homini lupus' 홉스적인 무한 투쟁의 상태로 퇴보함을 뜻한다. 바우만이 우리의 시대를 '사냥꾼의 시대age of hunters'에 비유하는 것 역시 이런 의미다.

> 우리는 이제 모두 사냥꾼이거나 혹은 사냥꾼이 되라는 말을 듣거나 사냥꾼처럼 행동하라고 강요당한다. (……) 주위를 돌아볼 때마다 우리는 우리와 비슷한 외로운 사냥꾼들, 혹은 우리가 가끔 그렇게

15 Zygmunt Bauman, *Liquid Times: Living in an Age of Uncertainty*, Cambridge: Polity, 2007, p. 25.

하려고 하듯이 떼를 지어 몰려다니는 사냥꾼들을 보게 된다.[16]

코맥 매카시의 소설 『더 로드』가 묘사하고 있는 종말 이후의 상황이 정확히 이것이다. "그가 깨어났던 그 밤들의 암흑은 볼 수도 없고, 꽉 막힌 것이었다. 귀를 기울이면 당신의 귀를 상하게 할 정도의 암흑. 때때로 그는 일어나야만 했다. 앙상하고 새까매진 나무를 스치는 소리 없는 바람."[17] 재앙 이후에 어린 아들과 살아남은 아버지가 겪는 감각은 이 짧은 문장 속에만도 온통 부정적인 것들뿐이다. '암흑…… 볼 수도 없고…… 꽉 막힌…… 상하게 할…… 암흑…… 앙상하고…… 새까매진…… 소리 없는'과 같은 절망의 명사와 형용사 들이 소설 전체를 메우고 있다. 모든 것이 사라져버린 지구에는 암흑뿐이다. 사회와 국가가 녹아내린 이 재앙 이후의 땅에는 사냥꾼이 된 개인들의 생존을 위한 사투만이 있을 뿐이다. 그런데 이 소설 속 아버지와 아들의 사투, 그들이 걷는 외로운 길, 그들에게 사라진 전망은 과연 소설만의 것인가? 매카시가 극단적으로 빚어낸 이 디스토피아의 감성은 이제 국가가 자본의 뒤에서 경쟁을 독려하고, 경쟁의 틈을 비집고 나오는 저항의 몸부림을 제거하는 일만 하고 있는 오늘의 상황 속에서 모두에게 늑대가 되어야만 하는, 혹은 나와 가족을 위해 사냥꾼이 되어야만 하는 대부분의 사람들이 공유하는 그런 감성이 아닌가?

제임스 밸러드J. G. Ballard의 후기 소설들은 국가가 사라지고 늑대와 사냥꾼만 남은 오늘이 불러올 가까운 미래의 모습을 섬뜩하게 그리고 있다.[18] 국가의 실종과 관련해서 특히 주목할 밸러드의 텍스트는 1996년의 『코카인의 밤*Cocaine Nights*』에서 시작해 2000년의 『슈퍼 칸느*Super-Cannes*』, 2003년의 『밀레니엄 피플*Millennium People*』, 그리고 마지막 소설인 2006년의 『왕국의 도래*Kingdom Come*』까지 이어지는 후기 소설들이다. 이 네 편의 소설들은 놀랄 만큼 흡사한 서사구조와 주제의식을 가지고 있다. 이들은 모두 일종의 범죄소설의 외양을 띠고 있다. 소설들은 어떤 살인사건 또는 재판으로 시작되고, 중년의 중간계급 주인공이 이 살인사건 혹은 재판의 의문점을 파헤치기 위해 외지에서 작품의 주요 무대로 들어오는 구조를 가진다. 주인공은 사건의 실마리를 따라가다가 자신이 들어온 공간이 지닌 이상야릇한 기운을 느끼고, 결국은 그 공간 속에서 비밀리에 존재하는 거대한 힘과 대면하게 된다.

여기서 밸러드는 외부의 주인공이 사건의 비밀을 풀기 위해 진입하는 '공간'과 나중에는 사건의 숨겨진 주동자들이 되는 그 '공간의 지배자들'을 묘사하는 데 공을 들인다. 밸러드에게는 이 새로운 공간과 공간의 지배자들이 근미래의 디스토피아적 세계상을 표상하는 핵심 이미지다. 밸러드가 그려낸 새로운 '공간'의 공통점은 '비역사성'이다. 이곳에는 인류의 축적된 역사와 전통이 존재하지 않으며, 대개 인공적으로 조성된 비자연적인 특성을 가진다. 역사가 없는 이곳에는 여유와 쾌락, 혹은 비즈니스만이 넘칠 뿐이다. 가령 『코카인의 밤』의 배경이 되는 지브롤터 해협의 가상 휴양지 '에스트렐라 드 마Estrella de Mar'는 유럽 각국의 부유한 은퇴자들이 여생을 보내기 위한 목적으로 만들어진 아름다운 마을이고, 『슈퍼 칸느』의 가상공간 '슈퍼 칸느Super-Cannes'는 칸느영화제가 열리는 프랑스 칸느에 세워진 사무공간으로서 세계의 유명한 글로벌 기업의 CEO들이 모여 사는 곳이다. 에스트렐라 드 마의 주목적이 여가라면, 슈퍼 칸느의 그것은 CEO들의 비즈니스다. 이곳은 모두 특정 국가의 땅이기는 하지만 그 국가의 경찰력이 미치는 대신 자체 보안 시스템이 작동하며, 주민들은 특정 국가의

16 Zygmunt Bauman, *Liquid Times: Living in an Age of Uncertainty*, p. 100.

17 Cormac McCarthy, *The Road*, New York: Vintage Books, 2006, p. 15. 원문은 다음과 같다. "The blackness he woke to on those nights was sightless and impenetrable. A blackness to hurt your ears with listening. Often he had to get up. No sound but the wind in the bare and blackened trees."

18 소설가를 넘어 '문명비평가'로까지 불리는 밸러드의 소설들에 대해 『콜린스 영어 사전*Collins English Dictionary*』은 '밸러드적인Ballardian'이라는 형용사 항목을 만들어 다음과 같이 설명했다. "밸러드의 장편과 단편소설에서 묘사되는 상황들, 특히 디스토피아적 근대성, 황량한 인공 조경과 기술, 사회, 환경의 발달에 따른 심리적 효과 등과 닮아 있거나 이를 환기하는." Jeannette Baxter, "J. G. Ballard and the Contemporary", *J. G. Ballard*, ed. Jeannette Baxter, London: Continuum, 2008, p. 1에서 재인용.

'국민'이 아니라 '부르주아'라는 계급적 동일성을 가진 '초국적' 코스모폴리탄들이다. 소설의 주인공이 이 공간과 지배자들을 둘러싼 '어둠의 속'으로 깊숙이 들어가면 갈수록 독자들은 주인공과 함께 이 아름답고 평화로운 공간과 교양 있고 부유한 상류층의 삶을 추동하는 힘이 무엇인지를 감지하게 된다. 그 힘은 바로 살인, 방화, 강간, 폭행과 같은 강력 범죄가 유발하는, 혹은 극단적 소비에의 탐닉이 유발하는 쾌락이다. 주인공이 밝혀내는 비밀은 대개 이런 논리구조를 가진다.

> 정치는 끝났다네, 찰스. 정치는 더 이상 대중들의 상상력을 자극하지 못해. 종교는 인류의 진화 과정에서 너무 일찍 나타났어. 종교는 사람들이 진짜라고 받아들였던 상징을 만들었지만 토템 기둥이 사라지면서 역시 죽어버렸지. 종교는 나중에 등장했어야 했어. 인류가 끝을 향하기 시작할 무렵에 말이지. 슬프게도, 범죄만이 우리를 흥분케 만드는 유일한 채찍이야. 우리는 모든 것이 가능한 그 '다른 세계'에 사로잡혀 있어.[19]

> 교회는 비어 있고, 왕정은 자신의 허세로 인해 몰락했어. 정치는 사기고, 민주주의는 가스나 전기와 똑같은 또 하나의 공공시설일 뿐이야. 거의 아무도 시민적 감성을 가지고 있지 않다네. 소비주의는 우리에게 가치에 대한 감각을 주는 유일한 것이야. 소비주의는 정직해서 우리에게 좋은 것은 모두 바코드를 가지고 있다고 가르치지. 한때 승리를 구가했던 이성, 합리적 이기심과 같은 계몽의 위대한 꿈은 곧바로 오늘날의 소비주의로 변모했어.[20]

이 두 인용문에서 우리가 발견하는 것은 국가, 정치, 종교, 이념 등과 같은 근대적 이데올로기의 완벽한 실패에 대한 지적이다. 이데올로기의 빈 공간을 채우는 것은 범죄 혹은 소비가 주는 크고 작은 쾌락들이다. 흥미로운 것은 밸러드가 이 포스트-이데올로기의 '정치'를 추동하는 주도 세력을 상류층과 전문직으로 이루어진 부자들로 묘사하고 있다는 점이다. 만약 우리가 이 시대를, 국가가 실종되고 사회가 해체되어 오직 희소성을 둘러싼 각자의 투쟁만이 유효해진 사냥꾼의 시대라고 규정한다면, 이 시대의 승자는 밸러드가 그리고 있는 '지루함에 좀이 쑤시는' 부자들이 될 것이다.

밸러드가 묘사하는, 자신들만의 비역사적 공간 속에서 쾌락을 위한 폭력과 범죄와 소비에 몰두하는 부자들의 목표물은 가난한 자들, 유색인들, 소녀들이다. 『코카인의 밤』에서 밤마다 벌어지는 환각과 섹스, 폭력의 희생자들은 동유럽에서 온 여자들이고, 『슈퍼 칸느』에서 CEO들의 밤 사냥 대상은 유색인 이민자들과 어린 성노예 소녀들이며, 『왕국의 도래』에서 전문직들의 폭행 대상은 일본인과 인도인들이다. 그러니까 국가가 사라지고, 자본의 무한 자유가 펼쳐지고, 각자가 사냥꾼으로 생존경쟁에 몰두하는 공간을 배경으로 하는 밸러드의 소설에서 궁극적인 승자는 부유한 상류층이다. 이 상류층은 부와 여가가 해갈해주지 못하는 권태를 가난한 자와 유색인, 여자들에 대한 무자비한 폭력 행사를 통해 해소하고 있는 것이다. 국가의 실종과 사회의 해체가 가져올 궁극적 결과는 다시, 야만 상태로의 회귀다. 이러한 밸러드의 디스토피아적 비전은 후쿠야마에게서도 동일하게 발견된다.

> 그러나 세계가 말하자면 민주주의로 '가득 찼다'고, 그래서 이제 더 이상 맞서서 투쟁할 가치가 있는 폭군과 억압이 존재하지 않는다고 가정하면 어떻게 될까? 만약 정의로운 대의大義가 전 세대에서 승리를 거둠으로 말미암아 대의를 위해 투쟁할 수 없게 될 때, 사람들은 그 대의에 맞서서 투쟁하게 되리라는 게 경험이 말해주는 바다. 사람들은 투쟁하기 위해서 투쟁할 것이다. 다시 말하면 그들은 어떤 권태가 낳은 투쟁을 전개할 것이다. 왜냐면 사람들은 투쟁 없는 세계에

19 J. G. Ballard, *Cocaine Nights*, Washington, D.C.: Counterpoint, 1996, p. 245.
20 J. G. Ballard, *Kingdom Come*, London: Fourth Estate, 2006, p. 102.

> 사는 것을 상상할 수 없기 때문이다. 만약 그들이 사는 세계의 주요 부분이 평화롭고 번영하는 자유민주주의에 의해 규정되어 있다면 그들은 그 평화와 번영에 대항하여, 민주주의에 대항하여 투쟁을 펼칠 것이다.[21]

지금 우리가 목격하고 있는 상황들이 밸러드와 후쿠야마의 전망과 얼마나 다르다고 말할 수 있을까? 민주주의가 이미 정착되었고, 혁명이나 폭동의 가능성이 사라졌고, "경제만 살리면 된다"라고 외치는 대통령과 자본가들의 저 말 뒤편에는 이제 국가도 정치도 민주주의도 필요 없이 자본의 법칙과 희소성의 원리에 근거한 각자의 투쟁만이 남아 있다는 또 다른 언명이 도사리고 있는 게 아닐까? 그랬을 때 그 사냥꾼과 늑대의 시간 속에는 무엇이 존재할까? 약자에 대한 권태로운 강자들의 착취와 폭력이라는 밸러드적 테마 혹은 민주주의에 대항하는 투쟁이라는 후쿠야마의 예측? 이 속에서 '결국' 짓밟히고 유린되는 것은 누구의 생명이고 누구의 행복일까? 우리는 밸러드의 소설 속에서 병구의 모습을 보지 않거나 후쿠야마의 예언 속에서 용산을 떠올리지 않을 수 있는가?

아이티의 재앙과 알몸투시기 앞의 벌거벗은 몸, 청년실업 100만과 용산의 참사를 통해, 또 '역사의 종말'에 대한 때 이른 축포에 이은 신자유주의적 헤게모니의 등장과 종말 이후 세계를 다룬 텍스트들을 거치면서 나는 이 시대를 규정하는 어떤 집단적 절망감과 파국의 기미가 존재한다고 보고 이를 '디스토피아적 감성'이라고 불렀다. 디스토피아적 감성의 완전한 지도를 그린다는 것은 아직 불가능하다. 다만 우리는 프레드릭 제임슨Fredric Jameson이 "공포 속으로의 여행Journey into Fear"이라고 부른 이 디스토피아적 상상력의 얼개를 짚어가면서 그 상상력의 저변에 깔려 있는 역사적이고 현실적인 구조를 하나씩 더듬어볼 수는 있다.[22] 수많은 '파롤parole' 전체를 분석할 수는 없지만, 중요하고 의미 있는 파롤들을 통해 어떤 '랑그langue'를 파악해볼 수는 있을 것이다. 이 시대를 떠도는 디스토피아적 감성의 핵심적 '랑그'를 뭐라고 할 수 있을까? 나는 이를 '늑대의 시간의 도래到

來'라고 부르고 싶다.

오늘날 세계의 재앙과 무질서, 한국의 불안과 참사들을 관통하는 하나의 요소는 민주주의와 자유, 평등의 실현과 같은 근대적 이데올로기들이 요란한 말 속에서 녹아내려 점점 사라지고 있다는 점이다. 더 이상 국가도 사회도 이념도 이상도 실체적인 중요성을 갖지 못하고, 생존투쟁과 안전 강박이 그 자리를 대체하고 있다. 그 과정에서 사회 속의 개인은 사라지고, 모두가 서로에게 늑대가 되어 자신의 먹잇감을 찾아 헤매며 생존을 도모해야 하는 상황이 모습을 드러내고 있다. 그 시대를 지배하는 원칙은 희소성이고 폭력이고 쾌락이다. 이 무한 투쟁 속에서 승리한 자는 패배한 자를 자신의 부富가 낳은 권태를 몰아내는 게임의 대상으로 소비할 것이다. 승리자와 패배자의 범주는 점점 더 분명해지고 있다. 이제 사람들은 '유전자의 우위성'에 대해 떠들어대기 시작하고 있다.

근대가 정점을 찍은 후 찾아온 자본논리의 극단화는 이제 다시 '아버지의 피', '아버지의 부富'를 부르면서 근대 이전으로 회귀한다. 힘의 시대, 폭력의 시대, 먼저 물어뜯어야 이기고 조금만 늦어도 황야에 버려져 먹잇감으로 전락하는, 저 늑대의 시간으로.

21 Francis Fukuyama, *The End of History and the Last Man*, p. 330.

22 Fredric Jameson, *Archaeologies of the Future: The Desire Called Utopia and Other Science Fictions*, London and New York: Verso, 2007, ch. 12.

비인간적 고찰

좀비의 비/존재론과 윤이형의 「큰 늑대 파랑」[1]

괴물은 기괴하게 변할 미래에 대한 불안의 표출이다.
/ 프랑코 모레티, 「공포의 변증법」 중에서

동서양을 막론하고 죽은 사람이 죽지 않고 살아 돌아다니며 공포를 자극하는 이야기는 많다. 동양의 귀신들이 '원한'으로 인해 혼魂이 떠나지 못한 존재로 재현되는 데 비해 서양의 괴물들은 그런 식의 인과관계 속에서 나타나지 않는 것 같다. 동양의 괴물이 주로 영靈적인 귀신이라면, 서양의 괴물은 피와 고기를 밝히는 육肉적인 존재다. 늑대인간은 보름달이 뜰 때마다 늑대로 변신해 사람들을 사냥하고, 뱀파이어는 인간을 유혹해 피를 빨아먹는다. 그중에서도 '좀비zombie'[2]는 이 육성肉性 혹은 물질성의 극단에 놓인다. 늑대인간이 한 달의 하루를 제외하고는 '인간'으로 살고, 뱀파이어가 인간과 다를 바 없는 몸으로 말하고 생각하는 존재인 데 반해, 좀비는 아예 뇌 자체를 쓰지 못하며, 그래서 언어능력도 감정능력도 인지능력도 없는 그저 '고깃덩어리'에 불과하다. 좀비는 인간의 육신을 갖고 있으나 살과 피에 대한 욕구 외에 모든 인간적인 것은 거세되어버린 비非인간이다. 좀비가 '시체'나 '죽은 자'로 불리는 이유다. 최악의 영락물零落物, the abject로서의 시체는 "근본적인 오염"을 나타내는 것으로 "영혼 없는 신체, 비신체, 불안케 하는 물질로서 신의 언어에서 배제된 것처럼 신의 영토에서도 제외되어야만 한다."[3] 좀비는 한 단계 더 나아간다. 좀비는 죽었지만dead, 죽지 않기도 하는undead, 그러니까 '살아 있는 시체living dead'인 것. 이 모순어법은 좀비가 '경계' 자체를 흐리는 존재임을 말한다. 경계가 사라진 곳, 상징계의 질서가 동요動搖하는 곳은 주체의 불안과 공포가 극대화하는 곳이다. 인간과 비인간, 삶과 죽음의 경계 사이에 있는 좀비는 바로 그 극대화된 불안과 공포가 머무는 장소다. 그 때문에 좀비는 가장 비천한 것, 곧 줄리아 크리스테바Julia Kristeva가 말하는 영락물에 값한다. "나도 아니다. 저것도 아니다. 그렇다고 아무것도 아닌 것도 아니다. 내가 어떤 것으로 인식할 수 없는 '어떤 것'이다. 간과할 수 없는 무의미의 덩어리, 바로 그것이 나를 깨부순다."[4] 영락물은 단지 청결하지 않거나 건강하지 않은 것을 의미하지 않는다. 영락물은 "정체성, 시스템, 질서를 뒤흔드는 것. 경계와 위치와 법칙

1 윤이형, 「큰 늑대 파랑」, 『큰 늑대 파랑』, 창비, 2011. 이후 소설에서의 인용은 괄호 안에 페이지 수를 쓰는 것으로 한다.

2 오늘날 좀비는 극장의 스크린과 텔레비전 드라마, 그래픽 노블과 포스트-아포칼립스 소설들 위를 떠돌고 있다. 최초의 좀비 영화는 빅터 핼퍼린Victor Halperin의 〈화이트 좀비White Zombie〉(1932)로 알려져 있다. 하지만 좀비를 문화적 메인스트림으로 끌어들인 영화는 아마도 조지 로메로George A. Romero의 〈살아 있는 시체들의 밤Night of the Living Dead〉(1968)일 것이다. 이후 좀비 영화는 1970년대에 전성기를 맞은 이후 주춤했다가 2000년대 들어 다시 '부활'했다. 최근 성공을 거둔 영화들로는 대니 보일Danny Boyle의 〈28일 후28 Days Later〉(2002) 시리즈, 폴 앤더슨Paul Anderson의 〈레지던트 이블Resident Evil〉(2002) 시리즈, 에드거 라이트Edgar Wright의 〈숀 오브 더 데드Shaun of the Dead〉(2004), 로메로의 〈랜드 오브 더 데드Land of the Dead〉(2005), 루빈 플라이셔Rubin Fleischer의 〈좀비랜드Zombieland〉(2009) 등이 있다. TV 드라마로는 2010년 시즌 첫 에피소드에서 500만 명의 시청자를 끌어들였던 프랭크 대러본트Frank Darabont의 〈워킹 데드The Walking Dead〉(AMC, 2010)가 있다. 그래픽 노블은 텔레비전 시리즈의 원작이 된 로버트 커크먼Robert Kirkman, 토니 무어Tony Moore의 『워킹 데드*The Walking Dead*』(2003~현재)를 비롯해 무수하다. 좀비는 하위문화 캐릭터로서 '순수문학'에서는 배제되어왔으며, 소위 '장르 소설'에서 명맥을 유지하고 있다. 막스 브룩스Max Brooks의 『세계전쟁Z *World War Z*』(2006)와 세스 그레이엄 스미스Seth-Grahame Smith의 『오만과 편견과 좀비*Pride and Prejudice and Zombies*』(2009) 등은 대표적인 베스트셀러 좀비물이다. 좀비 텍스트에 대한 자세한 안내는 www.allthingszombie.com 참조.

3 Julia Kristeva, *Powers of Horror: An Essay on Abjection*, trans. Leon S. Roudiez, New York: Columbia University Press, 1982, p. 109. 크리스테바는 구약성서의 분석을 통해 궁극의 저주로서의 '시체'에 대한 구약적 관습들을 예시했다(pp. 108~110). 신약성서를 좀비 서사로 읽는 글로는 Tina Pippin, "'Behold, I Stand at the Door and Knock': The Living Dead and Apocalyptic Dystopia", *The Bible and Critical Theory*, vol. 6, No. 3(2010), pp. 40.1~40.11 참조.

들을 무시하는 것, 사이-존재, 모호한 것, 혼합된 것"이다.[5] 이것은 짐승의 육식성과 인간의 신체, 살아 움직이는 생生과 부패하고 무기력한 사死의 결합인 좀비의 존재가 가지는 근본적 특성이다.

경계가 사라진 곳은 불안과 공포를 증폭시키는 장소이지만, 동시에 새로운 창조를 가능하게 만드는 장소이기도 하다.[6] 그러나 좀비라는 비/존재가 담고 있는 무경계성은 그러한 창조의 계기를 허락하지 않는다. 움직이는 시체로서의 좀비, 뇌가 없는 좀비는 사유의 불가능성을 표상하고 있기 때문이다. 그에게는 '죽어야 살겠고'라는 역설의 진리가 통하지 않는다. 좀비가 가는 곳에 있는 진리는 단 하나다. '죽어도 죽겠고, 영원히 죽겠고.' 좀비는 오직 더 많은 좀비를 만들 뿐이며, 이미 좀비가 되어버린 자에게는 뇌의 박살 외에 안식은 없다. 그것은 아도르노적인 '부정의 변증법negative Dialektik'을 구현하지만 그 부정의 끝에 있는 '해방'의 계기는 철저히 봉쇄되어 있다. 좀비는 죽음으로 시작해서 영원한 죽음으로 끝을 맺는 하나의 극단적 '속박'일 뿐이다.

좀비가 '속박당한 자the oppressed'의 영원한 굴레를 상징하게 되는 것은 그 유래에서부터다. 좀비는 카리브해의 아이티에서 행해졌던 부두교 흑마술에서 기원하는데, 아이티의 민담은 이 흑마술이 죽은 노예를 무덤에서 다시 불러내어 밤마다 경작을 시키는 데 이용되었다고 전한다.[7] 좀비는 민담 속의 허구로만이 아니라 현실에서 등장하기도 했다. 1962년 5월 2일에 아이티의 한 마을에서 나르시스Narcisse라는 이가 죽어 장사되었다가 1980년에 다시 고향 마을로 돌아오는 사건이 발생했다. 식물민속학자인 웨이드 데이비스Wade Davis는 아이티에서 연구를 하던 중 나르시스의 이야기를 접하고 이를 추적해 책을 썼고, 이 책이 베스트셀러가 됨에 따라 '좀비'의 실존 여부에 대한 과학 논쟁이 벌어지기도 했다.[8] 데이비스에 따르면 아이티의 부두교 흑마술사들이 사람을 사망 상태로 보이게 하는 약을 먹여 '죽였'다가 나중에 다른 약으로 이들을 다시 '살려'내었는데, 환각상태에 빠진 이들을 수년간 노예로 부렸다는 것이다. 주술에 홀려 무덤에서 꺼내진 이 노예들을 일컫는 말이 '좀비'다. 중요한 점은 아이티의 좀비가 노예였다는 것이다. 이 좀비의 노예상태는 두 배로 서글픈 것이다. 노예는 죽음을 통해 노동의 속박에서 해방되지만(이것이 노예에게 '종교'가 필수적인 이유다), 좀비는 죽음 이후에도 영원히 노예로 '살아야' 하는 것이다. 그래서 아이티의 플랜테이션 농노들에게 좀비가 될지 모른다는 가능성은 공포 그 자체였다. "좀비는 말 그대로 죽음보다 더한 운명의 고통을 겪는다. 노예로서 신체적 자유를 잃을 뿐 아니라 정체성이 제거되어 개인의 자율성마저도 희생당하는 것이다."[9] 좀비는 삶과 죽음의 권리 자체를 박탈당한 채 자신이 노예인지도 모르는 상태에서 영원한 노예가 되어버린 자의 이름이다.

영원한 노예로서의 좀비가 자본주의의 극단적인 노동 소외를 상징하는 은유인 것은 여기에서 기인한다. 좀비의 상태는 자본주의 체제 아래의 '자유로운' 개인들의 상태와 다를 바 없다는 것이다. 아도르노T. W. Adorno와 호르크하이머Max Horkheimer가 포착하는 바, 자본주의 체제 아래에서 자유로운 존재로 표상되는 개인은 사실 자신의 정신과 신체를 통해 작동하는 자본의 일부일 뿐이다. "개인은 관례적 반작용의 절점節點, nodal point이자 그들에게 객관적으로 기대되는 작동방식 자체로 수축된다. 애니미즘이 사물에

4 Julia Kristeva, *Powers of Horror: An Essay on Abjection*, p. 2.

5 Julia Kristeva, *Powers of Horror: An Essay on Abjection*, p. 4.

6 이에 대해서는 보유 2를 참조할 것.

7 David Cohen, *Voodoo, Devils, and the Invisible World*, New York: Dodd, Mead and Company, 1972.

8 Wade Davis, *The Serpent and the Rainbow: A Harvard Scientist's Astonishing Journey into the Secret Societies of Haitian Voodoo, Zombis, and Magic*, New York: Simon & Schuster, 1985. 웨이드 데이비스의 이 책은 1988년 웨스 크레이븐Wes Craven 감독이 만든 동명 호러 영화의 원작이 되었다.

9 Wade Davis, *The Serpent and the Rainbow: A Harvard Scientist's Astonishing Journey into the Secret Societies of Haitian Voodoo, Zombis, and Magic*, p. 139.

영혼을 불어넣었다면, 산업주의는 영혼을 사물로 만든다. (……) 대량 생산과 그에 따른 문화가 거느리는 수많은 매개체들은 개인에게 표준화된 행동만이 유일하게 자연스럽고 적절하며 합리적인 것이라는 생각을 주입한다. 이제 개인은 자신을 오직 사물로, 통계적 요소로, 성공이나 실패로만 정의한다."[10] 사유의 능력을 잃어버린 개인이 믿는 허구적인 자유는 "자기 자신의 신체와 영혼을 기술장치로 빚어내야만 하는 개인의 자기소외"일 뿐인데, 만약 그렇다면 이 자유로운 개인은 실은 자신이 노예인지도 모르면서 일하는 속박된 좀비, 인간이 아니라 '사물'일 뿐인 저 좀비와 다를 바가 없는 것이다.[11] 다시 말해 좀비는 소외되고 물화物化된 노동(자)의 운명 자체다. 들뢰즈Gilles Deleuze와 가타리Félix Guattari가 국가의 포획장치에 대해 말할 때, 이들이 좀비를 전쟁으로 인한 폭력 이전에 국가가 만들어낸 또 하나의 폭력, 즉 '노동'을 통한 신체의 포획으로 파악하고 있는 것 역시 이와 맞물려 있다. "특히 국가장치는 이러한 신체의 훼손과 죽음이 전쟁 이전에 존재하도록 만들려고 한다. 따라서 좀비, 즉 살아 있는 죽은 자라는 신화는 노동의 신화이지 결코 전쟁의 신화가 아니다. 불구는 전쟁에서는 결과지만 국가장치와 노동의 조직화에서는 하나의 조건, 전제 조건이다."[12]

자본주의 노동에서의 사물화된 좀비적 주체들은 똑같은 논리로 소비의 영역에서도 속박된 노예의 형상을 띤다. 자본주의 장치는 대량 노동과 대량 소비를 하나의 고리로 묶어놓기 때문에 노동자는 곧 소비자이며 소비자는 곧 노동자다. 오늘의 노동은 내일의 소비를 위해 행하는 것이고, 오늘의 소비는 내일의 노동을 필요로 한다. 자본주의 장치 속에서 소외된 노동과 강박적 소비의 사이클은 절대 끊어지지 않는다. 미국이 아이티를 점령하고 있던 20세기 초에 아이티의 좀비 민담이 미국의 대중문화로 유입되는 과정에서 영원한 노동자였던 좀비는 영원한 소비자로 뒤바뀐다. 좀비 영화의 문법을 만들어낸 조지 로메로George A. Romero의 영화들 속에서 좀비들이 텅 빈 쇼핑몰을 어슬렁거리는 시퀀스가 자주 등장하는 이유가 여기에 있다. 아이티에서 미국으로, 전근대적 농업경제에서 근대적 소비자본주의로

이동하면서 좀비의 무대 역시 한밤의 플랜테이션 농장에서 한밤의 화려한 쇼핑몰로 바뀐다. 노예에서 소비자로의 변모가 해방은 아니다. 오히려 쇼핑몰은 끈 달린 해방감을 선사하며 자본주의 체제의 생존을 보장해주는 또 다른 억압의 공간이다. '소비하다'를 뜻하는 영어 단어 'consume'의 어원이 '써버리다, 먹어치우다, 소모하다'를 뜻하는 라틴어 'consumere'에서 온 것처럼 소비는 곧 자신의 '소진消盡'이다. 이것은 자신의 팔다리가 떨어져 나가는 순간에도 끊임없이 살과 피를 갈구하는 좀비의 특성 그 자체다. 흑마술사의 주술 속에서 노동하던 좀비는 자본주의 광고의 주술 속에서 소비하지만, 그는 여전히 '노예'로 남는다.

노예와 좀비가 다른 점이 있다면, 노예가 주인을 위해 일하는 데 반해 현대 문화 속의 좀비에게는 주인이 없다는 점이다. 그는 '자기 자신의 주인'이며, 어떤 면에서는 자유롭기까지 하다. 좀비 영화에서 도망가는 이들은 인간이지 좀비가 아니다. 좀비는 마음껏 거리를 누비고, 인간을 뜯어 삼킨다. 그러나 이 자유로운, 주인 없는 좀비의 자유는 사실 더욱 처참한 노예상태다. 주인의 억압 아래에서라면 봉기의 가능성이라도 있겠지만, 주인의 탐욕을 본능화하며 자신의 주인이 된 이 좀비에게는 어떠한 가능성도 남지 않는다. "주인은 사라졌다. 오직 노예와 노예성만 남았다. 그렇다면 주인 없는 노예란 무엇인가? 그의 주인을 먹어 삼키고 그를 자신 속에 체화함으로써 자기 자신의 주인이 되는 지점까지 온 사람을 말한다. 그는 주인이 되기 위해 주인을 죽인 게 아니다. 그는 여전히 노예로 남아 있으면서 주인

10 T. W. Adorno and Max Horkheimer, *Dialectic of Enlightenment: Philosophical Fragments*, ed. Gunzelin Schmid Noerr, trans. Edmund Jephcott, Stanford, CA: Stanford University Press, 2002, p. 21.

11 T. W. Adorno and Max Horkheimer, *Dialectic of Enlightenment: Philosophical Fragments*, p. 23.

12 질 들뢰즈 · 펠릭스 가타리, 『천 개의 고원: 자본주의와 분열증 2』, 김재인 옮김, 새물결, 2001, 818쪽.

을 흡수한 것뿐이다. 실로 그는 노예보다 더욱 노예적이 되었고, 농노보다 더욱 비천해졌으니, 그는 그 자신의 노예가 된 것이다. (……) 우리의 서비스 기반 사회는 노예 기반 사회, 즉 자기 자신을 위해 노예가 되는 개인의 사회이자 자신의 기능과 역할에 종속된 사회다. 완벽하게 해방되었기에 완벽하게 노예적인 사회."[13] 보드리야르Jean Baudrillard가 말하는 이 자기-주인/자기-노예 사회는 정확히 스스로가 스스로를 돕는 셀프 헬프self help, 자기계발의 이데올로기가 삶의 가치가 된 신자유주의 사회다.[14] 이 사회는 스스로가 자본화한 자기 삶의 경영자가 되어 자신의 삶을 굴려서 부가가치를 창출하는 '인간자본'의 사회다.[15] 그러나 "자기 자신을 위해 노예가 되는 이 개인의 사회"는 삶 전체가 노동이 되어버린, 더없이 "완벽하게 노예적인 사회"다. 자유로운 좀비는 자신의 노예가 된 좀비일 뿐이다. 신자유주의 경제의 '1인 기업' 이데올로기가 설파하는 자기-경영, 자기-가치화, 자기-규율, 자기-소비 등은 결국 자기 자신을 먹어치우는self-cannibalization 방식, 자신의 뇌와 신경 시스템 전체가 자본주의적 탐욕에 흡수되는 방식, 즉 가장 좀비적인 방식으로 나타난다.[16]

윤이형의 단편 「큰 늑대 파랑」은 오늘날 주체의 '좀비화'에 대한 섬뜩한 서사다. 이 한국적 좀비 소설은 좀비를 피해 달아나는 과정에서 인간적인 것을 지켜나가는 전형적인 미국식 좀비 서사와는 다르다. 오히려 주인공 네 명 중 세 명은 좀비 바이러스가 퍼진 서울에서 곧바로 좀비에게 물린다. 이 소설이 '한국적'인 변형을 가하는 지점은 사라, 재혁, 정희, 아영이라는 30대 초반의 네 인물들의 10년간의 전후 모습을 통해 정치에서 문화로, 열정에서 냉소로 바뀌어가는 한국 사회의 주된 헤게모니와 정념의 변화를 포착하면서 이를 좀비의 창궐과 결합하는 데 있다. 1996년 3월의 어느 날, 수업이 끝나고 교정을 나가던 이 대학생 네 명은 길게 늘어선 시위대를 보고는 특별한 이유 없이 시위대의 "맨 뒤에" 합류한다. "잠시 후 시위대가 움직이기 시작했다. 네 아이는 평소와는 다른 일이 벌어졌다는 생각, 자신들이 전혀 알지 못하는 어떤 세계 속으로 미끄러지듯 아주 자연스럽게 스며들었다는 생각 때문에 가벼운 놀라움과 흥분을 느끼며 잠깐 동안 걸었다."(99) 하지만 시위는 "가벼운 놀라움과 흥분"만 줄 뿐이었고, 그들은 그 시위의 목적과 이유 '바깥'을 서성일 뿐이다["먼지가 날리는 교정을 걷다 보면 가끔씩 머리 위로 작은 돌이 날아가는 일이 있었지만 그것에 대해 어떤 생각을 해야 할지 넷 중 누구도 알지 못했다"(99). 오히려 그들에게 진짜 놀라움과 흥분을 주는 것은 쿠엔틴 타란티노Quentin Tarantino의 영화였다. 시위대가 전진하기 시작했을 때 넷 중 하나가 〈저수지의 개들Reservoir Dogs〉 얘기를 꺼내자 '이화예술극장'으로 향한다. 1996년 한총련 대탄압 국면 속에서 정치적 시위보다는 문화적 쾌락을 추구했던, 시위 과정의 폭력보다는 타란티노의 영화 속 폭력에 사로잡혔던 네 명의 대학생은 바로 1990년대 초반 이후 등장하기 시작했던 탈정치적 주체를 표상한다. 베를린 장벽의 붕괴와 소련의 몰락, 미국의 냉전 승리라는 국제적 상황과 형식적 민주주의의 성립, 경제적 풍요라는 국내적 상황이 만든 교집합 속에서 빚어진 이 탈정치적 주체들은 거리 위의 현실보다는 스크린 위의 환상을 탐닉하며, 현실 안의 '피'는 모른 채 스크린 속의 "헤모글로빈"(100)에 열광한다. 이들이 〈저수지의 개들〉을 보고 있던 그때, 그러니까 "미스터 블론드가 경찰의 귀를 잘라내고 있을 때 종로 근처의 어느 인쇄소 기계 뒤에서 남학생 하나가 쓰러져 죽었다."(100) 역사적 맥락에서 이 "남학생"의 정체는 비교적 분명하다. 그는 1996년 3월 29일, '김영삼 대선자금 공개 및 국가 교육 재정

13 Jean Baudrillard, *Impossible Exchange*, trans. Chris Turner, London and New York: Verso, 2001, pp. 55~56.

14 신자유주의 사회에서 자기계발이 어떤 방식의 주체를 만들어내는가에 대해서는 서동진, 『자유의 의지, 자기계발의 의지: 신자유주의 한국 사회에서 자기계발하는 주체의 탄생』, 돌베개, 2009, 4장 참조.

15 인간자본 개념에 대해서는 Gary S. Becker, *Human Capital: A Theoretical and Empirical Analysis with Special Reference to Education*, Chicago: University of Chicago Press, 1994 참조.

16 Lars Bang Larsen, "Zombies of Immaterial Labor: The Modern Monster and the Death of Death", *e-flux journal* 15(April, 2010). http://e-flux.com/journal/view/131.

5퍼센트 확보' 요구 집회에 참여했다가 경찰의 강경 진압으로 사망했던 연세대 법대 2학년 노수석일 것이다. 윤이형은 타란티노에 열광하던 대학생과 정치 시위에 참여했던 노수석이라는 이 두 사건을 '교차 편집'하고 있는 셈이다. 바로 다음날, 네 대학생이 모여 컴퓨터 프로그램으로 '늑대' 한 마리를 그리고 그를 '파랑("깨뜨릴 파破에 이리 랑狼")'(140)이라 이름 붙인다. 노수석이 죽은 다음날 탄생한 늑대 파랑. 혹 늑대 '파랑'은 '노수석'의 혼이었을까. 왜 그랬는지 늑대를 만들어낸 이 네 명의 대학생은 파랑에게 어떤 희미한 구원의 갈망을 심어놓는다. "늑대의 이름은 파랑이다. 파랑은 우리가 지킨다. 우리는 파랑을 지킨다. 언젠가 우리가 우리를 잃고 세상에 휩쓸려 더러워지면, 파랑이 달려와 우리를 구해줄 것이다."(141) 모니터 안의 늑대 파랑이 프린트되어 액자 속에 담겼다가 잊힌 후, 버려진 쓰레기 더미 속에서 현실 속으로 들어오는 때는 자신을 만든 네 부모가 "세상에 휩쓸려 더러워"질 무렵, 서울에 좀비가 서서히 퍼져나가던 무렵이다. 좀비의 확산은 이렇게 주체의 변화 과정과 맞물린다. 2006년 3월에 묘사되는 사라, 정희, 재혁, 아영의 삶은 이들이 모두 '좀비화' 과정에 있음을 보여준다. 각자가 선택하거나 선택하지 않은 일에 '치여서' 사는 이들은 더 이상의 어떤 꿈도 열망도 구원의 갈망도 없으며, 그저 살아갈 뿐이다. 마치 좀비처럼 무기력하게. 확실한 것은 타란티노의 영화가, 정치가 아닌 문화적인 즐거움과 쾌락이, 이들을 구원하지는 못했다는 점이다. 정희는 넋두리한다.

> 우리가 뭘 잘못한 걸까? 그 사람들처럼 거리로 나가 싸워야 한 걸까? 그때 그러지 않아서 지금 이렇게 되어버린 걸까? 난, 무언가를 진심으로 좋아하면 그걸로 세상을 바꿀 수 있을 줄 알았어. 재미있는 것들이 우리를 구원해줄 거라고 생각했어. 그런데 이게 뭐야? 창피하게 이게 뭐냐고? 이렇게 살다가 그냥 죽어버리라는 거야?(139)

"재미있는 것들이" 이들을 결코 구원하지 못했다는 것을 깨달았을 무렵, 이들이 완전히 "세상에 휩쓸려 더러워"질 무렵 드디어 파국은 시작된다.

"언제나 찾아올 것 같기만 하고 정작 오지는 않던 세상의 끝이 어딘가에서 이미 시작된 듯했다."(137) 이 "세상의 끝", 곧 좀비의 창궐이 말하는 것은 기실 이 네 명의 대학생들이 만들어낸 포스트-정치, 포스트-이데올로기의 세상이다. 어떤 이상도 이념도 정치도 사라졌을 때 남는 것은 생존이고 경쟁이고 노예화다. 그것의 격화가 만들어낸 세상은 결국 "사람들이 서로의 내장을 뜯어먹고 죽은 자들이 일어나 비틀거리며 걷기 시작"(131)하는 곳이다. 이러한 세상은 인간의 몸을 가졌지만 모든 인간적인 것을 상실한, 완벽하게 '벌거벗은 삶'의 이미지로서의 좀비가 전면화되는 장소다. 좀비의 확산과 함께 눈을 뜬 늑대 파랑은 부모를 구하러 달리지만, 세 명의 부모는 이미 좀비가 되어버렸다. 그들의 머리를 물어뜯어 으깸으로써, 곧 완전한 파괴[破狼]를 통해서만 파랑은 이들을 '구원'할 수 있다. 유일하게 구원받는 아영은 다른 세 명의 친구와 다를 바 없지만, 한 가지 다른 점이 있다면 그녀만이 유일하게 파랑을 '기억'했다는 점이다. 세상의 물결에 휩쓸려 둥둥 떠다니던 다른 세 명과 달리, 아영은 여전히 자신의 진정한 사랑을 기억했고 자신이 만든 늑대 파랑을 기억했다. 아영의 이 작은 행위와 파랑이 결합함으로써 둘은 좀비가 번성하는 서울의 거리를 빠져나갈 수 있게 된다. 파랑이 '노수석'의 환생이었을 거라는 우리의 가정에 따르면 아영이 기억한 것은 '노수석'이라는, 자신들이 버린 거리 속에 남아 있었던 순수하고 열정적인 청년이었다. 좀비가 된 우리를 구원하는 늑대는 어디서 오는가? 윤이형은 말한다. 자신이 믿는 바를 위해 청춘을 던질 줄 알았던 아주 작은 청년으로부터 온다고. 그 청년을 상실했을 때, 기억하지 않을 때, 이념과 정치와 열정과 거리를 버릴 때 우리는 이미 좀비가 된 것이며, 바로 그때가 '세상의 끝'이라고.

그 자체로 물화된 존재로서의 좀비는 포스트-정치 시대를 상징하는 주체의 형상이다. 포스트-정치적 상황은 '정치'가 끝나버린 이후, 즉 자유와 평등, 민주주의, 사회주의 등을 둘러싼 이데올로기적 투쟁과 대립이 사라지고 그 자리를 전문가들의 관리와 행정이 대신하고 있는 상황을 뜻한다. '갈등', '투쟁', '계급'과 같은 단어는 버려야 할 과거의 유물처럼 취급되고, '좌우 이념대립을 넘어서'라는 표현은 모든 정치인들이 모토처럼 달고 다니는 말이 되었다. 예상할 수 있듯이 '정치'가 거세된 곳에는 더 심각한 '통치'가 들어섰으나, 1990년대 이후의 탈정치적 헤게모니가 생산한 주체들은 저항보다는 안전에 익숙하다. 포스트-정치적 상황에서 생겨나는 모든 사회적 문제들은 이제 사적인 문제로 전환되고, 사회 기능이 정지되어 늘어나는 갈등과 범죄는 CCTV와 공권력의 투입으로 봉합된다. 이념의 억압에서 풀려난 개인의 자유를 예찬하는 포스트-정치적 국가는 역설적으로 안전과 치안을 강조하는 국가로 나아가게 된다. '죽이는 권력'이 아니라 '살리는 권력'으로서, 인민의 삶 전체를 통제권 아래에 두는 생명-정치는 포스트-정치적 상황의 주된 권력 모델이 된다.[17] 이제 '인간'은 더 이상의 '거대한 문제'에는 신경 쓰지 않으면서 자신과 가족의 생존, 욕구, 안전을 위해 살면 된다. 사유를 필요로 하지 않는, 아니 성찰이 없어야만 행복하게 살아갈 수 있는 인간이 요청되는 것이다. 동물화된 인간, 사물화된 인간, '최후의 인간'이라는 다양한 말로 포괄할 수 있는 이 인간-이후의-인간post-human 주체를 가리키는 이름은 다시, 좀비다.[18]

그렇다면 좀비는 포스트-정치적 상황과 결합된 신자유주의적 자본주의 체제가 날로 분명히 몰고 오고 있는 파국의 분위기에 최적화된 주체일지도 모른다. 모든 사회적인 것을 개인화하고, 이윤을 위해서 자원을 모조리 끌어다 쓰고, 그로 인해 발생하는 지구적 환경문제는 외면한다. 이로 인해 결국 사회적 갈등과 지구적 문제가 연쇄적으로 폭발하는 상황을 파국이라 할 때, 그 파국 상황에서도 '묵묵히' 걸어 다니며 자신의 식욕을 채우는 '일차원적' 존재를 우리는 좀비라는 아이콘을 통해 발견한다. 좀비는 파국의 상황을 예비하면서 동시에 파국을 전파하는 존재다. 완벽하게 자유롭지만 완벽하게 속박된, 인간의 형상을 했지만 인간이 아닌, 포식하면서 소진하는, 살아 있으면서 죽어 있는, 존재이면서 비존재인, 주체이면서 반주체인, 노예이면서 소비자인, 결핍이면서 과잉인, 이 모순적 존재는 바로 오늘 우리가 처한 상황의 온갖 모순을 체화하고 있다. 우리를 둘러싼 그 모든 모순이 터지는 날, 어쩌면 '우리'는 '그들' 중 하나가 되어 파괴된 거리를 서성이고 있을 것이다. 좀비가 된 우리들에게도 그나마 다행스러운 점은 하나 있으니, 파국 상황 속에서 고통받는 이들은 '인간'이지 '좀비'는 아니라는 것이다.

17 죽이는 권력에서 살리는 권력으로의 근대적 권력장치의 변화에 대해서는 Michel Foucault, *The History of Sexuality: An Introduction*, trans. Robert Hurley, New York: Vintage, 1990, 5부를, 포스트-정치와 생명-정치의 결합이 만들어내는 '공포의 문화'에 대해서는 Slavoj Žižek, *Violence: Six Sideway Reflections*, New York: Picador, 2008, 2장 참조.

18 Sarah Juliet Lauro and Karen Embry, "A Zombie Manifesto: The Nonhuman Condition in the Era of Advanced Capitalism", *boundary* 2(Spring, 2008), p. 35에서 라우로와 엠브리는 포스트-인간주의 시대의 반反주체의 형상으로 좀비를 분석하고 있다. 저자들은 "자본주의를 물리치기 위해서는 자본주의 시스템뿐 아니라 그것이 만들어낸 개인이라는 신화까지도 파괴해야 하며, 그렇게 모든 것이 파괴된 형국을 드러내는 것이 좀비"라는 매우 급진적 주장을 펼친다.

2 무의미의 무한연쇄[1]

악惡과 무無

깨짐과 붙임

파국破局의 시대는 말 그대로 '깨진' 시대다. 최근 한국인들에게 그 '깨짐'은 두 가지 이미지로 다가왔다. 김길태와 천안함이 그것이다. 김길태는 어느 날 밤, 빈집이 듬성듬성 있던 어두운 재개발구역 동네를 지나던 한 여중생을 강간하고 살해하여 물탱크 속에 처박았다. 실종 신고된 여중생을 찾던 경찰이 물탱크 속에서 시신을 발견하고 용의자 김길태를 잡은 뒤 그의 자백을 받았을 때 한국 사회는 분노로 술렁였다. 김길태가 현장검증에 모습을 드러냈을 때 마을 주민들은 그에게 달려들었다. 텔레비전에 등장하는 '걸'그룹 소녀들의 섹시함을 즐기고, 가출한 10대 여학생들을 성매매하고, 지하철과 직장과 거리에서 일상적인 성희롱을 자행함에도 불구하고 아동과 청소년에 대한 성폭력과 살해 사건에 대해서만큼은 아직 한국인들의 분노는 거센 듯 보인다. 그리고 그 핵심에 김길태가 있었다. '길'에서 '태'어난 이 남자는 길에서 여자들을 납치했고, 죄 없는 그 여중생은 길을 걷다 그를 만났다. 길은 그가 태어난 곳이었으며 동시에 그가 죽인 곳이었다. 등굣길의 초등학생을 납치해 강간하고 폭행했던 조두순 사건의 충격이 가라앉기 전 다시 일어난 김길태 사건은 길에서 마주치는 사람들이 언제 어디서 자신을 파괴할지 모른다는 공포를 느끼게 만들었다. 김길태는 여중생의 생명을 깨뜨렸고, 그녀를 부수어, 물속에 수장시켰다.

김길태 사건이 벌어지고 얼마 후, 백령도 근처에서 작전 중이던 천안함이 두 동강 났다. 배의 뒷부분에 있던 하사관들과 사병들 46명이 순식간에 물속으로 가라앉았다. 사건은 발생 즉시 청와대에 보고되었고, 대통령은 지하 벙커로 들어갔다. 가까이에 있던 속초함은 북쪽으로 돌진하여 새떼를 향해 포격을 했고, 주요 보수 일간지 조중동은 곧바로 북한의 공격이라는 소문을 퍼뜨렸다. 군이 찾지 못하던 깨진 함미는 초라한 어선에 의해 발견되었고, 그것을 바닷속에서 들어 올리느라 또 10명의 생명이 사라졌다. 군의 사건 조사 발표가 계속되어도 미스터리는 풀리지 않는 동안 어느새 천안함의 침몰은 자연스레 북한의 어뢰 공격과 연결되었다. 사건의 진실이 '기밀 보호'로 감춰지는 것과 함께 급속도로 애도 작업이 진행되었다. 이곳저곳에서 '조국의 아들들'이 호명되었고, 〈무한도전〉과 〈개그콘서트〉는 한 달 넘게 방영 중단되었으며, 급기야 대통령은 눈물을 흘리며 '단호한 대응'을 다짐했다. '국영방송'의 기치를 드높이던 KBS는 천안함 성금모금 방송을 편성했고, 한화그룹은 천안함 유공자를 우선 채용한다고 발표했다. 진실이 '없는nothing' 상태에서 '수많은 행동들much ado'만이 일어나고 있는, 이 헛소동much ado about nothing의 형국. 낡은 천안함이 깨지고 사건의 진실이 의혹 속에 있지만, 조국의 안보는 서둘러 봉합되었다. 어쩌면 46명의 군인들은 그 봉합을 위해 깨어진 듯 보이기도 한다.

이 두 사건으로 생명을 잃은 여중생과 군인은 모두 제복을 입은 이들이다. 교복과 군복. 두 제복은 한국 사회의 젊은이들이 피해 갈 수 없는, 반드시 한 번은 입어야 하는 옷이다. 이것은 한국 사회에서 주체화 과정을 담당하는 두 근대적 제도, 즉 학교와 군대를 표상한다. 교복과 군복 속에 갇힌 몸은 그래서 자유롭지 못하다. 이들은 어떤 특별한 상황 속에서 언제든 상징계의 게임에 의해 이리저리 조립되거나 해체될 수 있는 몸이다. 여중생은 바로 그녀가 교복을 입은 학생이었기 때문에 김길태라는 범죄자의 악마성을 드러내는 지표가 되었고, 46명의 해군은 그들이 군복을 입은 군인이었기 때문에 밝혀지지 않은, 그래서 언제나 잠재적인 북한의 도발을 상징하는 지표로 재구성되었다. 여기서 사라진 것은 여중생이 걸었던 부산의 재개발 구역과 해군들이 탔던 천안함이라는 배다. 이 두 공간은 사건이 발생한 '진실'의 공간이다. 왜 여중생은 사람들이 떠난 으슥한 재개발

1 이 글은 같은 제목으로 계간 『자음과모음』 2010년 여름호에 수록되었다.

구역에 살아야만 했는가, 왜 천안함은 그 시각에 통상적 작전 구역이 아닌 연안을 항해해야만 했는가. 공간에 근거한 이 질문들 속으로 파고들어갈 때 우리는 자본과 안보의 이해관계라는, 자본주의-분단국가로서의 한국 사회가 가진 거대한 두 사회적 조건을 발견한다. 사건은 이 두 조건 '속'에서 발생했지만, 짐작했듯이 이 두 조건을 가리는 신화, 즉 김길태와 북한에 의해 봉합된다. 김길태와 북한은 제복을 입은 젊은이들의 생명이 사라진 곳이자, 언론과 자본과 국가라는 한국 사회의 대타자가 자신들의 이해관계를 덮는 동시에 자신을 실현하는 곳이다. 김길태와 북한의 다른 이름은 무엇인가? '악惡'이다. 그리고 이들이 '악'일 때에야 비로소 자본주의-분단국가의 이해관계는 자신의 근거를 마련할 수 있다. 여중생과 해군을 죄 없는 '선善'의 아이콘으로 만들어야만 하는 이유 역시 여기에 있다. "청소년에 대한 범죄는 끝까지 발본색원 하겠다"와 "천안함 사고의 원인을 파헤쳐 단호히 대처하겠다"는 두 결심은 이러한 기반 위에서 의미를 획득한다.

어쩌면 이것은 '깨짐'과 '붙임'에 관한 정치학이다. 잔잔한 일상에 난데없이 들어오는 깨짐의 신호들을 어떻게든 이어붙임으로써 일상을 일상이게 해야 하는 막중한 책무에 관한 것이다. 자크 라캉Jacques Lacan에 기대어 말하자면, 자꾸만 발생하는 상징계의 균열과 파열(재개발 구역에서의 강간, 낡은 천안함의 붕괴)을 상상계의 거울효과(죄 없는 딸, 조국의 아들들)를 통해 막아서 실재의 진실(글로벌 자본주의의 야만, 불구적인 냉전체제)이 그 모습을 드러내지 못하게 하는 것이다. 재개발 구역과 천안함이 파국의 공간이라면, 제복을 입은 채로 물속에서 건져 올려진 이들은 깨짐의 제물이자 붙임의 대상이다. 김길태와 북한은 상상계의 거울효과 속에서 죄 없는 딸과 조국의 아들들이 자애로운 어머니와 느끼는 일체감을 박탈한 '아버지'와 같은 존재다. 즉 이들은 딸을 유린하고 아들을 죽이는 공포의 대상이다. 어머니(국가, 자본)와 자식(여중생, 군인) 간의 결합을 끊어버린 이 '아버지'는 다시, '악'이다. 국가와 자본의 상징계 속에서 악은 '발본색원拔本塞源'과 '단호한 대처'의 대상으로 현현顯現하지만, 깨짐과 붙임의 정치학은 이 악이 사실은 상징계의 유지를 위해, 그래서 선의 지속을 위해 반드시 필요한 것임을 보여준다. 악이 있음으로써 선은 더욱 의미 있어지는, 분노와 애도를 분출함으로써 모두가 하나가 되는 이 기묘한 법칙.

꿀벌의 역설

버나드 맨더빌Bernard Mandeville은 선과 악의 이 역설적 관계를 한 편의 우화로 보여준다. 이 우화는 인간사회처럼 조직되어 있는 한 커다랗고 풍요로운 벌집을 무대로 하고 있다. 이곳의 구성원들은 서로 기만하고 뇌물을 먹이고 사치스럽고 소비하지만, 바로 그것 때문에 전체적으로는 풍요와 고용이 이루어지는 곳이다.

그래서 모든 곳에 악행Vice이 충만하지만,
전체적으로는 하나의 천국.
평화 속에서는 아첨을 받고 전쟁 속에서는 무서움을 주어
외국 벌들로부터 존경을 받았고,
그들의 부富와 생활의 사치스러움은
다른 모든 벌집들보다 우월했네.
그것이 이 나라에 내린 축복이었으니,
곧 그들의 범죄가 이들을 위대하게 만든 셈이었네.
정치로부터 수천 가지의 교활한 속임수를
배웠던 덕Virtue은
속임수의 행복한 영향으로 인해
악행과 친구가 되었고, 그 이후로
군중 가운데 가장 악한 이도
공통의 선Goodness에 무언가 이바지를 했다네.[2]

2 Bernard Mandeville, *The Fable of the Bees*, ed. Phillip Harth, London: Penguin, 1970, p. 68.

부패 속에서, 아니 부패가 있었기에 번영했던 이 벌집에도 순수한 덕과 선을 요구하는 불만들이 터져 나왔고, 그래서 신은 이들이 원하는 대로 악을 근절하고 벌들의 마음에 정직함honesty만을 불어넣는다. 그러자 위선과 교만과 기만이 사라지고 덕과 선으로 충만해진 이곳에는 번영이 사라지고 지루한 단순함만이 남는다. 벌들에겐 자신의 욕망을 채우려는 동기가 없기 때문에 평화롭게 자기 일만 정직하게 반복하여 그 결과 벌집 전체의 풍요로움은 자취를 감춘다.

교만과 사치가 사라지자
점점 외국 상인들도 바다로 떠나버렸네.
이제는 상인들뿐만 아니라 회사들도
모든 제조 시설을 없애버렸네.
예술과 공예는 내팽개쳐졌고
근면한 것에만 만족함으로써
수수한 가게에도 경탄을 표했고
그래서 아무도 구하려 하지 않고, 더 이상 욕망하지도 않았네.
(……)
노동과 훈련으로 경직되어
그들은 편안함 자체도 악이라고 여겼고
그로 인해 그들의 절제력은 늘어갔네.
방종을 피하기 위해
그들은 텅 빈 나무로 날아가서는
만족과 정직의 축복 속에 살았네.[3]

결국 악에 대한 극단적 거부는 벌집 자체의 폐기로 이어지는 것으로 끝나는데, 이는 선의 추구가 낳은 최종적 결과다. 맨더빌은 애덤 스미스Adam Smith보다 거의 50년 전에 영국 자유주의 정치경제학의 철학적 원리를 이야기한 셈이다. 이는 곧 "개인의 욕망 추구가 전체적으로는 사회의 풍요를 가져온다"는 것이다.[4] 달리 얘기하면 악을 통해 선이 의미를 갖는다는, 악의 창궐이 세계의 유지를 불러온다는 역설이다. 맨더빌에게 파국을 막는 유일한 방법은 더 많은 탐욕과 기만, 더 많은 악이 생겨나는 것이다. 이러한 사고가 자유주의 경제학의 원리가 되었고, 우리의 '신'자유주의 시대는 맨더빌식 사고가 극단화되어 있는 상황이라고 할 수 있다. 우리 시대의 세계는 그러나 맨더빌이 예견한 풍요와 번영을 지나서 오히려 벌집 자체의 파국이 예견되는 세계다. 그리고 이 파국의 벌집에 팽배한 악은 맨더빌이 그린 우화 속 균형 잡힌 악의 강도強度를 훨씬 뛰어넘는다. 여중생과 천안함뿐 아니라 모든 것이 깨져가는 세계 속에서 악은 맨더빌이 말하는 경제적 번영Thrive과는 또 다른 역할을 적극적으로 수행하는 것으로 보인다. 도대체 악은 무엇인가?

악惡과 무無

악에 대해 생각할 때, 우선 떠오르는 이미지는 뿔 달린 사탄(악마)의 형상이다. 기독교 전통에서 사탄은 세상의 시작과 동시에 등장하며, 더 정확히는 이미 세상의 시작 전에 존재했다고 볼 수 있다. 신이 그의 이미지를 따라 아담과 이브라는 인간을 만든 이래, 그들이 저지른 인류 최초의 죄는 사탄의 유혹에 의한 것이었다. 뱀의 형상을 한 사탄의 꾐인즉, 신이 에덴동

3 Bernard Mandeville, *The Fable of the Bees*, p. 75.

4 애덤 스미스가 맨더빌의 영향을 받은 것은 맞지만, 도덕철학자로서의 스미스는 맨더빌과는 달리 개인의 공감능력을 강조함으로써 경제가 하지 못하는 윤리적 영역의 필요성을 주장한다. 그는 "타인에게서 공감fellow-feeling을 발견하는 것이야말로 우리를 가장 기쁘게 하는 일"이라고 말하며, 언제나 화합과 조화로움을 강조한다. 이것은 스미스를 포함하여 프랜시스 허치슨Francis Hutcheson, 데이비드 흄David Hume, 에드먼드 버크Edmund Burke 등 18세기 영국 철학자들의 공통된 시각이다. Terry Eagleton, *Trouble with Strangers: A Study of Ethics*, Chichester: Wiley-Blackwell, 2009, Part I 참조. 18세기의 전반적 분위기에서 볼 때 맨더빌은 훨씬 극단적이었다고 할 수 있으며, 실제로 『꿀벌의 우화』는 출간 당시 거센 반대를 불러일으켰다.

산 한가운데의 과일을 먹으면 죽으리라고 했으나 죽지 않을 것이고, 그 과일을 먹으면 오히려 너의 눈이 밝아져 선악을 아는 신들처럼 되리라는 것이었다(「창세기」 3:1~6). 이브가 이 말을 듣고 선악과를 따먹는 순간이 바로 인류가 최초로 죄를 짓는 순간, 즉 악을 저지르는 순간이 된다.

이 악의 본질은 무엇인가? '거역하는 것'이자 '금지를 뛰어넘는 것', '경계를 뛰어넘는 것'이다. 악은 '반역'이다. 아담과 이브의 몰락을 그리는 밀턴John Milton의 『실낙원*Paradise Lost*』에 등장하는 사탄은 어쩌다 천사에서 '사탄'이 되었는가? 그가 다른 천사들과 더불어 신에 대항하는 '반역'을 꾀했기 때문이다. 사탄과 이브는 왜 경계를 뛰어넘었는가? 오만했기 때문이다. 자신보다 높은 존재가 있고 그의 뜻에 따라야 한다는 의무를 따르기 싫었기 때문이고, 그 존재를 충분히 넘어설 수 있다고 믿었기 때문이다.

> 하지만 무엇을 잃어버렸단 말인가?
> 모든 것을 잃지는 않았다. 정복되지 않는 의지가 있고,
> 복수의 추구, 불멸의 증오,
> 그리고 결코 굴복하거나 복종하지 않는 용기가 있다.
> 그것 말고 정복되지 않는 것이 또 있단 말인가?
> 영광은 결코 내게서 분노나 힘을 빼내지 못할 것이다.
> (……)
> 운명에 의해 신gods으로서의 힘과
> 정화淨火의 질료는 사라지지 않기 때문에,
> 이 위대한 사건(반역전쟁)의 경험을 통해
> 무기는 녹슬지 않았고 통찰력은 진전되었기 때문에,
> 우리는 더 성공적인 희망을 품은 채로
> 힘으로든 책략으로든 타협 없는 영원한 전쟁을 일으킬 수 있다.
> 지금 승리함으로써 천국에서의 폭정을 홀로 수행한다는
> 엄청난 기쁨에 싸여 있는 우리의 거대한 적(神)에 대항하여.[5]

방금 반역전쟁에서 패해 지옥에 던져졌으나 사탄은 아직 자신은 잃은 것이 없다며, 오히려 전쟁의 실패를 통해 얻은 경험으로 더 큰 전쟁을 일으키자며 자신의 추종자, 즉 다른 몰락한 천사들을 독려한다. 지옥에 떨어졌다고 실망할 필요는 없다. "천국에서 복종하는 것보다는 지옥에서 지배자로 있는 게 더 나은 것이다."[6] 반란군의 지도자이자 사탄의 다른 이름인 루시퍼Lucifer가 상징하는 악의 속성이 '오만'인 것은 악의 근본이 무엇인지를 보여준다. 악을 뜻하는 근대 영어인 'evil'의 어원은 이를 말해준다. 'evil'의 어원은 원형 인도유럽어인 'upelo'에서 오는데, 이것은 '경계를 넘어선다uppity, overreaching bounds'는 뜻을 가지고 있다.

경계를 넘어서는 것을 '오만'으로 규정하고, 그것을 '악'의 근본 속성으로 삼는 언어적 용법은 분명 정치적 보수성에서 기인한 것으로 보인다. 여기에는 사탄의 반역에 분노하는 신의 시선이 깔려 있다. 권위에의 복종을 거부하고 경계를 넘어서는 혁명의 시도 자체가 악의 근원이 되어버리는 것이다. 그렇다면 경계를 넘어서는 악의 근원은 사탄보다 먼저 신이라는 절대적 존재에서 찾을 수 있다. 욕망은 금지에서 오고, 주체는 타자에 대한 인식에서 시작한다. 악의 화신인 사탄의 오만함은 선의 화신인 절대자/신에게서 비롯한다. 신은 자신을 "나는 나다I am who I am"라고 부르는 존재(「출애굽기」 3:13~5), 즉 스스로가 존재의 시작과 끝인 절대자다. 신은 '모든 것everything'을 가능케 하는 존재다.

이 신에 대항하는 사탄의 전략은, 그러므로 '모든 것everything'을 '아무것도 아닌 것nothing'으로 뒤바꿔버리는 것이다. '모든 것'은 '아무것도 아닌 것'과 동전의 양면이다. 이 두 개념은 공히 가늠할 수 없는 전체를 의미한다. 다만 방향이 다를 뿐이다. 「창세기」의 신이 아무것도 아닌 것에서 모든 것을 만들어내는 '창조'의 존재라면, 사탄은 그 반대의 방향으로 간다. 악

5 John Milton, *Paradise Lost*, eds. William Kerrigan · John Rumrich · Stephen M. Fallon, New York: Modern Library, 2007, 1권, pp. 105~124.

6 John Milton, *Paradise Lost*, 1권, p. 263.

은 그래서 언제나 '파괴'와 관련되어 있다. 악은 무너뜨리는 것이다. 악은 살아 있는 인간을 싸늘한 시체로 만들고, 유토피아의 비전 반대편에서 파국의 그림을 그린다. 창조가 의미를 새기는 일이라면, 공허와 파괴를 바라는 악은 무의미를 향한다.

밀란 쿤데라Milan Kundera는 '천사성the Angelic'과 '악마성the Demonic'에 대해 쓴 적이 있다. 그는 '천사성'은 의미가 지나치게 넘쳐나는 것과 '악마성'은 모든 의미의 완전한 상실과 연관되어 있다고 말한다.[7] 의미가 넘쳐나는 것이 창조의 힘이라면, 의미의 불가능은 공허와 파괴의 힘이다. 악은 의미를 찾지 않는다. 그것은 밀턴의 루시퍼처럼, 오직 자신의 결핍을 타인과 세계를 파괴함으로써 보상받으려 한다. 악의 가장 무시무시한 현대판 버전인 연쇄살인이나 '묻지마 살인'은 주로 불특정 다수를 향한 의미 없는 파괴의 행진이기도 하다. 우리에게 가장 공포를 자극하는 악인의 얼굴은, 브렛 이스턴 엘리스Bret Easton Ellis가 『아메리칸 사이코*American Psycho*』에서 패트릭 베이트먼을 통해 그려냈던, 잔인한 범죄 속에서도 항상 '무표정'을 유지하는 그의 냉정함, '무감각'이다.

무한 연쇄: 데리다와 브레송

어쩌면 이 '무의미'의 '무한한' 행진이야말로 포스트모더니즘과 자본주의가 표상하는 우리 시대의 조건일 것이다. 포스트모더니즘 철학은 기표의 '무한한' 미끄러짐을 통해 근본적 '의미 불가능성'으로, 자본주의는 사용가치의 폐기('무의미')와 함께 '무한한' 교환가치의 연쇄로 달려간다. 자크 데리다Jacques Derrida의 해체론이 신이라는 절대자와 만나게 되는 과정은 이 지점에서 흥미롭다. 데리다 윤리학의 핵심 단어는 '책임responsibility'이다. 데리다에게 책임은 주체와 타자와 신의 관계 속에서 도출된다. 이를 위해 그는 먼저 쇠렌 키르케고르Søren Kierkegaard와 대면해야 한다. 키르케고르는 『두려움과 떨림*Frygt og Bæven*』에서 아브라함이 이삭을 바치는 행위를 분석하면서 오직 종교만이 줄 수 있는 열정의 최대치를 이야기한다.[8] '신앙'이라는 이름의 이 열정은 세상 모든 사람의 비난 또는 무관심에도 불구하고 자신의 가장 좋은 것을 기꺼이 신에게 바쳐야 하는 역설의 과정을 홀로 감내하고 넘어서는 과정이다. 키르케고르 역시 '윤리'의 문제에 직면하지만, 그는 인간의 윤리와 신의 명령 사이의 간극을 단칼에 나눈다. 그는 그 속에서 '역설'의 과정을 보면서도 이 둘이 결합할 수 있는 가능성에 대해서는 생각하지 않는다. 결국 그에게는 신앙의 힘으로 인간 최고의 열정을 실현하는 '개별자'의 고독한 길이 가진 어떤 가치만이 중요하기 때문이다. 신앙을 위해서라면 나머지 모든 인간을 타자로 만든다 해도 어쩔 수 없다. 그 신앙적 열정은 '오직' 개인적인 것이기 때문이다.

데리다는 키르케고르를 따라 아브라함의 고뇌 속으로 들어가서 신에 대한 희생은 모든 인간적 윤리를 배제할 수밖에 없음을 밝힌다. 인간의 윤리가 보편적인 것the universal에 대해 말하는 것인 데 반해 신은 모습을 드러내지 않고 비밀로 존재하며, 따라서 (신과의 관계에 대해) 말하지 않는 것이며 오직 특수하고 개별적인singular 관계로만 유지된다. 보편적인 것은 여기서 개별적인 것과 서로 갈려 있으며 절대 통합되지 못한다. 아브라함이 이삭을 죽이는 일(개별)은 절대윤리의 영역에서 정당(보편)화될 수 없기 때문이다. 신에 대한 제사가 '완성'되려면 아브라함은 이삭을 세상에서 가장 사랑해야 한다. 즉 신과의 개별적 관계를 완성하기 위해 아브라함은 이삭과의 보편적 윤리를 가장 완벽히 체화하고 있어야만 한다. 그래야만 이삭이라는 제물은 의미가 생긴다. 이 보편적 윤리를 끊어버리는 '순간instant' 아브라함은 신과의 개별적 복종관계를 완성한다. 신은 누구인가? '타자'다. 내가 아닌 존재다. 신을 위해 바치는 희생물은 누구인가? 역시 '타자', 즉 내가 아닌 존재다. 그렇다면,

7 Milan Kundera, *The Book of Laughter and Forgetting*, trans. Michael Henry Heim, New York: Alfred A. Knopf, 1980.

8 Søren Kierkegaard, *Fear and Trembling*, trans. Sylvia Walsh, Cambridge: Cambridge University Press, 2006.

> 나는 다른 타자, 나 아닌 타자들을 희생하지 않고서는 부름에, 요구에, 의무에, 혹은 심지어 누군가와의 사랑에 응답할 수가 없다.[9]

이것이 바로 아브라함 이야기가 가진 딜레마다. 절대적인 타자에게 복종하기 위해 내가 사랑하는 다른 타자의 목숨을 끊어야 하는 것. 즉 나는 (타자를 죽이는 행위를 통해) 윤리를 배반해야만 '희생'을 완성할 수 있다.

> 내가 타자와의 관계 속으로 들어가는 순간, 즉 그의 응시, 시선, 요구, 사랑, 명령, 부름을 받는 순간 나는 오직 윤리를 희생함으로써만, 즉 동일한 방식으로, 동일한 순간에, 나를 다른 모든 타자들에게 또한 응답하도록 만드는 그 어떤 것이라도 희생함으로써만 응답할 수 있음을 안다.[10]

키르케고르는 이 딜레마가 가진 역설을 긍정하거나 적어도 중요하게 생각하지 않았다. 모든 것은 개인의 일이다. 데리다는 이 지점에서 키르케고르와 갈라선다.

> 다른 고양이들이 매순간 배고픔으로 죽어갈 동안, 수년간 매일 아침 집에서 네가 먹였던 그 고양이를 위해 세상의 모든 고양이들을 희생한다는 그 사실을 너는 어떻게 정당화할 수 있는가?[11]

이 유명한 고양이의 비유는 신에 대한 의무를 위해 이삭을 죽이는 일, 다른 모든 타자들을 배반하는 일이 절대 정당화될 수 없음을 말하고 있다. 그런데 이러한 일들은 사실 우리 일상에서 매일 일어나는 일이다. 애인을 위해, 가족을 위해, 나라를 위해 다른 이들을 희생시키는 일은 대개 아름답게 그려진다. (애인으로서, 가장으로서, 국민으로서의) '책임'을 지기 위해 다른 타자들을 '희생sacrifice'시키는 일. 데리다는 아브라함이 신에 대한 '책임' 의무를 다하기 위해 이삭을 '희생'시키는 「창세기」의 일화가 특수한 게 아니라 '일반적'이며, 결코 정당화될 수 없다고 말한다.

데리다는 이 딜레마를 풀려고 하지만 '옳으냐/그르냐'라는 기준을 통하지 않는다. 즉 정당화될 수 없는 일이니까 그렇게 해서는 안 된다고 말하는 방식을 택하지 않는다. 데리다가 쓰는 전략은 이 딜레마가 가진 논리를 그 속에서부터 무너뜨리는 것, 즉 '해체'다. 아브라함이 자신이 가장 사랑하는 아들을 희생하면서까지 책임을 다하려 했던 그 '신'이 누구인가를 묻는 것이다. 아브라함과 신의 관계가 절대적인absolute 관계라면, 신이라는 타자는 '절대적인 타자the absolute other', '완전한 타자the wholly other'다. 주체가 '인간'인 한, 신은 인간의 범주 자체를 벗어나는 절대적이고 완전한 타자다. 만약 신이 절대적 타자의 이름이라면 타자가 있는 모든 곳에서 신은 발견될 것이다. 우리 각자에게 다른 이들이 어쩔 수 없이 타자일 뿐이라고 할 때, 아브라함과 신과의 관계는 내가 다른 타자들과 맺는 관계와 '같다'. 다시 말해 신이 곧 타자이고, 타자가 곧 신이라는 것. 이를 끝까지 확장하면 신은 곧 내 이웃이 되는 것이다. 이것이 「창세기」를 뛰어넘는 예수의 가르침이다. "내가 진실로 너희에게 이르노니 너희가 여기 내 형제 중에 지극히 작은 자 하나에게 한 것이 곧 내게 한 것이니라"(「마태복음」 25:40). 이웃이라는 타자를 사랑하는 일이 곧 신을 사랑하는 일이 된다. 아브라함은 신을 사랑하기 위해 이웃을 죽여야 하는 것이 아니라, 이웃을 사랑함으로써 신을 사랑해야 하는 것이다.

유대인에게 그렇듯, 데리다에게도 신은 '형상'을 드러내지 않는다. 신은 오직 '음성'으로만 나타난다. 아브라함은 야훼를 목소리로만 접한다. 아브라함은 야훼로부터 받은 명령을 다른 이들에게 발설하지 않는다. 신과 나의 관계는 '비밀스럽다'. 즉 내가 신의 음성을 나 스스로 간직하면서 신

9 Jacques Derrida, *The Gift of Death*, trans. David Wills, Chicago and London: University of Chicago Press, 1995, p. 68.

10 Jacques Derrida, *The Gift of Death*, p. 68.

11 Jacques Derrida, *The Gift of Death*, p. 71.

과의 비밀스런 관계를 형성해야만, 내가 신이라고 부르는 존재가 존재하게 되는 것이다. 신은 그리하여 '내 안에within me' 있게 되며, 나의 행위를 통해 신의 의지가 행해진다. 신은 나를 '부르지'만, 나는 내 안의 목소리를 신이라고 '부른다.' 결국 신은 내 안에 있고, 그가 곧 '나'다. 신은 어디에 있는가? 하늘 위에? 모리아 산 위에? 교회 안에? 아니다, 신은 오직 비밀스럽게 내 안에만 있다. 나를 통하지 않으면 신도 없다. 신은 내 안에 있고, 그는 결국 '나'이고, 내가 '주체'라고 부르는, 보이지 않는 내면의 구조다. 신은 "은밀하게 보시는"(「마태복음」 6:4) 존재다. 바로 그는 '내 안'에 있기 때문이다. 요컨대 신은 타자이자 나다. 나는 타자이자 신이다. 타자는 신이자 나다. 이삭을 죽여야 신에 대한 의무를 이행하게 되는 아브라함의 역설적 상황, 이 키르케고르적 딜레마는 이렇게 해체된다. 키르케고르가 고독한 '개별자'의 열정으로 정식화했던 신과 나의 '비윤리적' 관계는 데리다를 통해 모든 타자에 대한 의무 이행이 곧 신에 대한 책임인 것으로 바뀐다.

하지만 데리다가 신과 타자를 경유해 책임이라는 윤리로 들어가는 이 과정에는 '무한한' 연쇄와 '무의미성'이라는 역설이 들어가 있다. 신과 타자와 나 사이의 무한한 연결고리 속에서 나는 아브라함처럼 아무것도 모른 채로 서 있으며, 신은 언제나 비밀 속에서 음성으로만 내게 온다. 나는 결코 신의 뜻을 알 수도 없으며, 거기에는 어떠한 상황도 정당성도 존재하지 않는다. (데리다에게) "진정한 결단이 되기 위해서는 그 결단이 순수한 신앙의 도약으로 발생해야만, 즉 상황 속에서의 어떤 장소도, 주체에 의한 어떠한 정당화도, 철학에 의한 어떠한 '개념화'도 거부하는 것이어야만 하는 것으로 보인다."[12]

책임은 개인의 '의지'가 아니라 오히려 '무의지'를 의지하고, 개인은 '의미'가 아니라 '무의미' 속에서 윤리적 의미의 순간에 도달한다. 신의 명령에 따른 아브라함의 '친족 살인' 의지가 지고의 선임과 동시에 지고의 악일 수도 있는 상황이었던 것과 같이, 데리다의 윤리학 역시 무한책임의 논리와 동시에 완전한 무의미라는 악의 속성을 갖고 있다. 모두에 대한 증오만큼이나 모두에 대한 책임이라는 논리는 지극히 초월적이다.

자본주의 시스템 역시 무한한 연쇄와 무의미에 기반을 두고 있다. 로베르 브레송Robert Bresson의 영화 〈돈L'Argent〉은 500프랑짜리 위조지폐 하나가 교환에 교환을 거치면서, 즉 가치의 연쇄작용을 거치면서 어떻게 악으로 변해가는지를 보여준다. 사건은 용돈이 궁하던 한 고등학생이 친구가 건네준 위조지폐를 사용해 사진점에서 액자를 사면서 시작한다. 위조지폐임을 확인한 사진점 사장은 사진점에 온 주유 배달원 이본에게 이 돈으로 계산한다. 이본은 일을 마치고 카페에 갔다가 자신을 위조지폐 유통범으로 매도하는 주인을 때린다. 법정에서 이본은 자신의 결백을 주장하지만, 사진점 직원 루시앵이 그를 모른다고 발뺌함으로써 3년의 징역형을 선고받는다. 이후 영화는 파국으로 치닫는다. 죄책감에 빠졌던 루시앵은 모두가 악을 행하니 자신이 행하는 것은 죄가 아니라고 생각하면서 상품의 가격을 속여 돈을 빼돌리고, 사장의 금고를 털고, 현금인출기를 조작하여 돈을 챙긴다. 수감 중이던 이본은 자기 때문에 가정이 무너지고 급기야 아이까지 죽자 출옥하자마자 '묻지마 살인'을 연속적으로 저지른다. 고등학생에서 노동자로, 노동자에서 사장으로, 사장에서 노동자로, 노동자에서 사기범으로, 사기범에서 연쇄살인범으로 이어지는 이 악의 연쇄는 의미가 쌓이는 것이 아니라 교환가치를 통해 의미가 파괴되는 일련의 과정이다.[13] 돈이 돌면 돌수록 악과 무의미는 만연한다. 살인을 저지르고 태연히 피 묻은 손을 씻고 일가족을 죽인 도끼를 버리고 레스토랑에 와서 앉아 있는 이본의 무표정 속에 담긴 그 '의미 없음'이야말로 진정한 악이다. 그 악은 이본이라는 노동자를 통해 드러나지만, 그는 돈이라는 '매체'의 속성과 마찬가

12 Peter Hallward, "Translator's Introduction", Alain Badiou, *Ethics: Essay on the Understanding of Evil*, trans. Peter Hallward, London and New York: Verso, 2002, xxvi.

13 이 연쇄는 영화의 형식이기도 하다. 마치 위조지폐가 이 손에서 저 손으로 움직여가고, 하나의 작은 사건이 또 다른 사건을 만들어내듯이, 하나의 숏은 다른 숏이 가능해지는 이유가 된다. 이 영화에서는 중간의 한 숏을 놓치면 그다음 숏을 논리적으로 이해하기 어려워진다.

지로 교환가치의 무한연쇄로 이루어진 자본주의의 악이 발현되는 '매체'이기도 하다. 이 점에서 잘못 받은 돈 때문에 감옥에 들어간 이본은 나중에 그 돈 자체의 기능을 실현하고 있는 셈이다. 은행을 터는 것보다 은행을 세우는 게 더 쉬운 강도질이라는 베르톨트 브레히트Bertolt Brecht의 말은 브레송의 영화에 담긴 주제를 나타낸다. '악'은 은행을 없애는 데서 시작하는 게 아니라 은행을 세우고 돈을 유통시키는 데서 시작한다. 무표정한 이본의 도끼는 이 무의미의 무한한 연쇄가 궁극적으로 낳을 최악의 결과를 말해준다.

'무'와 '파괴'로 향하는 이 악의 속성은 오늘날의 글로벌 자본주의에서 가장 적절히 구현되고 있다. 더 이상의 라이벌을 알지 못하는 오늘의 자본주의는 끝을 모르고 달리는 자동차와 같다. 모든 것이 교환가치로 환원되는 시대에는 사랑과 안전, 연대와 학습 등 모든 인간적 영역들도 예외가 아니다. 이 무한한 교환의 끝은 어디인가? 몇 가지 질문의 연쇄. 당신은 왜 공부를 하는가? 취직하기 위해서. 왜 취직을 하는가? 돈을 벌기 위해서. 왜 돈을 버는가? 집을 마련하기 위해서. 집을 왜 마련해야 하는가? 편하게 살기 위해서. 왜 편하게 살아야 하는가? 그것이 행복이니까. 왜 행복해야 하는가? 비참하지 않기 위해서. 그렇다면 지금 당신은 '행복'한가, 혹은 '비참하지 않은'가? 여기에 '예'라고 대답한다면 당신은 괜찮은 삶을 살고 있는지도 모른다. 그러나 만약 '아니오'라고 대답한다면? 그렇다면, 당신은 행복하기 위해서 행복하지 않게 사는 셈이다. 죽기 살기로.

이 모순이 바로 자본주의적 논리가 도달하는 어떤 지점이다. '사용'가치가 사라진 곳에서는 '의미' 역시 사라진다. 우리는 더 나은 무언가를 위해 무한히 현재의 어떤 것을 다른 것으로 '교환'하지만, 그 '더 나은 무언가'는 영원히 당신에게 주어지지 않는다. 어쩌면 이 논리야말로 신이 되고 싶었던 루시퍼와 눈이 밝아지고 싶었던 이브가 빠졌던 '교환'의 논리('이것을 가져라. 그러면 저것을 얻을 수 있다')가 아닐까? '경계를 넘는 오만함'이라는 악의 근원적 이미지는 모든 경계를 넘어 삶과 윤리의 영역들마저도 녹여 없애는 자본주의의 행진 속에서 가장 분명한 모습을 드러낸다.

데리다의 윤리와 브레송의 범죄는 모두 무한성이라는 속성을 가진다. 이들에게 무한성 속에 발생하는 무의미는 한쪽에서는 초월적인 윤리를 낳고, 다른 한쪽에서는 무차별 살인을 낳는다. 포스트모던적 타자의 윤리가 갖는 초월성은 그 방대한 스케일만큼이나 비현실적인 측면을 가지며, 교환가치의 무한 연쇄는 그 현실성만큼이나 초월적이다. 만약 이 둘이 만난다면? '윤리 마케팅' 또는 '윤리적 자본주의'라는 모순 어법이 탄생한다. 스타벅스 커피 한 잔을 마시면 그중 1센트가 기아에 허덕이는 아프리카의 어린이에게 간다. 이왕 소비할 것이라면 '좋은 일'을 하는 상품을 사는 게 낫다. 우리는 그저 상품을 사는 것'만으로도' 윤리를 세우고, 나아가 '세상을 더 낫게 바꾸는' 일을 할 수 있다. '세상을 바꾸는 퀴즈'라는 TV프로그램 이름은 그저 허무맹랑할 뿐이지만, 윤리 마케팅의 도덕은 무시무시하다. 이것은 결국 소비자를 언제나 소비자의 자리에 위치시키고, 자본의 회전은 회전대로 유지하면서, 그저 커피보다 묽은 윤리적 카피 한 자락을 통해 우리로 하여금 자본주의가 마치 윤리적 함의를 가진 장치일 수 있다는 판타지를 심어주기 때문이다. 스타벅스 커피 한 잔을 산 나와 기아에 허덕이는 아프리카 아이라는 두 주체가 이렇게 윤리적 관계를 맺는 것이 '가능한' 일이라는 이 엄청난 '책임의 윤리'. 포스트모던한 타자의 윤리가 자본주의적 교환가치의 무한 연쇄와 교접할 때 의미를 가지는 듯 보이는 이 마케팅에서는 무의미(나는 커피 한 잔을 구매함으로써 기아 퇴치에 기여한다. 그러나 아프리카의 아이는 다음날에도 여전히 배고플 것이다)라는 기형아가 탄생한다. 자본주의와 윤리 사이의, 한국과 아프리카 사이의, 소비와 혁명 사이의 '경계를 넘어'가는 이 무한성의 연쇄. 여기에서 쿤데라가 말하는 '악마성', 즉 무의미와 공허가 윤리적인 소비에서 파생되는 의미의 충만이라는 '천사성'으로 뒤덮인 상황을 볼 수 있다. 극단적인 허무주의는 이러한 혼돈 속에서 발생한다.

지푸라기 개

노자老子의 『도덕경道德經』 5장에는 '지푸라기 개'의 비유가 등장한다.

> 天地不仁 以萬物爲芻狗
> 하늘과 땅은 어질지 않아서, 만물을 지푸라기 개처럼 다룬다.
> 聖人不仁 以百姓爲芻狗
> 성인은 어질지 않아서, 백성을 지푸라기 개처럼 다룬다.

고대 중국인들은 신에게 제사를 드리면서 지푸라기 개를 바쳤는데, 사람들은 제사 중에 예를 다해 이 인형을 모시지만, 제사가 끝나서 필요 없어지자마자 내던져서 발로 밟았다고 한다. 의미는 관계 속에서 생산될 뿐 자체로 본질적인 게 아니어서 지푸라기 개가 제사에서의 기능을 다하자마자 그것의 의미는 사라지는 것이다. 이렇게 하늘과 땅이 만물을 '지푸라기 개'처럼 다루는 상황은 가이아 이론가인 제임스 러브록James Lovelock에게는 지구라는 생태 조절 시스템에 곧 닥칠 미래다.

> 지구 자체, 즉 가이아는 반대 피드백을 통해 오랫동안 우리의 개입—즉, 우리가 공기를 온실가스로 바꾸고 농지를 위해 지구의 덮개인 자연 삼림을 없애버리는 방식—에 저항해왔다. (……) 이제 (지구에게) 우리의 개입은 저항하기에는 너무나 크고, 지구 시스템은 투쟁을 포기하고 더 안전한 곳, 즉 자신이 예전에 여러 번 경험했던, 안정된 기후를 가진 뜨거운 상태로 도망칠 준비를 하고 있는 것처럼 보인다. (……) 이것이 가이아가 행성(지구)을 살 만한 곳으로 지키는 방식이다. 살 만한 곳으로 발전시키는 종은 번성하지만 환경을 훼손하는 종은 퇴화하거나 멸종하는 것이다.[14]

지구 역시 하나의 생명체인데, 이 생명체에 기생해 살던 인간은 지금껏 지구를 너무나 부려먹었다. 지구는 이제 병에 걸려 쇠약해진 상태이고, 이런 한계상황이 되면 생태 조절 시스템은 스스로의 회복을 위해 애쓸 것이며, 그 과정에서 만들어지는 기상이변에 의해 인간은 마치 '지푸라기 개'처럼 다루어질 것이라는 게 러브록의 주장이다. 지구라는 존재 조건이 사라질 때, 인간이 만들어낸 문명이라는 '의미'는 순식간에 '무의미'로 변한다. 창조가 의미를 만들어내는 행위라면, 파국은 모든 의미가 사라지는 과정이다. 러브록의 예언은 존 그레이John Gray로 하여금 이렇게 말하게 한다.

> 만약 인간이 지구의 균형을 흩뜨린다면 그들은 짓밟히고 내던져질 것이다. 가이아 이론의 비판자들은 자신들이 그 이론에 반대하는 이유가 그것이 비과학적이기 때문이라고 말한다. 그들이 그 이론을 두려워하고 싫어하는 진짜 이유는 그 이론이 인간들도 지푸라기 개들과 다를 바 없음을 의미하기 때문이다.[15]

가이아 이론보다 훨씬 강도 높게, 그레이는 인간과 다른 동물들 사이의 근본적 차이를 지운다. "인간들도 지푸라기 개들과 다를 바 없"다는 이 시각이 그가 인간을 보는 시각의 처음과 끝이다. 인간은 자신들이 지구의 주인인 것처럼 굴지만 그저 다른 동물과 같은 하나의 동물 종에 불과할 뿐이다. 지구에게 인간은 일종의 암세포 같은 존재다. 계속 숫자가 불어나고 환경을 파괴함으로써 지구에 부담을 준다. 러브록에 따르면 가이아는 '산종 영장류 질환Disseminated Primatemaia'[16]이라고 부를 수 있는 병을 앓고 있으

14 James Lovelock, *The Vanishing Face of Gaia: A Final Warning*, New York: Basic Books, 2009, pp. 180~181.

15 John Gray, *Straw Dogs: Thoughts on Humans and Other Animals*, New York: Farrar, Straus and Giroux, 2002, p. 34. 이하 이 책에서의 인용은 괄호 안에 쪽수를 표기하기로 한다. 이 책은 『하찮은 인간, 호모 라피엔스』, 김승진 옮김, 이후, 2010으로 국내에 번역 소개되었다.

16 러브록이 만들어낸 표현으로 영장류, 즉 인간이 급속하고 전면적으로 지구에 퍼져나가('산종') 환경의 파괴를 일삼게 되면서 가이아가 앓게 된 병을 의미한다.

며, 이에 따라 그레이는 인간을 '호모 사피엔스Homo sapiens' 대신 '호모 라피엔스Homo rapiens(파괴하는 인간)'이라고 칭한다.

그레이의 암울한 인간관이 겨냥하는 목표는 '인간주의humanism' 자체다. 그레이에게 인간주의의 다른 말은 곧 악의 상징, 루시퍼의 속성인 '오만'이다. 인간은 자신의 분수를 모르고 '경계를 넘어'버렸다는 의미에서 그에게 거의 '악'에 가까우며, 그 대표적인 오만한 인간의 사상이 인간주의라는 것이다. 그레이에게 서양 인간주의의 기원은 기독교에 있다. 그런데 기독교의 또 다른 핵심 요소는 선형성linearity이다. 혼돈에서 시작해 질서가 생기고, 문명이 번성하고, 그것이 끝나는 때도 오는 것. 이것이 소크라테스에서 시작해 플라톤으로 이어지는 '진리 중심주의'와 결합되어 등장하는 것이 '진보'다. 어쨌든 인간의 역사는 발전해나간다는 믿음이다.

21세기에 이르기까지 서양철학은 좌든 우든 기본적으로는 이 '인간주의' 사상과 '진보'의 결합 밖으로 나가본 적이 없다는 게 그레이의 주장이다. 기독교의 힘은 어느새 사라져버렸고, 그 자리에 과학과 기술이 들어와서 종교의 위치를 차지했다. 인간은 다시 자신이 과학과 기술을 잘 다스려서 운명을 개척하여 좋은 세상을 만들 수 있다고 믿는다. 과학과 기술이 '객관적 지식'인 듯 보여도 그것의 시작은 미신이고, 그것의 활용방식은 인간주의이고, 그 인간주의의 기원은 기독교이고, 기독교는 인간의 욕망을 보여주는 편협한 신화일 뿐이다. 그렇다면 다시 과학/기술이 지배하는 세상의 구원을 믿는 것 역시 하나의 허상이다.

인간주의도 진보도 역사도 진리도 가치도 그레이에게는 모두 판타지에 불과한 것이다. 그가 '유토피아 기획'을 혐오하는 이유도 여기에 있다. 유토피아 기획의 본질은 세상을 인간의 필요에 따라 디자인하는 게 가능하고, 인간을 개조하는 것도 가능하다는 신념이다. 근대 계몽주의 철학, 자본주의, 뒤이은 사회주의, 1970년대 이후 등장한 오늘의 유토피아인 신자유주의까지 인간과 세계에 뭔가를 새겨보겠다는 모든 기획은 공포만을 낳았을 뿐이라고 그레이는 말한다.[17] 인간이 다른 동물보다 특별하고 우월하다는 것도, 그래서 인간에게는 다른 동물과는 다른 미래가 있을 것이라는 믿음도 모두 다 근거 없는 신념이다.

> 진보는 사실이다. 그렇다 해도 진보에 대한 믿음은 미신이다. (……) 지식의 성장은 실제로 있다. 그리고—전 세계적 환난에 빗장을 걸면서—그것을 이제는 되돌릴 수 없다. 정부와 사회의 발전도 적지 않게 실재하지만 일시적이다. 〔그러한 발전들은〕 사라질 수 있을 뿐 아니라 분명히 사라질 것이다. 역사는 진보나 퇴보가 아니라 득과 실의 반복이다. 지식의 발달은 우리가 다른 동물과 다르다는 환각을 심어주지만, 우리 역사는 우리가 동물과 다르지 않음을 보여준다.(155)

계몽과 진보와 발전에 대한 그레이의 극단적 회의와 공명하는 사상가는 쇼펜하우어Arthur Schopenhauer다. 니체도 이 '진실'을 알기는 했지만, 인간에 대한 믿음 때문에 그것을 받아들일 수 없었고, 결국 '초인superhuman'을 얘기함으로써 아이러니컬하게도 그가 그토록 비판했던 기독교와 비슷해진다. 어떻게 보면 그레이는 소크라테스 이후의 모든 철학을 '인간주의' 철학으로 부정하고 다시 고대 동양의 사상들로 돌아가는 것이다. 그것도 『도덕경道德經』과 『장자莊子』로. 인간이 중심이 되어 계속 종말로 다가가는 것이 아니라 인간이 스스로를 동물이라고 생각하면서 겸손해지는 것. "플라톤과 스피노자, 데카르트와 러셀의 작업 이후에도 우리는 내일 태양이 떠오를 것이라고 믿는 다른 동물들보다 더 나은 이성을 가지고 있지는 않다."(55)

인간의 문명과 지식이 아무리 발전해도 '인간 자체'의 발전은 없다는 그레이의 주장을 비판할 수 있을까? 마키아벨리Niccolò Machiavelli를 따라 그레이는 세월이 아무리 흘러도 인간의 본성만은 변하지 않는다고 말한다.

17 그레이의 종교(기독교) 비판은 John Gray, *Black Mass: Apocalyptic Religion and the Death of Utopia*, New York: Farrar, Straus and Giroux, 2007 참조. 이 책은 『추악한 동맹』, 추선영 옮김, 이후, 2011로 국내에 번역 소개되었다.; 신자유주의 비판은 John Gray, *False Dawn: The Delusions of Global Capitalism*, New York: The New Press, 1998 참조.

그는 평상시에는 윤리와 도덕을 지키는 듯 보이지만, 비상시에는 순간적인 필요에 따라 행동한다. 윤리와 도덕 등 우리를 인간이게 만드는 것들은 대부분 '가면'이지 우리의 '본질'은 아니라는 것이다. "좋은 삶이란 진보라는 꿈에서가 아니라 비극적 우연성을 다루는 일에서 찾을 수 있다."(194) 내 앞에 어쩔 수 없이 다가오는 비극적 우연성을 '어떻게' 다루는 것이 좋은 삶일까? 그레이는 말한다. "의미를 찾는 게 아니라 의미로부터 벗어나는 것", 결국 "그저 바라보는 것simply to see"이다.(199) 그레이를 통해 이제 서양철학은 이성을 비판하는 것을 넘어 인간의 동물성을 담담히 받아들이는 것만이 '삶의 목표'라고 결론 내리는 데 이르렀다. '진리'와 '이데아'를 추구하기 시작한 서양철학은 2,000년 동안의 '이성'과 '합리성'의 봉우리를 지나 그레이에게서 동양의 노자와 장자로 '회귀'한 셈이다.

그레이가 자신의 철학의 결론으로 삼는 "의미로부터 벗어나는 것"은 곧 '무의미에의 지향'이다. 윤리 자체를 거부하는 그레이에게 인간주의적 윤리란 오히려 악의 산실産室이지만, 동시에 "그저 바라보"기만 할 뿐 목적을 갖지 말라는 그의 극단적 수동성이 닿는 곳인, 온통 무의미이기만 한 세계는 또 다른 의미에서 근원적 악의 속성을 가진 곳이다. 만약 악이 의미/창조에 대한 적극적 파괴라면, 그레이의 무의미와 무도덕amorality은 적극적 악을 가능케 하는 조력자와도 같다. 모든 인간적인 것들에 대한 거부가 가져오는 최종적인 상태가 파국의 실현, 곧 '늑대의 시간'이 아니고 무엇인가. 의미의 깨짐. 가치의 붕괴. 그리하여 무의미의 연쇄로만 이어진 이 거대한 무無.

안티고네와 김예슬

파국의 기미는 의미가 아니라 무의미 속에서 등장한다. 김길태에 의해 살해당한 소녀가 빠져 있던 물탱크 속에서 우리는 어떠한 의미도 찾을 수가 없다. 천안함의 침몰이 가져온 논쟁과 애도는 누가 무엇을 어떻게 했는지에 대한 진실이 사라진 곳에서 일어났다. 맨더빌에게 번영과 풍요를 동반하지 않는 선과 덕은 의미가 없다. 데리다의 윤리는 그 어떤 것도 확실하지 않은 세계 속에서 '모두'를 향한 책임을 지향한다는 점에서 허무하다. 브레송의 이본은 영문도 모른 채 감옥에 갇혔고, 사람들은 그에 의해 영문도 모르고 죽었다. 이제 그레이는 모든 인간적인 것들의 무가치함을 인식하고 의미로부터 벗어나라고 말한다. 오늘 우리는 모두 작은 김길태이자 언제 폭행당할지 모르는 소녀이고, 언제 어떻게 두 동강 날지 모르는 천안함과도 같다. 우리는 경제성장을 위해서는 악이라도 상관없다는 맨더빌적 세계 속에 살면서, 어디선가 우리를 노릴지 모르는 이본의 분노에 두려워한다. 이 세계 속에서 우리는 도대체 누구에게 어떤 책임을 져야 할지 모르면서도 모두에게 미안한 마음을 갖기도 한다. 우리는 어떻게든 먹고살아야 한다는 강력한 의미의 그림자가 만들어낸 무의미 속에서 허덕인다. 이런 상황에서 스스로 무의미를 실현해버리는 자살이 급증하는 것은 지극히 자연스러운 현상이다.

무의미로 가득 찬 것 같은 세상은 강렬한 죽음충동에 사로잡힌 안티고네의 심정을 환기한다. "나는 더 오랫동안 산 자들보다 죽은 자들에 헌신해왔다. 저 지하의 왕국에서 나는 영원히 몸을 누일 것이다."[18] 아버지 오이디푸스의 고통에 끝까지 동참했던 안티고네는 "산 자들"에 대한 흥미를 잃는다. 그녀에게 남은 것은 곧 다가올 결혼도 테베의 번영도 아니며, 오직 이미 "죽은 자들"에 대해 끝까지 예의를 지키는 것이었다. 죽음이라는 무에 대한 안티고네의 헌신은 끝내 자신의 생명마저도 내어놓으며 크레온의 국법에 저항하는 '결단'을 낳았다. 무의미를 향한 죽음충동이 법질서를 뒤흔들어 결국 테베 멸망의 씨앗이 되는 이 이야기를 우리는 어떻게 읽을 것인가. 먹고사는 것을 제외한 모든 것이 그 하나의 목적을 향해 기꺼이 무의미로 변해가는, 의미의 충만이 극단적 냉소로 받아들여지고 경제적 번영의 달성을 위해서라면 쥐새끼에게라도 권력을 줄 수 있는 세상은 끝이 온

18 Sophocles, *The Three Theban Plays: Antigone, Oedipus the King, Oedipus at Colonus*, trans. Robert Fagles, New York and London: Penguin, 1984, p. 63.

줄도 모르고 성대한 승전 축제를 열었던 테베와도 같다. 진정한 파국은 그레이의 무관심과 이본의 무표정이 아니라 저 안티고네의 죽음충동을 통해 올 것이다. 그것이 진정한 파국인 이유는 오직 무의미를 온몸으로 받아들이면서도 어떤 고귀함을 지향하는 강력한 하나의 의미가 그녀의 결단 안에 있기 때문이다. 그렇게 맞이하는 파국은 테베를 넘어선 더 큰 세상의 창조로 이어질 수 있다. 김길태와 천안함이 상징계의 균열을 보여주었던 시간에, 자신을 얽매던 대학이라는 질서를 깨고 더 거대한 것을 향해 터벅터벅 걸어 나간 김예슬의 '죽음충동'은 그 균열 속에서 어떤 새로운 의미, 어떤 새로운 창조의 가능성이 슬쩍 그 얼굴을 비쳤던 순간을 가리킨다. 모든 진정한 파국은 불가능성만이 아니라 가능성도 함께 끌고 들어온다.

꿈도 자비도 없이

엔터테인먼트와 포르노그래피

롤랑 바르트Roland Barthes는 사진에 관한 한 에세이에서 '스투디움studium'과 '푼크툼punctum'을 구분한 적이 있다.[1] 스투디움이 특별한 날카로움이 없는 매우 일반적인 취향과 적용이라면, 푼크툼은 찌르고 얼룩을 남기고 자르고 구멍을 내는 것, 곧 스투디움의 상황을 뒤흔드는 것을 의미한다. 스투디움으로 가득한 이미지는 우리에게 '이 사진은 이 사물/사람을 찍은 것'이라는 건조한 사실 외에 다른 어떤 날카로움을 전달해주지 못한다. 모종의 충격을 줄지언정 동요시키지는 못하고, 함성을 지르기는 하지만 상처를 주지는 못하는 것이 스투디움이다.[2] 하지만 푼크툼이 있는 이미지는 보는 이의 가슴을 창으로 찌르는puncture 충격효과를 일으킨다. 그것은 이중적이고 무방향적이고 어지럽힌다. 스투디움과 푼크툼의 구분이 언제나 동일하지만은 않다. 존재를 뒤흔드는 푼크툼을 지닌 이미지도 그것이 지속되고 반복되면 어느 순간 스투디움의 이미지로 변할 수 있다. 바르트는 이를 '단조로운unary' 사진이라고 불렀다. 질 들뢰즈식으로 말하면 스투디움의 이미지는 반복이 차이를 생성시키지 못하는 상태에서 머물고 만 것이라고 할 수도 있다.

포르노그래피는 바르트에 기댄다면 전형적인 스투디움의 이미지다. 물론 포르노그래피는 외형상으로 다채롭다. 그 속에는 기존 윤리의 경계를 넘는 서사 요소와 갖가지 체위와 다양한 소리와 일상에서 경험하지 못

1 Roland Barthes, *Camera Lucida: Reflections on Photography*, trans. Richard Howard, New York: Hill and Wang, 1981, pp. 25~27.

2 Roland Barthes, *Camera Lucida: Reflections on Photography*, p. 41.

한 시각적 앵글이 모두 구겨져 들어가 있다. 어떤 '스펙터클함'이 그 속에 있는 것은 분명하다. 막 성에 눈을 뜨기 시작한 사춘기 소년에게 포르노그래피는 놀라운 충격과 혼란, 곧 흥분과 죄의식과 야릇한 성취감을 복합적으로 전달해줄, 말하자면 자신의 온몸을 전율케 하는 푼크툼으로 가득 차 있는 마법 상자 같은 것일 게다. 소년은 부모의 눈을 피해 열심히 포르노그래피를 입수해서 보고, 또 본다. 그러나 어느 날 화창한 풍경을 가린 커튼이 드리워진 어두운 방에서 소년은 느끼게 될 것이다. 포르노그래피를 보며 자신이 더 이상 떨고 있지 않다는 사실을. 이 순간 포르노그래피는 놀라운 단순함으로 가득한 스투디움 덩어리로 변모한다.[3] 다채로웠던 화면은 '동물의 왕국'과 다를 바 없어지고, 소년은 기계적으로 자위행위를 반복하며 허탈감에 빠지게 될 것이다. 이것은 어쩌면 포르노그래피의 '운명'이다. 그것은 인간의 한없이 신비롭고 두려운 욕망을 단 한 가지의 차원, 곧 물리적 섹스의 차원으로 환원시키는 장치이고, 바로 그 때문에 포르노그래피 장치를 통할 때 '섹스'는 오히려 그것이 가진 복합적이고 혼란스러운 측면이 상실된 채 단순화되고 기계화된 행위로 축소된다. 다차원적인 주름이 다림질되어 매끄러워진, 천 개의 시가 하나의 법칙으로 움직이는 千篇一律, 그래서 누구나 그것을 '소비'할 수 있게 되어버리는 이 스투디움의 섹스는 이제 모두가 몰두하면서도 동시에 침 뱉는 일차원적인 환락, 곧 '그 짓'이 된다.

에로틱한 것은 포르노그래피와 달리 푼크툼을 준다. '그 짓'으로 변해버린 섹스가 줄 수 없는 떨림과 전율, 충격과 공포를 주는 것을 우리는 에로틱하다고 할 수 있다. 옷을 벗지 않고, 교성을 동반하지 않고도, 에로틱은 살짝 짓는 미소와 스치는 옷자락만으로도 존재를 뒤흔든다. D. H. 로렌스 D. H. Lawrence의 채털리 부인이 신분이 낮은 사냥터지기와의 만남을 경이롭게 받아들일 수 있었던 것은, 그래서 그녀 자신의 활기찬 옛 모습을 되찾을 수 있었던 것은 그들이 섹스를 했기 때문이 아니라 그 섹스가 에로틱의 영역에 있었기 때문이다. 생명을 잃은 채 그 몸짓만을 과장하며 화석화

되어버린 포르노그래피가 문자 그대로 니체가 말했던 "살아 있는 죽음living death"이라면, 에로틱한 결합은 죽어 있었던 채털리 부인에게 '생명'을 다시 불어넣는다. "그래도 그건 지식이 가득 찬 시체의 삶보다는 낫지요. 당신의 말은 틀렸어요. 인간의 몸은 이제 비로소 새로운 생명을 얻어가고 있어요. 그리스인들에게 몸은 사랑스런 불꽃을 주었지만, 플라톤과 아리스토텔레스가 그것을 껐고 예수가 완전히 끝장내 버렸죠. 그러나 이제 몸은 생명을 향해 가고 있고 진정 무덤에서 일어나고 있어요. 인간의 몸이 가진 생명은 이 사랑스러운 우주 속에서 사랑스러운, 사랑스러운 생명이 될 거예요."[4] 채털리 부인이 저주를 퍼붓는 '플라톤과 아리스토텔레스와 예수', 곧 철학과 종교는 포르노그래피와 정반대되는 영역에 있는 것으로 보이지만, 존재를 '찌르고 얼룩을 남기고 자르고 구멍을 내지' 않는 한 그것은 이미 '단조로움'과 '죽음'의 영역에 있는 스투디움일 수 있다. 정전正典의 전통에 기대 창조적인 담론을 생산하지 못하는 학문과 죽어버린 신을 칭송하느라 죽어가는 자들을 돌보지 못하는 종교에게서 우리가 보는 것은 오직 제도와 권위와 부패를 향한 포르노그래피적 행각이다.

학문과 종교가 스투디움 자체가 되어버릴 때 그것들은 '분리分離'의 논리를 끌어들인다. 학벌 체계, 분과 학문, 외국 박사 학위, 영어 강의, 이단 소동, 목사 신격화, 종교 갈등 등에서 공히 찾을 수 있는 논리가 이곳과 저곳을 분할함으로써(만) 이곳의 자리를 공고히 하는 '분리'다. 아감벤은 「세속화

3 패러디에 관한 한 에세이에서 아감벤은 포르노그래피를 억압된 패러디라고 말한다. 패러디는 성스러운 것과 세속적인 것, 고상한 것과 저속한 것을 가르는 경계를 지우는 행위인데, 이 행위가 금지되고 억압될 때 패러디는 병리적인 형태로 다시 돌아오며 그 사례가 포르노그래피라는 것이다. 아감벤은 말한다. "포르노그래피는 판타지를 더 가까이서 보여주면서 동일한 방식으로, 즉 지켜보는 것을 참을 수 없게 만드는 방식으로 그 판타지를 절대 가질 수 없게 만든다. 포르노그래피는 패러디의 종말론적 형식이다." Giorgio Agamben, "Parody", *Profanations*, trans. Jeff Fort, New York: Zone Books, 2007, p. 47.

4 D. H. Lawrence, *Lady Chatterley's Lover*, London: Penguin, 1994, pp. 234~235.

예찬」[5]이라는 에세이에서 종교와 세속화 간의 연관과 차이를 이야기하면서 '분리'를 화두로 삼는다. 로마법에 대한 그의 주석에 따르면, 신의 영역에 바쳐진 것을 속세로 되돌리는 일을 금지함으로써 성聖과 속俗을 엄격히 '분리'하는 것이 종교라면 세속화profanation는 반대로 성스러운 제물을 인간의 '사용'으로 되가져옴으로써 성속 간의 분리를 허무는 것이다. 세속화가 곧 신성모독sacrilegiousness과 동일한 의미를 가지게 되는 것은 이 때문이다. 이 구분은 바르트의 스투디움과 푼크툼과도 연결된다. 기존의 상식과 질서를 넘어서지 않는, 아니 그것에 온전히 기대는 스투디움이 분리의 논리(상식-비상식)에 입각한 종교적인 것이라면, 혼란과 무질서와 월경越境 등과 연관된 푼크툼은 분리를 허무는 세속화의 논리에 닿아 있다. 아감벤은 세속화의 한 사례로 아이들의 놀이를 드는데, 놀이를 하면서 아이들은 자신의 '사용'으로부터 분리되어 있는 물건들을 가져와서 그 물건의 사용 목적과는 전혀 다른 방식으로 자신의 재미를 위해 쓴다. 놀이 속에서 어른의 돈은 더 이상 교환가치도 축적의 수단도 아니게 되며, 그림을 그려넣고 찢고 불태우는 등 다양한 방식으로 재전유된다. 이때 아이의 수중에 들어온 돈은 그저 놀이의 '수단'일 뿐 자본주의 시스템에서 돈이 가지는 '목적'으로부터는 해방된 것이며, 아이는 '분리'를 거슬러 마음껏 '사용'하고 있을 뿐이다. 스투디움으로서의 돈은 아이의 놀이 속에서 드디어 푼크툼을 획득한다. 세속화란 이처럼 무언가를 '목적 없는 수단means without an end'의 방식으로 '사용'하는 데에 있으며, 그 속에서 새로운 '창조'도 가능해진다.[6]

오늘의 글로벌 자본주의는 '목적 없는 수단'이라는 세속화의 방식을 모조리 부정하는 분리의 논리라고 할 수 있다. 그 어떤 것도 공짜는 없으며, 모든 것은 거래의 법칙 속으로 포획된다. 자본주의의 논리는 이미 영토를 초월했고(세계화), 경제를 넘어 문화마저도 '산업'의 형태로 장악했으며(문화산업), 노동시간만이 아닌 일상 전체를 경제적 '가치'의 생산에 투자하는 직간접적 활동으로 전환했다(신자유주의).[7] 이로써 자본주의의 반反-세속적 포획장치는 '지구' 전체에 그물을 던져놓고 있다고 말할 수 있다. 이것이 다시 자본주의 내의 경쟁 격화, 기후의 격변, 자원의 고갈 등과 같은 현상을 불러일으킴으로써 세계 자체가 '파국'의 위기를 맞이하고 있는 형국이다. 그 어떠한 잔여물도 남기지 않은 채 분리를 극단화하는 자본주의 장치는 벤야민이 포착한 바, 하나의 영속적 제의cult로서의 '종교적' 성질을 가지고 있는 셈이다. 오늘날의 '종교로서의 자본주의'는 종교가 해왔던 일, 곧 분리의 논리를 밀어붙이는 일을 하지만, '속俗'을 남겨두었던 종교와는 달리 성과 속의 구분마저도 제거하면서 "꿈도 자비도 없이sans rêve et sans merci" 무한히 확장해나간다.[8]

오늘날 대중을 대상으로 하는 엔터테인먼트는 자본주의의 하부장치로 존재하면서 분리를 수행하는 중이다. 엔터테인먼트의 주된 기능은 '놀이'를 포획하는 것이다. 어린아이의 놀이가 세속화의 형태라면, 반대로 엔터테인먼트의 '오락'은 공통의 사용을 지향하는 놀이를 끌어다 새로운 분리의 수단으로 삼는다. 가령 매주 화제를 몰고 오는 〈서바이벌 나는 가수다〉(이하 〈나는 가수다〉)와 같은 프로그램은 가요라는 대중문화의 한 형식을 통해 '수준 높은 공연'을 제공하는 것을 목표로 삼고 있다. 시청자들은 '열광'에 가까운 반응을 보이면서 가수들의 공연 영상을 유튜브에 올리고, 음원을

5 Giorgio Agamben, "In Praise of Profanation", *Profanations*, pp. 73~92.

6 Giorgio Agamben, "In Praise of Profanation", *Profanations*, p. 86.

7 네그리Antonic Negri와 하트Michael Hardt는 물질생산에서 비물질생산으로 헤게모니 전환을 이룬 노동과 그에 따른 삶 전체의 포획을 자본의 '삶권력biopower'이라고 명명한다. Antonio Negri and Michael Hardt, *Empire*, Cambridge, MA and London: Harvard University Press, 2000, pp. 23~27.

8 Walter Benjamin, "Capitalism as Religion", *Walter Benjamin: Selected Writings*, Vol. 1, 1913~1926, eds. Marcus Bullock · Michael W. Jennings, Cambridge, MA: Harvard University Press, 1996, p. 288. 채드 코우처Chad Kautzer의 번역본 주석은 벤야민이 중세 기사도의 여섯 번째 원칙인 "휴식도 자비도 없이sans trêve et sans merci"를 잘못 타이핑했을 가능성이 높다고 쓰고 있다. Walter Benjamin, "Fragment 74: Capitalism as Religion", *Religion as Critique: The Frankfurt School's Critique of Religion*, ed. Eduardo Mendieta, trans. Chad Kautzer, New York: Routledge, 2005, pp. 259~262.

다운로드받고, 1위에서 '꼴찌'까지의 순위에 대한 토론을 벌이기도 한다. 대중은 〈나는 가수다〉를 보면서 실력 있는 가수들의 공연에 울고 웃지만, 그러면 그럴수록 '가요'와 '노래'라는 공통의 문화 형식은 프로페셔널의 '공연'과 관람객/시청자들의 '감동'이라는 벽에 갇힌 채 박제화된다. 이미 '클래식'이 수행해온 프로페셔널과 대중 사이의 분리가 〈나는 가수다〉를 통해 대중가요로 확장된 셈이다. 클래식의 유명 연주자들이 그렇듯, 〈나는 가수다〉에서도 최고의 가창력을 선보인 가수들은 '신'이라는 호칭과 함께 환호를 받는다. 가수의 퍼포먼스와 관객의 분리가 더욱 명백해지면서 대중가요는 이렇게 '종교적'인 분위기를 띠게 된다. 종교가 성과 속을 분리하듯 〈나는 가수다〉의 노래와 공연은 프로페셔널과 대중을 분리한다. 이제 노래는 '아무나' 할 수 없는 것이 되어버린다. 아감벤이 말하듯, 이는 마치 노래 자체가 '박물관'에 전시되는 것과 같다. 박물관에서 관람객은 전시된 물건을 경이로운 눈빛으로 바라만 볼 뿐, 그것을 자신의/공통의 사용으로 되돌릴 수 없다. 〈나는 가수다〉가 노래를 박물화시킨다면, 〈1박 2일〉은 여행 체험을 박물화시키고, 〈무한도전〉은 동료 · 가족들과의 놀이를 박물화시킨다. '우리 대신 놀아주는 이'로서의 연예인은 그의 신체와 삶 자체가 박물화된 하나의 전시 대상이기도 하다. 요컨대 오늘날 엔터테인먼트가 하는 주요한 일은 분리를 역행하고 그것을 놀이로 재창조하려는 세속화의 충동을 틀어막으면서 특정한 삶의 태도를 배치하고 구성하고 이식하는 일이다. '오락'을 의미하는 '엔터테인먼트entertainment'의 어원이 '특정한 틀로 붙들어 두다entretenir'라는 12세기 프랑스어에서 온 것은 이 때문이다.

놀이로 '사용'하지 못한 채 넋 놓아 관람하고 평가해야 하는 〈나는 가수다〉가 불러일으키는 '감동'은 그래서 허무하다. 이 허무라는 정념은 세속적 사용으로부터 분리되어 박물화되고 종교화된 가짜-놀이를 우리가 '진짜' 나의 체험으로 만들 수는 없다는 데서 연유한다. 이로부터 나오는 효과는 포르노그래피의 그것과 유사하다. 차이 없는 반복으로서의 포르노그래피가 섹스라는 무한한 퍼포먼스를 단조로운 삽입 행위로 환원시킴으로써 존재와 존재의 만남과 결합에서 창발되는 모든 '사용'의 가능성을 폐제廢除하듯, 〈나는 가수다〉 역시 노래와 흥을 전유하고 재전유하는 대중적 탈영토화의 가능성을 미디어-엔터테인먼트 산업의 이윤(시청률, 음원 수익)으로 막는다. 이로부터 포르노그래피와 〈나는 가수다〉는 내가 '사용'할 수 없는 관람의 대상이 되어버린다. 흥분과 즐거움과 감동이라는 정념은 분출된 직후 허무에 직면하게 되는데, 그 허무에서 벗어나기 위해 우리는 다시 포르노그래피를 찾아야 하고 〈나는 가수다〉 방영을 기다려야만 한다. '야동 폐인'과 '나가수 폐인'은 공히 중독자다. 포르노그래피와 엔터테인먼트는 창조 대신 중독을 통해서 관람객을 확보하며, 그 결과는 도저한 스투디움의 난무다. 이 스투디움에서 벗어나기 위해 포르노그래피는 출연 배우를 교체하고, 〈나는 가수다〉는 탈락자의 자리를 새로운 가수로 보충한다. 그렇게 얼굴은 지속적으로 바뀌지만 애초의 푼크툼은 영원히 상실된다. 그러나 이것은 포르노그래피와 엔터테인먼트가 공히 뿌리를 두고 있는 이름인 '산업'으로서의 자본주의 장치가 관심을 두는 영역이 아니다. 자본주의에 의해 포획된 삶은 가장 화려해 보이면서도 실은 단조로운 스투디움으로 가득하고, 그 스투디움으로 인해 파생되는 '무의미의 연쇄'는 박물화된 오락의 폭발적 종류와 양으로 상쇄된다. '꿈도 자비도 없는' 이 즐거운entertained 삶은, 그러나 그 자체로 포르노그래피다.

3 어긋난 시간[1]

유토피아 테마에 의한 네 개의 변주곡

"시간은 어긋나 있구나. 오, 저주스런 불운이여,
그것을 바로잡으려고 내가 태어나다니."
/ 셰익스피어, 『햄릿』, 1막 5장[2]

황금의 시대

오비디우스Ovid는 『변신이야기*Metamorphoses*』에서 인간의 역사를 네 개의 시대로 구분한다. 처음은 '황금의 시대Age of Gold'였다.

> 이 시대에는 관리도 없었고 법률도 없었다. 사람들은 저희들끼리 알아서 서로를 믿었고 서로에게 정의로웠다. 이 시대 사람들은 형벌도 알지 못했고 무서운 눈총에 시달리지 않아도 좋았다. (……) 사람들은 판관 없이도 마음놓고 살 수 있었다. 소나무만 하더라도 고향 산천에서 무참하게 잘리고 배로 지어져 이제껏 본 적 들은 적도 없는 타관 땅으로 끌려가지 않아도 좋았다. 인간도 저희들이 살고 있는 땅의 해변밖에는 알지 못했다. 마을에 전쟁용 참호 같은 것은 있을 필요도 없었다. (……) 군대가 없었으니, 인간은 저희 동아리끼리 아무 걱정 없이 평화를 누릴 수 있었다. 대지도 괭이로 파고 보습으로 갈지 않아도 스스로 알아서 인간에게 필요한 것들을 모자라지 않게 대어주었다. (……) 도처에 우유의 강, 넥타르의 강이 흘렀고 털가시나무 가지는 시도 때도 없이 누런 꿀을 떨구었다.[3]

법이나 강제가 필요 없던 때, 사람들이 자유로이 옳은 일을 행하던 때, 강압이 없이도 자신들의 말을 지키던 때가 이 시대였다고 한다. 군대도 전쟁도 판관도 필요 없었으며, 그 어디에서든 풍부한 과실을 먹고 우유와 넥타르와 꿀이 흘러넘치던 풍요로운 시대, 곧 "봄날이 영원했던 시대Spring lasted all year long"다. 황금의 시대가 지나고 '은의 시대Age of Silver'가 왔으니, 영원했던 봄날은 제우스에 의해 깎여서 짧아져 사계절로 바뀌고, 여름의 뜨거움과 겨울의 차가움이라는 극단이 생겨난다. 그리하여 사람들은 처음으로 자신의 안전을 도모하기 위해 집을 찾게 되고, 소를 이용해 농사를 지어야 하는 노동의 시절이 도래한다. 은의 시대가 지난 후 '청동의 시대Age of Bronze'가 찾아왔다. 사람들의 마음은 전보다 더 강팍해지고, 야만적인 무기를 더 빨리 찾게 되었다. 마지막으로 온 시대는 '철의 시대Age of Iron'다.

> 이 천박한 금속의 시대가 오자 인간들 사이에서는 악행이 꼬리를 물고 자행되기 시작했다. 인간은 순결, 정직, 성실성 같은 덕목을 기피하고 오로지 기만과 부실不實과 배반과 폭력과 탐욕만을 좇았다. 뱃사람들은 바람이 무엇인지 잘 알지 못하면서도 제 배의 돛을 바람에 맡겼다. 높은 산에서 옷 노릇을 하던 나무는 배 지을 재목으로 찍혀 내려와 타관인 바다의 파도 사이로 쫓겨났다. 이때까지만 해도 햇빛과 공기와 함께 모든 인간의 공유물이었던 땅거죽도, 서로 제 땅이라고 우기는, 이른바 땅 임자들이 그은 경계선으로 얼룩졌다.[4]

가장 거칠고 하등한 금속인 철의 시대에 이르면 온갖 악이 터져나와 세상

1 이 글은 같은 제목으로 계간 『자음과모음』 2010년 가을호에 수록되었다.

2 "The time is out of joint. O cursed spite, / That ever I was born to set it right!"(1막 5장 186~187행). William Shakespeare, *Hamlet*, eds. Ann Thompson · Neil Taylor, London: Arden Shakespeare, 2006, p. 227.

3 Ovid, *The Metamorphoses of Ovid*, trans. Michael Simpson, Amherst, MA: University of Massachusetts Press, 2001, p. 11; 오비디우스, 『변신이야기』 1권, 이윤기 옮김, 민음사, 1998, 20~22쪽.

4 Ovid, *The Metamorphoses of Ovid*, p. 12; 오비디우스, 『변신이야기』 1권, 22~23쪽.

은 기만과 속임수와 폭력과 탐욕 속에 놓이게 된다. 오비디우스에게서 드러나는 고대 그리스인들의 세계관은 「창세기」에서 서술되는 유대인들의 세계관과도 맞물린다.[5] 영원한 봄날의 시기였던 황금의 시대는 에덴동산과 겹치고, 지배와 노동과 불안이 시작되는 은의 시대는 아담과 이브가 에덴에서 쫓겨나 고된 노동과 해산의 고통을 겪기 시작한 시대와, 청동의 시대는 여전히 신을 섬기면서도 질투심 때문에 아벨을 죽이는 카인의 최초의 살인이 일어난 시대와, 철의 시대는 온갖 악이 창궐하여 신이 물의 심판을 내리기 직전의 시기와 내용적인 유사성을 갖는다. 황금, 은, 청동 그리고 철로 이어지는 이 금속의 알레고리는 신성에서 인간성으로, 고귀한 것에서 천한 것으로, 지고의 선에서 지독한 타락으로의 변천을 가리킨다. 이 하강의 이미지 속에서 이미 고대인들에게도 세상사는 더 나쁜 것으로 향하는, 즉 악화惡化의 운동으로 인식되었음을 알 수 있다.

오비디우스에게 억압이 없는 상태와 값을 치르지 않는 상태가 동일선상에 놓인다는 사실은 또 한 가지 중요한 의미를 가진다. 즉 억압이 없기 위해서는 모든 자원이 공통의 것common to all이어야 한다는 점이다. 공통의 것이었던 시절이 지나고 땅에 경계가 둘러지고 사적 소유가 생기는 철의 시대에 온갖 종류의 악이 번창하고, 그 악으로 인해 사람들이 정의를 자유롭게 행하기 어려운 상황도 함께 온다고 오비디우스는 그리고 있다. 오비디우스보다 4세기 전 사람이었던 플라톤Plato 또한 비슷한 생각을 했다. 『국가*Politeia*』에서 플라톤이 말하는 이상사회는 '황금의 시대'와는 달리 사적 소유가 존재하는 곳이었지만, 그 소유는 오직 열등한 시민들에게만 허용되는 것으로서 이상사회의 지도자들인 철학자-전사-왕, 곧 "수호자들guardians"에게는 불허되는 것으로 그려진다. 수호자들은 어떤 사유재산도 가져서는 안 되고, 자기 마음대로 출입할 수 있는 자기만의 집이나 곳간도 있어서는 안 되며, 생활필수품은 필요한 정도만 정확히 받고, 공동식사를 하고 공동생활을 한다. 플라톤에게 이 보호자들은 황금 혹은 적어도 은에 속하는 사람들이며, 소유가 허용된 하층 시민들은 청동이나 철에 속하는 자들이다. 왜 수호자들은 사적 소유를 금지당하고, 공동생활을 해야 했을까? 소크라테스의 페르소나를 빌려 플라톤은 이렇게 답한다.

> 그런데 이들이 개인의 땅과 집 그리고 돈을 소유하게 될 때 이들은 수호자 대신에 호주戶主와 농부가 될 것이며, 다른 시민들의 협력자 대신 적대적인 주인이 될 걸세. 그리하여 이들은 미워하고 미움을 받으면서, 음모를 꾸미고 음모의 대상이 되면서, 또한 외부의 적들보다도 내부의 적들을 오히려 훨씬 더 많이 무서워하면서 한평생을 보내게 될 것이니, 어느 결에 이들도 나머지 시민들도 파멸을 향해 바싹 가까이 달려가고 있을 걸세. 그러므로 이 모든 이유 때문에 우리는 수호자들이 거처 및 그 밖의 것들과 관련해서 이런 식으로 갖추어야만 한다고 말하고, 이를 법제화하게 되지 않겠는가?[6]

이들이 집이나 땅이나 돈을 소유하는 순간 미움과 계략이 솟아나고, 그리하여 이들의 삶은 외부의 적이 아닌 내부의 적으로 고통받게 될 것이기 때문이다. 플라톤에게 사적 소유란 '내면의 고통'을 가져오는 것이었으며, 이야말로 국가의 수호자들에게는 외부의 적보다 더욱 위험한 악으로 묘사된다. 오비디우스적인 의미에서 보면 국가 수호자들은 공통의 것을 통해서만 '자유'로울 수 있고, 그래서 궁극적으로는 철학을 할 수 있는 자, 이상사회를 다스릴 자격을 갖춘 자가 될 수 있다.

오비디우스와 비슷한 시기에 등장한 기독교 복음서 중 하나인 「사도행전」에 나타나는 초기 교회의 모습 역시 사적 소유가 사라진 공동체로 그려진다.

5 「창세기」 2~4장.

6 Plato, *The Republic*, ed. G. R. F. Ferrari, trans. Tom Griffith, Cambridge: Cambridge University Press, 2000, p. 110(Book 3, Line 417b); 플라톤, 『국가 · 政體』, 박종현 옮김, 서광사, 2005, 252~253쪽.

> 믿는 무리가 한마음과 한뜻이 되어 모든 물건을 서로 통용하고 자기 재물을 조금이라도 자기 것이라 하는 이가 하나도 없더라. 사도들이 큰 권능으로 주 예수의 부활을 증언하니 무리가 큰 은혜를 받아 그 중에 가난한 사람이 없으니 이는 밭과 집 있는 자는 팔아 그 판 것의 값을 가져다가 사도들의 발 앞에 두매 그들이 각 사람의 필요를 따라 나누어줌이라.[7]

"자기 재물을 조금이라도 자기 것이라 하는 이가 하나도 없"고, "각 사람의 필요를 따라 나누어"주는 공동체 시스템이야말로 초기 교회의 사도들이 예수의 가르침에 가장 가까운 삶의 모습이라 믿었던 방식인 것이다. 4장이 끝나고 바로 이어지는 5장의 첫 11절까지에 등장하는 아나니아와 삽비라의 에피소드는 초기 교회 사도들이 공동체에서 이루어지는 사적 소유에 대해 얼마나 엄격했는지를 보여준다.[8]

성 아우구스티누스Augustine of Hippo의 멘토이자 친구였던 4세기의 성 암브로시우스Aurelius Ambrosius의 설교 「나봇의 포도밭」[9]에서 그는 부자들의 소유욕으로 인해 죽어야만 하는 빈자들의 처지를 대비하면서 '공통의 것the common'의 중요성을 환기한다.

> 어찌하여 당신은 물건을 만드는 데 자연이 공헌했다는 사실을 받아들이지 않은 채 당신 홀로 자연에 대한 소유권을 주장하는가? 땅은 부자나 빈자 모두에게 공통의 것인데, 왜 당신들 부자들만이 그것을 자신들의 정당한 재산인 것처럼 사용하는가? (……) 당신들 극소수의 부자들이 소유하려고 하는 이 세계는 모든 이들을 위해 창조된 것이다. (……) 당신들의 즐거움을 위한 수단을 마련하기 위해 얼마나 많은 사람이 죽었는가! 치명적인 것은 당신의 탐욕이고, 당신의 사치다. 당신의 커다란 곡물 창고를 확보하기 위해 한 사람이 지붕에서 떨어져 죽는다. 당신이 연회에 걸맞은 포도주를 마실 수 있게 하기 위해 다른 사람이 높은 나무에서 포도를 따다가 떨어진다. 고기나 굴

이 당신의 식탁 위에 부족하지 않도록 하기 위해 노력하다가 또 다른 사람은 바다 속에서 익사한다.[10]

선이 공통의 것과 연결되고, 반면 악이 사적 소유와 동일시되는 가치관은 위 「사도행전」 4장을 인용하며 수도생활의 규칙으로 삼은 6세기 성 베네딕트St. Benedict의 가르침에도 고스란히 등장한다.[11] 이 규율의 33장에서 성 베네딕트는 모든 사적 소유를 금하면서 그 이유를 "악행을 뿌리 뽑기 위해서"라고 말하고, 34장에서는 수도사들의 필수품 배분은 각자의 필요에 따라서 이루어진다고 적고 있다. 12세기 가난한 유럽 민중들의 판타지 속에 자리 잡고 있던 이상향 중 하나인 '코케인Land of Cokaygne'에 대한 시에서도 "젊거나 늙거나 둔하거나 엄격하거나 온순하거나 용감하거나에 관계없이

7 「사도행전」 4장 32~35절.

8 "아나니아라 하는 사람이 그의 아내 삽비라와 더불어 소유를 팔아 그 값에서 얼마를 감추매 그 아내도 알더라. 얼마만 가져다가 사도들의 발 앞에 두니 베드로가 이르되, '아나니아야, 어찌하여 사탄이 네 마음에 가득하여 네가 성령을 속이고 땅값 얼마를 감추었느냐. 땅이 그대로 있을 때에는 네 땅이 아니며 판 후에도 네 마음대로 할 수가 없더냐. 어찌하여 이 일을 네 마음에 두었느냐. 사람에게 거짓말한 것이 아니요 하나님께로다.' 아나니아가 이 말을 듣고 엎드러져 혼이 떠나니 이 일을 듣는 사람이 다 크게 두려워하더라. 젊은 사람들이 일어나 시신을 싸서 메고 나가 장사하니라. 세 시간쯤 지나 그의 아내가 그 일어난 일을 알지 못하고 들어오니, 베드로가 이르되 '그 땅 판 값이 이것뿐이냐, 내게 말하라' 하니 이르되 '예, 이것뿐'이라 하더라. 베드로가 이르되 '너희가 어찌 함께 꾀하여 주의 영을 시험하려 하느냐. 보라, 네 남편을 장사하고 오는 사람들의 발이 문 앞에 이르렀으니 또 너를 메어 내가리라' 하니 곧 그가 베드로의 발 앞에 엎드러져 혼이 떠나는지라. 젊은 사람들이 들어와 죽은 것을 보고 메어다가 그의 남편 곁에 장사하니 온 교회와 이 일을 듣는 사람들이 다 크게 두려워하니라." 「사도행전」, 5장 1~11절.

9 이 설교는 모든 것을 가졌으면서도 단지 왕궁에서 가깝다는 이유로 나봇의 포도밭을 차지하려고 그의 생명을 빼앗은 사마리아 왕 아합과 그 부인 이세벨에 관한 「열왕기상」 21장을 근간으로 한다.

10 Arthur O. Lovejoy, *Essays in the History of Ideas*, Baltimore: Johns Hopkins University Press, 1948, pp. 299~300.

11 "The Holy Rule of St. Benedict" http://www.ccel.org/ccel/benedict/rule2/files/rule2.html.

모든 것이 공통의 것인all is common" 사회의 모습이 상상되고 있다.[12]

'공통의 것'에 대한 코뮤니즘적 찬미는 1516년 토머스 모어Thomas More의 『유토피아*Utopia*』에서 또 한 번의 인문적 계기를 맞이한다. 사적 소유가 유럽의 타락을 낳았다고 보는 가상 인물 히슬로데이Hythloday의 입을 빌려 모어가 묘사하는 '유토피아'라는 이름의 코뮤니즘 왕국의 풍경에서 우리는 '황금의 시대'에 대한 가장 총체적인 그림을 얻는다. 그 그림의 핵심은 다시, 공통의 것이 낳는 선에 대한 동경과 사적 소유가 낳는 악에 대한 비판이다. 모어가 총체화한 이상세계의 풍경은 이후 현실 비판을 딛고 새로운 세상의 건설로 나아가려는 모든 충동을 가리키는 보통명사로 자리 잡는다.

비록 모어의 『유토피아』에 당대 유럽의 경제와 사회에 대한 비판적 성격이 짙게 반영되어 있기는 하지만,[13] '인문주의자'이자 '공무원'으로서 모어에게 이 '공통의 것'에 대한 열망은 '인문적 계기'를 넘어서지 못하며, 실제로 매우 모호하고 이중적인 방식으로 드러난다. 이상향으로 그려지는 '유토피아utopia'가 '존재하지 않는 곳no place'이라는 의미를 가진다거나 유토피아의 예찬자인 '히슬로데이'의 이름이 '넌센스huthlos의 전파자daien'를 뜻한다는 점, 그리고 화자인 모어 자신이 히슬로데이의 이야기가 모두 끝난 후 유토피아의 여러 모습을 충분히 받아들일 만하다고 하면서도 그것의 코뮤니즘적 측면에 대해서만큼은 절대적인 부정을 표한다는 점 등이 그러하다.[14]

코뮤니즘에 대한 모어의 이러한 태도는 그가 플라톤과 달리 재산의 공유를 반대하는 아리스토텔레스의 입장을 충실히 따라왔던 점에 비춰볼 때 새삼스럽지는 않다.[15] 아울러 동시대의 잉글랜드와 유럽 대륙에서 번지던 '유토피아'라는 말을 쓰지는 않았지만 실제로는 설교와 코뮌의 설립, 지배자들에 대한 공격, 나아가 반란과 전쟁이라는 형태로 가장 유토피아적인 정치 행동들에 대해 모어는 시종 보수적인 태도로 일관한다. 『유토피아』가 벨기에 루뱅에서 처음 발간된 1516년 이후, 모어는 1523년에 루터Martin Luther를 공격하는 소책자를 쓴다. 1528년에는 런던 주교에 의해 영국어로 번역된 루터의 책들을 비판하는 임무를 부여받아 1529년에서 1533년 사이에는 루터파에 반대하는 일곱 권의 소책자를 쓰게 된다. 독일 농노전쟁 중에 기존 질서를 뒤집으려는 농노들에 대항해 루터가 영주를 옹호하면서 행했던 철저히 보수적인 태도를 상기할 때 루터를 비판하는 모어의 독실한 가톨릭적 입장은 반란의 기치를 든 농노와 성직자들의 루터 비판과는 정반대편에 있음을 미루어 짐작할 수 있다. 어쩌면 모어는 기득권의 편에 선, 말하자면 '루터보다 더한' 인물이었다고 할 수도 있다. 모어는 '유토피아'라는 말을 만들어내긴 했지만, 실제로 현실에서 '유토피아'를 만들기 위한 그 어떤 정치적 노력에도 관심을 보이지 않았고, 영국 왕의 신하인 자신과 유토피아 예찬자이자 근본주의자인 히슬로데이의 관점 차이를 분명히 하려 무던히 애쓴다.[16]

이러한 모어 자신의 '의도'를 제외하고 접근한다면, 우리는 그의 손을 통해 자세하게 묘사되는 반유럽적이며 대안적인 사회 모습 속에 당대 유

12 http://www.thegoldendream.com/landofcokaygne.htm.

13 제임슨의 경우에는 이를 아직 화폐 형태와 상업이 농업 위주의 경제를 완전히 장악하지 못한 '초기 근대early modernity'의 역사적 순간을 반영하는 텍스트로 보고 있다. Fredric Jameson, *Archaeologies of the Future: The Desire Called Utopia and Other Science Fiction*, London and New York: Verso, 2005, p. 16.

14 "그러나 나는 그들(유토피아인들)의 전체적 시스템의 기초, 즉 그들의 공동체적 삶과 비화폐 경제에 대해서는 절대로 반대한다. 이 한 가지 점(유토피아의 코뮤니즘)이야말로 개별 나라의 진정한 품격이라고 여겨지는 고귀함, 위엄, 화려함, 권위 모두를 상실케 만드는 것이다." Sir Thomas More, *Utopia*, trans. Clarence H. Miller, New Haven and London: Yale University Press, 2001, p. 84.

15 위 주석에 담긴 모어의 말에 대한 비평적 논쟁에 대해서는 Thomas I. White, "Festivitas, utilitas, et opes: The Concluding Irony and Philosophical Purpose of Thomas More's Utopia", *Albion* 10, The North American Conference on British Studies, 1978, pp. 135~150 참조.

16 『유토피아』의 번역자 중 한 사람인 클래런스 밀러Clarence H. Miller의 경우, 모어가 히슬로데이가 구사하는 단어를 세심하게 선별함으로써 그를 '허풍쟁이'로 이미지화하고 있다고 평하기도 한다. 유토피아에 대한 히슬로데이의 설명에 쓰인 라틴어 단어들을 언어학적으로 분석하면, 그는 시종일관 절대론적이고 흑백논리적인 단어들만을 사용하고 있으며, 바로 그것이 그의 말을 믿을 수 없게 만드는 한 이유가 된다는 것이다. 어쩌면 이는 모어의 '전략'일지도 모른다. Clarence H. Miller, "Introduction", Thomas More, *Utopia*, xvi~xviii.

럽 사회에 대한 비판과 새로운 세상을 실현하려는 열망이 담겨 있음을 알 수 있다. 비록 그것이 '유토피아'의 실현에 모든 것을 건, 토마스 뮌처Thomas Müntzer를 위시한 천년왕국운동millenarianism 속 빈민 대중의 처절한 외침과는 철저히 유리된 것이라고는 해도 말이다.

옴니아 순트 코무니아: 모든 것을 공동의 소유로

자연과 사물이 힘 있는 자의 것이 아닌 '공통의 것'이었던 '황금의 시대'에 대한 동경은 신화나 철학, 혹은 성자의 설교에서 그치지는 않았다. 14세기 후반에서 16세기에 이르는 중세 유럽에서 '공통의 것'에 대한 신화적 갈구는 실제의 처참한 현실 및 기독교의 묵시록적 비전과 맞물리면서 사회를 뒤흔드는 반란의 에너지로 곳곳에서 터져 나오게 된다.

14세기 무렵 영주와 농노 사이의 두터웠던 결속 관계는 점차 약해진다. 허름한 옷에 굶주린 삶을 영위하던 농노들은 자신들이 수행하는 노동과 의무가 영주 일가의 호화로운 생활에 바쳐진다는 자각을 하게 된다. 농노와 장인 들은 갖가지 규제로 인해 경제활동을 자유롭게 하지 못했고, 온갖 세금은 이들에게 압박으로 다가온다. 이러한 상황은 농촌보다 도시에서 더욱 심했는데 프랑스, 독일, 영국 할 것 없이 도시에는 일종의 지하세계underworld라 할 만한 슬럼가가 형성되어 있었다. 기술 없는 노동자, 늙은 군인, 탈영병, 거지와 실업자 들을 비롯한 잉여 인구가 도시의 지하세계에서 불만을 키우는 동안, 이 비참한 세계의 현실을 '최후의 심판Last Judgement'이라는 성경의 묵시록으로 설명하는 설교들이 유행하게 된다. 13세기 이후부터 최후의 심판을 '부자에 대한 빈자의 복수'로 해석하면서 다시 오신 주가 현세에서 탐욕과 사치와 착취로 찌든 귀족 영주들을 남김없이 심판할 것이며, 낮은 자들은 그때 다시 높아지게 될 것이라는 내용이 가난한 민중의 환영을 받게 된다.

이 최후의 심판을 머나먼 미래의 판타지가 아니라 현실에서 실행하는 혁명적 프로파간다로 사용한 최초의 사람은 1381년 잉글랜드 농노 반란의 영웅 존 볼John Ball이다. "아담이 밭을 갈고 이브가 실을 자을 때 / 그 누가 귀족이었던가?When Adam delved and Eve span, / Who was then a gentleman?"라고 물으며 볼은 설교한다.

> 만약 우리 모두가 하나의 아버지와 하나의 어머니, 즉 아담과 이브로부터 기원했다면, 영주들은 자신들이 우리보다 더 고귀한 주인이라는 점을, 그들이 우리로 하여금 땅을 파게 만들어서 우리가 생산한 것으로 흥청망청하는 것을 제외한다면, 어떻게 증명할 수 있을 것인가? 그들이 벨벳과 공단과 다람쥐 털로 된 옷을 입을 때 우리는 허름한 천으로 짠 옷을 입는다. 그들이 포도주와 향료와 질 좋은 빵을 먹을 때 우리는 오직 호밀과 상한 밀가루와 지푸라기를 먹고 마실 거라고는 물밖엔 없다. 그들이 아름다운 성과 저택에 살 때 우리는 언제나 비와 눈 속에서 일하는 고통과 노동밖엔 없다. 그러나 그들이 자신들의 위엄을 유지하는 모든 것은 우리와 우리의 노동에서 나온다.[17]

이러한 불평등한 현실의 묘사 뒤에 등장하는 볼의 결론은 "모든 것이 공통의 소유가 되고, 악당도 귀인貴人도 없이 우리 모두가 똑같은 조건 속에서 살게 될 때까지 잉글랜드는 나아질 수 없다"라는 것이다. 평등한egalitarian 세상에 대한 당연한 열망은 최후 심판의 날에 알곡과 쭉정이를 갈라놓을 것이라는 기독교의 묵시록과 결합되어 이 지독히도 비참한 세상의 끝이 종말의 날이 머지않았음을 드러내는 징표가 된다. 그리고 궁극적으로 사탄과 악의 편에 있는 부자와 영주와 귀족에 대해 전쟁을 선포하는 정치적 행동으로 나아가게 된다. 가난하고 억압받던 이들의 현실적 불만은 지나가 버린 신화 속 '황금의 시대'를 그저 동경하는 것을 넘어 기독교의 천년

17 Norman Cohn, *The Pursuit of the Millennium: Revolutionary Millenarians and Mystical Anarchists of the Middle Ages*, New York: Oxford University Press, 1970, p. 199.

왕국과 최후의 심판이라는 모티프를 통해 '제2의 황금의 시대'를 현실 속에서 실현하려는 혁명적 반란과 봉기로 재탄생한다. 이것이 곧 중세 말기 전 유럽을 뒤흔들던 '천년왕국운동'의 시발점이다.

천년왕국운동의 절정은 1525년 독일의 '농노전쟁Peasants' War'이다. 독일 농노전쟁은 영주와 귀족들의 탐욕과 착취에 신음하던 십 수만 명의 농노와 장인들이 슈바비아, 프랑코니아, 튜링기아 등을 비롯한 독일 전역에서 들고일어났던 혁명전쟁이다. 민중은 스스로를 '자유인'이라 부르며 존재하던 모든 사회적 · 종교적 · 정치적 시스템을 공격하면서 이를 평등주의적인 체제로 변모시켰다. 슈바비아 지방의 농노들이 내세운 유명한 '12개조' 요구사항에 따르면, 공동체가 목사를 선택할 권한을 갖는 것, 교구의 십일조를 그곳의 빈민들과 약자들을 위해 사용할 것, 사냥과 낚시와 벌목을 허가할 것, 임대료를 규제할 것, 사망세를 없앨 것, 공유지의 사유화를 중지할 것 등이 있다.[18] 이 요구사항들은 그리 '혁명적'으로 보이지 않을 정도로 '상식적'인데, 이것은 당시 민중에 대한 지배자들의 압제가 얼마나 잔혹했는지를 역으로 보여준다. 목사 선택권이라든가 십일조에 대한 요구는 민중을 압제하는 무리에는 영주와 귀족뿐 아니라 그들과 결탁한 교회와 목사가 포함되어 있음을 말해준다.

1519년 이후의 '종교개혁자' 루터는 바로 이 영주세력과 밀접히 결합되어 있던 성직자였다. 그의 교황 공격이 유럽 영주 세력들의 지지를 받았음은 알려진 사실이다. 농노 반란에 대하여 루터가 보인 태도는 무엇이었을까? 청교도의 악명 높은 마녀사냥을 예비하듯 루터 역시 '성경에 따른' 엄중한 대응을 주문한다. 그는 지상의 권력에 저항하는 것은 악이라는 성경의 구절을 떼어내어 반란을 일으킨 농노들을 모조리 살육해야 한다고 소리를 높인다. 「도둑질하고 살해하는 농노 떼를 반대하며」라는 소책자에서 루터는 이렇게 쓴다.

> (반란자들은) 그 누구든지 찌르고 때리고 죽이십시오. 만약 당신들이 그러는 사이에 죽는다면 잘된 일입니다! 그보다 더 축복받은 죽

음은 없으니, 「로마서」 13장에 쓰인 신의 말씀과 계명을 지키면서 죽는 것이고, 죽음과 사탄의 손아귀에 있는 이웃들(반란자들)을 구출함으로써 그들에게 봉사하는 것이기 때문입니다.[19]

언제나 그렇듯 지배자들은 반란자들을 '많은 머리를 가진 히드라many-headed hydra'나 '멀티튜드multitude'라 부르며 저주했다. 그리스 신화의 괴물 '히드라'는 하나여야 할 머리(왕)를 여러 개 가지고 있는 존재, 즉 민중의 지배 혹은 민주주의를 상징했고, '멀티튜드'는 혼란스럽게 모여 있는 다양한 이들의 무리를 지칭함으로써 '무질서'를 상징했다.[20] 소수가 다수를 착취하며 지배하는 체제를 유지하기 위해 만들어낸 이 정치체body politic의 레토릭은 권위에 대한 복종을 가르치는 성직자들의 성서 해석과 맞물려 있었다. 오합지졸 민중이 강력한 군대의 진압을 어찌 당할 수 있겠는가. 전투에서의 사상자와 이후의 학살을 합쳐 대략 10만 명이 넘는 농노들이 이 반란의 대가로 죽었다. 르네상스 영문학자 스티븐 그린블라트Stephen J. Greenblatt에 따르면 살아남은 이들은 루터를 '배신자'라고 저주했으며, 이러한 배신의 감정이 당대의 화가 뒤러Albrecht Dürer의 작품들에 은밀하게 표현되어 있다고 적고 있다.[21]

'자기 신분도 모르고' 반란에 나선 농노와 장인들을 가리켰던 또 하나의 말은 '광신자fanatics'였다. 이들의 반란에는 정치 · 경제적인 착취와 압제에 대한 자연스러운 저항뿐 아니라 '묵시록적인 비전'이 함께 있었다. 즉

18 Stephen J. Greenblatt, *Learning to Curse: Essays in Early Modern Culture*, New York and London: Routledge, 1990, p. 105.

19 E. G. Rupp and Benjamin Drewery, eds. *Martin Luther*, London: Edward Arnold, 1970, p. 126.

20 Peter Linebaugh and Marcus Rediker, *The Many-Headed Hydra: Sailors, Slaves, Commoners, and the Hidden History of the Revolutionary Atlantic*, Boston: Beacon Press, 2000, pp. 3~6.

21 Stephen J. Greenblatt, *Learning to Curse: Essays in Early Modern Culture*, pp. 99~103.

세상이 이토록 썩어빠졌다는 것은 하나님이 약속한 새로운 왕국이 곧 도래할 징조라는 것이다. 따라서 썩은 지상의 왕국을 없애는 일은 하나님의 말씀에 배치背馳되지 않는다. 영주들은 이 농노들이 가진 묵시록적 생각을 '광기'로 여겼다. 이 분노한 농노들의 정신적 지주와 같은 이가 바로 토마스 뮌처였다. 역시 성직자였지만 뮌처는 루터와는 전혀 다른 길을 걷는다. 루터가 세속 영주의 편에 서서 개신교 권력의 부흥을 꾀했다면, 뮌처는 루터의 이런 태도를 비판하면서 핍박받는 농노의 편에 서서 지배 권력을 공격하는 설교를 한다. 모든 혁명가들이 그렇듯 뮌처는 이 도시 저 도시에서 추방당하지만, 그러면 그럴수록 그의 설교를 따르는 이들은 많아졌다. 뮌처는 인간의 내면과 외부의 질서가 엇갈려서는 안 된다고 주장하면서 종교가 영혼의 깨끗함만이 아니라 정치·경제적인 모순들 역시 적극적으로 갈아엎어야 하며, 보통 사람을 착취하는 세속의 권력은 부정되어야 한다는 혁명적 해석을 제시한다.

> 우리의 군주들과 영주들이 모든 피조물이 자신의 재산이라고 가정하는 것에서가 아니라면 도대체 어디에서 이 모든 고리대금업, 절도, 강도와 같은 악이 솟아나오겠는가? 물속의 고기도 공중의 새도 땅 위의 식물들도 모두 그들에게만 속해 있어야 하다니! 우리를 상처 입히고 모욕하면서 그들은 가난한 자들에게 하나님의 계명을 들이민다. 하나님이 도둑질하지 말라고 명했다는 것이다. 그러나 이 계명은 그들에게는 해당되지 않는다. 그들은 모두에게 폭력을 휘두르고, 약한 농장 일꾼과 상인과 숨 쉬는 모든 이들을 매질하고 강탈하지만, 민중들 중 한 명이라도 가장 작은 죄를 저지르면 목을 매단다. 그러면 거짓말쟁이 박사(루터)는 '아멘'이라고 응답한다. 가난한 이들을 적으로 만든 것은 군주들 자신이다. 만약 그들이 반란의 원인을 제거하기를 거부한다면 이후에라도 어떻게 이런 사태를 피할 수 있을 것인가? 내가 이 반란의 주동자라는 소문이 돌아다니는데, 그 말은 맞다![22]

이러한 뮌처의 설교가 민중에게 반란의 정당성을 부여했음은 명약관화하다. "교구의 목사를 민중이 뽑을 수 있게 하라"는 슈바비아 농노들의 요구사항이 왜 등장했는지 여기서 알 수 있다. 뮌처는 또한 철저히 코뮤니즘적인 사상을 지닌 혁명가이기도 했다. 반란 실패 후 참수형을 당하기 직전에 뮌처가 남긴 다음과 같은 '고백'은 이를 잘 보여준다.

> 모든 것은 공동의 소유여야 하고omnia sunt communia, 각자의 필요에 따라 분배되어야 한다. 이를 거부하는 모든 군주, 공작, 부농에게는 처음에 경고가 주어지겠지만, 다음번엔 그의 목을 자르거나 교수형을 시켜야 한다.[23]

이러한 반란의 코뮤니즘적 성격은 독일의 농노전쟁뿐만 아니라 비슷한 시기 유럽 다른 지역의 농민 반란에서도 동일하게 발견된다.[24] 16세기 후반 영국 전역에서 일어났던 농민 반란에서도 비슷한 요구사항들이 등장했으며, 이들을 처참하게 짓밟는 지배자들 역시 동일하게 반란자들을 '폭도'이자 '악'으로 규정한다. 가령 셰익스피어William Shakespeare의 몇몇 희곡, 특히 『템페스트*The Tempest*』에서 지배자 프로스페로가 반란자 캘리번을 진압하는 이야기라든가 『헨리 6세*Henry VI*』 2장에서 잭 케이드의 반란을 그리면서 반란자들을 무식하고 우스꽝스러운 사람들로 묘사하는 부분은 16세기 후반 영국에서 일어난 잦은 반란과 진압을 그가 어떻게 다루었는지를 보여준다.

22 Ed. Peter Matheson, *The Collected Works of Thomas Müntzer*, Edinburgh: T&T Clark, 1988, p. 341.

23 Ed. Peter Matheson, *The Collected Works of Thomas Müntzer*, p. 437.

24 Norman Cohn, *The Pursuit of the Millennium: Revolutionary Millenarians and Mystical Anarchists of the Middle Ages* 참조. 보수적인 정치적 입장과 해석에도 불구하고, 중세 말기의 천년왕국운동과 농민 반란이 가진 코뮤니즘적 성격을 잘 정리해놓은 중요한 책이다.

1525년 5월 15일 프랑켄하우젠Frankenhausen 전투에서 8,000명의 농노들을 이끌고 전투에 나섰던 뮌처는 처참한 패배를 당한다. 신은 우리의 편에 서 있다고 뮌처는 역설했지만, 신은 아마 당시 귀를 막고 있었던 것 같다. 농기구를 든 허름한 8,000명의 민중 앞에 대포와 총으로 무장한 6,000명의 건장한 기병과 용병 들이 몰려온다. 반란자들의 대부분은 프랑켄하우젠의 들판을 피로 물들이며 살육당한다. 기록에 따르면 진압군의 사상자는 오직 여섯 명에 불과했다고 하니, 이날의 형국을 짐작할 수 있다. '반역의 수괴'이자 '광신자'로 매도된 뮌처는 이 전투에서 생포된다. 지독한 고문을 당한 뮌처는 자신이 만든 코뮌이 있던 도시 뮐하우젠Mühlhausen에서 서른일곱의 나이로 참수형에 처해지며, 그의 몸은 산산조각나 도시 전체에 '전시展示'된다.

토마스 뮌처와 독일 농노전쟁, 그리고 천년왕국운동의 '유토피아적' 의미를 적극적으로 재조명한 이는 당대의 영국 귀족 모어가 아니라 300년 후 농노전쟁의 땅인 독일의 사상가 엥겔스Friedrich Engels였다. 농노전쟁과 마찬가지로 1848년의 유럽 전역을 휩쓴 혁명이 실패한 직후, 엥겔스는 『독일 농민 전쟁*Der deutsche Bauernkrieg*』이라는 책을 통해 뮌처에게서 가장 열정적인 공산주의 혁명가의 모습을 발견한다. 천년왕국운동 연구의 대표적 역사가인 노먼 콘Norman Cohn이 뮌처를 정치적 혁명가보다는 자신의 종말론적 판타지에 빠진 당대의 다른 광신적 예언자들*propheta*의 전형으로서 전반적으로 자신의 주된 추종자들인 빈민 대중의 물질적 복지에는 무관심했다는 보수적 판단을 내리는 것과는 반대로,[25] 엥겔스는 뮌처의 종교의식 밑바닥에는 사회 변혁적이고 계급 투쟁적인 열정이 도사리고 있다고 해석한다. 뮌처의 지지층인 하층 장인과 농노와 빈민 들은 몰락해가는 봉건주의와 함께 "근대적 부르주아 사회의 선구자"임을 보여주는 "징후"이고, 뮌처는 알슈테트Allstedt에서 '선택받은 자의 모임League of the Elect'을, 뮐하우젠에서 '영원한 회합Eternal Council' 등의 혁명적 코뮌을 만들어냄으로써 이 사회 변혁적 징후를 정치화하는 조직화 능력을 보여주었다는 것이다.[26] 엥겔스에게 뮌처와 그의 천년왕국운동은 수세기 후에 실제적 가능성으로서 재

등장할 계급 없는 사회와 국가 없는 사회의 이미지가 기독교 종말론을 통해 투사된 하나의 원형적 형태다.[27]

천년왕국운동은 프랑켄하우젠에서의 전멸과 뮌처의 참수형 이후에도 유럽 전역으로 번져나간다. 루터와 뮌처의 고향인 독일에서 특히 심했고, 1534년부터는 뮌스터Münster를 '신 예루살렘'으로 선포하며 도시 전체를 신앙-코뮌으로 만들었던 얀 반 라이덴Jan van Leiden의 재세례파再洗禮派, Anabaptism 운동이 뮌처의 뒤를 잇는다.[28] 1537년에 뮌스터는 함락되고 얀은 처형당하지만, 한 세대 이후인 1567년에 뮌스터 정신을 계승한 구두수선공 얀 빌렘젠Jan Willemsen이 이끄는 300명의 민병대가 베스트팔리아Westfalia에 공동체를 만들며 저항을 이어간다. 1580년에 빌렘젠이 화형당함으로써 중세 말기의 전투적인 천년왕국운동은 드디어 종지부를 찍는다.

존 볼에서 토마스 뮌처, 얀 반 라이덴에서 얀 빌렘젠 등에 이르는 14~16세기의 묵시론적 천년왕국운동은 '가까이 다가온 종말'을 선포하는 지극히 '광신적'인 종교운동이었다. 그러나 한편으로는 그 시대 가장 억압받고 가장 비참한 삶을 살던 농노와 빈민, 실업자와 거지들의 사회적 불만을 모아 현실에서 탐욕스러운 부자 영주와 그들을 비호하던 정치, 종교 세력을 '심판'하려 했던 지극히 '정치적'인 혁명운동이기도 했다. 시기와 나라

25 Norman Cohn, *The Pursuit of the Millennium: Revolutionary Millenarians and Mystical Anarchists of the Middle Ages*, p. 251.

26 Friedrich Engels, *The Peasant War in Germany*, trans. M. J. Olgin, London: George Allen & Unwin, 1927, pp. 51~56.

27 Alberto Toscano, *Fanaticism: On the Uses of an Idea*, London and New York: Verso, 2010, p. 78.

28 비자각적인 유아세례를 성서적이지 않다고 보고 세례 지원자에게 다시 세례를 베푸는 프로테스탄트 종파로, 16세기 루터의 종교개혁 이후 스위스, 네덜란드, 독일 등에 광범위한 세력을 형성했다. 루터의 '온건함'을 뛰어넘으면서 천년왕국론, 코뮤니즘적인 사상을 실천하는 근본주의적인 정치-신앙운동을 지향함으로써 엄청난 박해를 받았다. 토마스 뮌처와 얀 반 라이덴 등을 중심으로 16세기 유럽 재세례파 천년왕국운동의 흥망을 뛰어나게 재구성한 다음 팩션을 참조할 것. Luther Blissett, *Q*, trans. Shaun Whiteside, Orlando: Harcourt, 2003.

와 언어는 다르지만, 천년왕국운동 대부분은 사적 소유의 폐지와 함께 모든 이들이 공통의 조건 속에서 서로 나누며 형제로 지내는 코뮤니즘적 삶의 조건을 실현하려 했다. 이런 점에서 뮌처의 뮐하우젠 공동체의 구호는 그 전과 후의 천년왕국운동을 아우르는 핵심적 요구를 가장 잘 드러낸다. "모든 것을 공동의 소유로omnia sunt communia."

국가와 혁명과 레닌

오비디우스의 '황금의 시대'가 뮤즈의 도움을 받은 신화였고, 플라톤의 '국가'가 이상사회를 펴기 위한 밑그림이었으며, 모어의 '유토피아'가 상상 속의 왕국이었고, 뮌처의 '뮐하우젠'과 얀 반 라이덴의 '뮌스터'가 끝내 분쇄당한 신앙-코뮌이었다면, 1917년 레닌V. I. Lenin의 '러시아'는 역사상 최초로 '공통의 것the common'을 추구하는 코뮤니즘의 세력이 국가권력을 장악한 사건이다. 볼셰비키혁명의 성공과 소비에트연방공화국의 탄생은 고대로부터 존재해왔던 '빼앗긴 자들'이 '빼앗은 자들'을 뒤집어엎고 새로운 국가를 형성한 최초의 사례가 된다. 이전 시대의 반란자나 혁명가들과 달리 레닌에 오면, 마르크스와 엥겔스가 이미 정초를 닦아놓은 역사의 운동 과정에 대한 코뮤니즘 이론에 빚을 지면서 공동체나 도시를 넘어서 '국가' 자체의 장악을 위한 계획적인 운동이 시도된다. 10월혁명 직전까지도 집필 중이었던 레닌의 『국가와 혁명』은 '공통의 것'에 대한 서구 유토피아 사상의 흐름이 현대에 와서 어떻게 바뀌었는지를 보여주는 텍스트다.

레닌이 『국가와 혁명』의 원고를 쓴 것은 1917년 8~9월이었다. 이 소책자는 6장으로 구성되어 있는데, 레닌은 이미 7장까지 구상을 마쳤으나 더 이상 원고를 진행하지 않는다. '10월혁명' 때문이었다. 후기에서 레닌은 7장의 원고를 단 한 줄도 쓰지 못한 것은 "1917년 10월혁명 전야前夜라는 정치적 격변의 '방해' 때문"이었다고 말한다. 하지만 그런 "방해"를 레닌은 환영한다. "'혁명의 경험'을 하는 것이 혁명에 대해 글을 쓰는 것보다 훨씬 즐겁고 유용하기 때문이다."[29]

레닌은 왜 1917년 여름에 '국가와 혁명'에 대한 원고를 쓰기 시작했을까? 1917년은 제1차 세계대전이 한창이던 시기다. 주지하다시피 레닌은 세계대전을 '독점자본주의'가 '국가독점자본주의'로 변화하는 과정에서 일어날 수밖에 없는 전쟁, 즉 '제국주의 전쟁'으로 파악하고 있다. 자본주의의 '국가 독점화' 현상은 노동계급에 대한 극심한 억압을 전제한다. 따라서 마르크스주의 혁명가의 입장에서 자본주의뿐만 아니라 자본주의가 국가와 맺는 관계, 나아가 코뮤니즘 혁명이 자본주의와 국가와 갖는 관련성을 정리하는 것은 매우 절실한 문제였다. 자본주의와 국가와 결합한 국가독점자본주의가 초래한 제국주의 전쟁으로 인해 억압받는 대중의 공포와 고통은 날로 높아졌고, 레닌은 국제적인 프롤레타리아 혁명이 임박했다고 보았다. 그런데 '국가' 문제에 대해서는 사회주의자들 내부의 의견 차이가 작지 않았다. 이것은 세계대전에 대한 태도에서 드러났는데, 아나키스트들은 시종일관 전쟁에 반대했으나, 러시아에서도 영향력 있던 독일의 사민주의자들은 전쟁에 찬성하는 입장을 보인 것이다. 이런 상황은 레닌의 볼셰비키 당이 자신의 색깔을 명확히 하는 데 어쩌면 소중한 기회였을 것이다. 이 소책자는 자본주의와 국가와 혁명 사이의 관계에 대해 레닌이 볼셰비키의 입장을 명확히 밝히면서 그가 "기회주의자들"이라고 부르는 다른 파들, 즉 사민당, 아나키스트, 멘셰비키 등의 입장("기회주의적 미신들")을 반박하고 공격하려는 의도를 가지고 있다.

> 일반적으로는 부르주아, 구체적으로는 제국주의적 부르주아의 영향으로부터 노동 대중을 해방하려는 투쟁은 '국가'와 관련된 기회주의적 미신들에 항거하는 투쟁 없이는 불가능하다.[30]

29 Vladimir Ilyich Lenin, *State and Revolution*, New York: International Publishers, 2006, p. 101.

30 Vladimir Ilyich Lenin, *State and Revolution*, p. 5.

그렇다면 '국가'란 무엇인가? 엥겔스의 『가족, 사유재산 그리고 국가의 기원*Der Ursprung der Familie, des Privateigentums und des Staats*』을 인용하면서 레닌은 국가를 "계급 적대의 화해 불가능성으로 인해 발생하는 역사적 산물"이라고 본다. 잉여 생산물의 축적에 따라 많이 가진 계급과 적게 가진 계급이 발생하고 그 계급들 사이의 불균형과 불평등이 심해질 때, 그 사이의 적대가 풀리지 않을 때 국가가 탄생한다. 바꿔 말하면 국가가 존재한다는 것은 곧 계급 적대가 소멸 불가능하다는 점을 증명해주는 것이다. 그런데 여기서 국가는 우리가 진리로 믿고 있듯, 공평무사한 중재자가 아니다. 국가는 많이 가지고 힘 있는 계급의 편에 서 있다. 마르크스에 따르면 국가는 계급 지배의 수단, 즉 한 계급이 다른 계급을 억압하는 수단이다. 국가의 목표는 적대하는 계급들 간의 충돌을 중재하는 척함으로써 이 계급 지배를 합법화하고 영속화하는 '질서order'를 만들어내는 것이다. 부르주아가 지배하는 자본주의 사회에서 국가는 법과 폭력을 독점하여 부르주아의 영속화를 위한 도구의 역할을 하게 된다(이때 핵심적인 국가의 수단이 경찰, 군대, 관료제라고 레닌은 말한다). 따라서 "노동자에게는 나라가 없다."[31] 국가가 계급 적대의 산물이라면 계급 적대가 끝날 때 국가도 그 기능을 다하게 된다. 엥겔스는 말한다.

> 따라서 국가는 태초부터 존재했던 것이 아니다. 국가 없이 살거나 국가나 국가권력이라는 개념이 없던 사회들도 있었다. 사회가 계급으로 분화될 필요성이 생겼던 경제 발전의 단계가 도래하자 이 분화에 따라 국가가 필요해졌다. 우리는 현재 이 계급들이 필요하지 않을 뿐 아니라 생산에 장애가 되기 시작하는 생산력 발전의 단계에 급속히 다가가고 있다. 계급은 초기 단계에서 그들이 생겨났던 것처럼 어쩔 수 없이 사라질 것이다. 계급의 소멸과 함께 국가도 불가피하게 사라지게 된다. 생산자들의 자유롭고 동등한 연합free and equal association of the producers에 기반하여 생산을 새롭게 조직하는 사회는 모든 국가 기계를 그것이 과거에 속해 있던 곳으로 되돌려놓을 것이다. 즉 국가는

> 골동품들의 박물관으로 보내져 물레와 청동 도끼 곁에 있게 될 것이다.[32]

엥겔스는 계급 적대가 해소되는 때 혹은 계급이 소멸되는 때 국가도 "사라진다"고 했는데, 그렇다면 '계급이 소멸되는 때'란 무엇을 뜻하는가? 인용문에서도 알 수 있듯 그때는 자본주의가 코뮤니즘에 의해 대체되는 때다. 즉 코뮤니즘의 도래와 함께 국가는 사라진다. 레닌은 다시 엥겔스의 『반反-듀링*Anti-Dühring*』을 인용하면서 좀 더 자세한 설명을 편다. 다음은 레닌이 인용한 엥겔스의 구절이다.

> 프롤레타리아가 국가권력을 장악하고 이후에 생산수단을 국가 소유로 변환한다. 그러나 이 일을 함으로써 프롤레타리아는 프롤레타리아 자신을 끝장내고, 모든 계급 차이와 계급 적대를 끝장내며, 또한 국가를 끝장낸다. 과거의 사회는 계급 적대 속에서 움직이면서 국가, 즉 매 시기마다 착취하는 계급이 자신의 외부 생산조건을 유지하게 해주는 조직을 필요로 했다. 즉 구체적으로는 기존의 생산양식이 요구하는 바에 따라 착취당하는 계급을 억압의 상태(노예, 구속, 농노, 임금 노동)로 강제적으로 묶어두는 일을 (국가가) 한 것이다. 국가는 사회 전체의 공식적 대표자이자 (사회라는) 보이지 않는 몸을 체화했으나 이것은 오직 매 시대마다 사회 전체를 대표했던 계급 국가라는 한에서만 그러했다. 즉 고대에는 노예 소유 시민들의 국가였고, 중세에는 봉건 귀족들의 국가였으며, 우리 시대에는 부르주아의 국가일 뿐이다. 궁극적으로 국가가 사회 전체를 진정으로 대표하게 될 때 국가는 과잉이 된다. 사회 내의 어떤 계급도 더 이상 종속 상태에

31 Karl Marx and Friedrich Engels, *The Communist Manifesto: A Modern Edition*, London and New York: Verso, 1998, p. 58.

32 Vladimir Ilyich Lenin, *State and Revolution*, p. 15에서 재인용.

> 놓이지 않게 되자마자 계급 지배 및 생산의 아나키 상태에 기반을 둔 개인의 투쟁과 더불어 계급 종속 상태에서 발생한 충돌과 과잉이 모두 폐지되자마자 더 이상 억압할 것이 없어지고, 그러면 국가라는 특수한 억압 권력은 더 이상 필요하지 않게 된다. (……) 국가는 '폐지'되는 게 아니라 시들어버린다The state is not "abolished", it withers away.[33]

엥겔스의 글을 길게 인용한 이유는 이 부분이야말로 레닌이 이 책 전체를 두고 반복해서 설명하는 핵심 구절이기 때문이다. 레닌은 엥겔스가 국가의 소멸에 대해 두 부분으로 나누어서 말하는 점을 주목한다. 즉 프롤레타리아는 먼저 국가권력을 "장악"하고, 그다음에 국가는 "시들어버린다"는 것이다. 프롤레타리아에 의한 코뮤니즘 혁명은 이처럼 단계적이다. 부르주아가 국가를 통해 대중을 억압했듯 프롤레타리아는 국가권력을 빼앗아 장악하고, 국가가 가진 폭력과 통제력을 최대한 사용하여 부르주아를 괴멸시킨다. 이 시기는 혁명의 첫 단계로, 프롤레타리아가 모든 사적 소유를 '공적 소유'로 전환하는 시기다. 레닌은 이 시기를 코뮤니스트 사회의 첫 단계, 즉 '사회주의'라고 부른다. 이때까지만 해도 국가는 혁명에 필수적이다. 이 시기를 거쳐 코뮤니즘이 정착되고 '모든 개인들이 자신의 능력에 따라 일하고 자신의 필요에 따라 갖는' 코뮤니스트 사회의 고급 단계가 시작되면 그때는 더 이상 국가의 물리력이 필요 없어진다.[34] 이 순간, 즉 사회주의를 넘어 '코뮤니즘'의 시기가 될 때 국가는 "시들어버린다". 이미 계급의 적대와 모순이 사라졌기 때문에 국가는 인위적으로 "폐지"할 필요도 없어지는 것이다.

레닌에 따르면 위와 같은 설명이야말로 '마르크스와 엥겔스의 진정한 의미'다. 이것을 제대로 파악하지 못하고 이상한 말을 하고 있는 '기회주의자들'과 싸워야 한다고 레닌은 반복해서 말하고 있다. 그에 따르면 대표적인 '기회주의자들'이 사민주의자들과 아나키스트다. 카를 카우츠키Karl Kautsky를 위시한 사민주의자들은 부르주아들의 도구인 국가 개념을 무시하고 선거를 통해 의회에 들어감으로써 자본주의 시스템에 항복해버린 꼴이다. 자본주의는 절대로 의회를 통해 무너지지 않기 때문이다. 아나키스트의 경우는 국가를 "24시간 안에 폐지해야 한다"고 주장하고, 일체의 모든 권력과 조직을 거부한다고 주장한다. 이에 대해 레닌은 국가가 가진 물리력을 쓰지 않고 어떻게 부르주아를 굴복시킬 수 있느냐고, 권력과 조직 없이 어떻게 생산수단의 전환을 이뤄낼 수 있느냐고 반문한다. 이 두 파 모두 국가에 대한 마르크스와 엥겔스의 개념을 제대로 이해하지 못함으로써 혁명의 걸림돌이 되고 있다는 것이 레닌의 입장이다.

그래서 결국 레닌에게 중요한 것은 혁명의 도래, 아니 혁명을 만들어내는 것인데, 이를 가능하게 하는 첫 단추가 '국가'에 있다. 프롤레타리아를 중심으로 모든 억압받는 이들이 들고일어나서 일단 국가권력을 장악해야'만' 혁명의 프로그램은 가능해질 수 있다. 이 단계에서 민주주의란 없다. 왜냐하면 우리가 알고 있는 '민주주의'란 '자본가의 민주주의'이기 때문이다. 착취했던 자들은 착취당하는 자들에 의해 폭력으로 다스려져야 한다. 자본주의 사회의 생산양식이 사회주의적으로 재편되는 혁명의 첫 단계는 국가권력 없이는 불가능하다. 이 첫 단계가 지난 후, 아무도 알 수 없는 어떤 시기에 이르러 이제 '모두'가 국가 안에서 자신의 몫을 다하고, "사회 전체가 평등한 업무와 평등한 급여를 제공하는 하나의 사무실과 하나의 공장이 될 때,"[35] 그때는 코뮤니즘이 이미 도래한 것이므로 국가는 의미가 없어진다. 이 시기가 되면 '진정한 민주주의' 역시 가능해진다. 모두가 자신의 능력에 따라 일하고 필요에 따라 쓰는 사회가 되면, 그때는 '민주주의'라는 개념 자체가 완전해지므로 '민주주의'라는 말이 불필요해지기 시작한다. 마찬가지로 국가도 정부도 사라진다.

33 Vladimir Ilyich Lenin, *State and Revolution*, p. 15에서 재인용.

34 사적 소유의 공유화, 그리고 능력에 따른 노동과 필요에 따른 분배, 이 두 가지 내용이야말로 고대와 중세를 거치며 꾸준히 반복되는 유토피아적 상상력의 고갱이다. 마르크스, 엥겔스, 레닌으로 이어지는 근대 코뮤니즘 운동은 스스로를 '과학적'이라고 칭하지만, 결코 '유토피아적'인 것으로부터 동떨어져 있지 않다.

35 Vladimir Ilyich Lenin, *State and Revolution*, p. 84.

레닌이 '코뮤니즘의 도래'를 너무나 기술적인 방식으로 바라본다는 느낌을 지울 수 없다. 실제로 이 책의 5장에서 주로 전개되는 '혁명 이후의 상황' 혹은 '코뮤니즘의 실천'에 대한 레닌의 방식은 아무리 이 책이 소책자라 해도 현실 가능한 방법이라고 보기 힘든 점이 많다. 사회를 "하나의 우체국"처럼 만들어야 한다는 레닌의 방식을 읽으면서 '과연 나는 이런 사회에서 행복할까?' 하는 질문을 던져볼 수 있는 것이다. 레닌에게 '분명한' 것은 자본주의 국가를 전복하여 국가권력을 장악하고 폭력을 통해 부르주아의 세계를 무너뜨리는 것이지만, 그 이후 '진정한 코뮤니즘'의 도래에 대해서는 그 역시 어떤 분명한 비전을 보여주지는 않는다. 그래서 남는 것은 '혁명'일 뿐 '혁명 이후'가 아니다. 역시 우리가 1917년 이후에 기억하는 소련 역시 '혁명'까지이지 '혁명 이후'는 아니다. 레닌의 사후 스탈린Joseph Stalin 치하의 소련은 끔찍한 전제 정권의 대명사가 되었다.

이 질문을 가장 먼저 제기한 이들은 전후 '서구 마르크스주의자들'일 것이다. 레닌-스탈린 체제의 억압성을 거부하고, 레닌주의가 가진 도그마주의를 거부하면서 '다른 혁명'을 꿈꿨던 사람들 말이다.[36] 레닌을 거부한 마르크스주의가 1968년을 정점으로 진정한 마르크스주의의 대안이 되었을 때도 잠시 1970년대 이후 신자유주의의 등장과 소련 몰락 이후 헤게모니 장악으로 인해 '마르크스주의적 비전' 자체가 철 지난 것으로 폐기될 뻔한 때가 오게 된다. 역사의 종말론과 포스트모더니즘과 다문화주의와 정체성 정치가 마르크스주의를 포함한 모든 거대 이론을 쓰레기장으로 보내려고 했던 1990년대 초중반기가 그 시기일 것이다. 포스트-이데올로기의 영향력이 한풀 꺾이고 그것이 사실 어떤 희망도 주지 못한다는 게 분명해질 무렵, 거기에 신자유주의와 미국의 헤게모니가 테러와의 전쟁, 경제위기를 항시적으로 가져올 때 '레닌'과 '국가'와 '혁명'과 '코뮤니즘에 대한 이야기들은 다시 나오기 시작한다.[37]

어긋난 시간

신자유주의 체제가 미국발發 금융위기로 인해 휘청거리고, 경제의 불황이 끔찍한 범죄의 리스트를 날로 새롭게 늘리고, 글로벌 기업의 석유시추선이 멕시코 만을 검은 원유로 물들이며, 희소한 자원으로 인해 '민주주의와 인권'을 가장한 침략이 일상화된 오늘, 그래서 아포칼립스의 먹구름이 짙게 드리운 이 파국의 시대에 오비디우스의 '황금의 시대'와 뮌처의 '코뮌', 그리고 레닌의 '국가와 혁명'이라는 '이미 지나간' 유토피아의 이야기들이 도대체 무슨 의미를 가질 수 있을까? 우리 앞에 놓인, 그리고 계속 쌓여만 가는, 급하게 해결해야 하는 경제적 문제들, 즉 안정된 직장에 취직하거나 더 높은 연봉을 받기 위해 경쟁력을 키우거나 새로운 틈새시장과 블루 오션을 노리며 리스크를 감수하고라도 1인 기업의 창의력을 발휘하려 애씀으로써 하루하루 '무한 도전'을 해나가야 하는 것 아닌가? 인기 없고 취직 안 되는 인문학은 CEO들의 '경영 교양'으로 남겨두고 모든 대학생들이 '회계원리' 정도는 교양으로 들음으로써 취업 시장에서 경쟁력을 높여도 모자랄 판에 유토피아, 천년왕국, 코뮤니즘이라니, 이게 도대체 가당키나 할 말인가? 우리는 오히려 새로운 세상을 열어젖히려는 유토피아적 기획들이야말로 아포칼립스를 앞당길 가장 위험한 '검은 미사'라는 존 그레이의 일갈에 귀를 기울이며 그것들이 가진 정치적 급진성을 경계해야 하는 것 아닌가?[38]

우리 시대에 너무나도 당연해 보이는 이러한 '상식적인' 질문들에 '정답'을 말하기가 그리 쉬운 일은 아니다. 다만 유토피아적 기획이 아포칼립스를 앞당긴다는 그레이의 대표적인 반反-유토피아적 주장을 뒤집어볼 수

36 Martin Jay, *Marxism and Totality: The Adventures of a Concept from Lukács to Habermas*, Berkeley and Los Angeles: University of California Press, 1984.

37 대표적으로 알랭 바디우 외, 『레닌 재장전: 진리의 정치를 향하여』, 이현우 외 옮김, 마티, 2010 참조.

38 John Gray, *Black Mass: Apocalyptic Religion and the Death of Utopia* 특히 1장 참조.

는 있으니, 곧 아포칼립스의 시기야말로 언제나 유토피아적 열정이 가장 충만하게 터져 나온 때였다는 점이 그것이다. 오비디우스의 '황금의 시대'는 포악하고 천박한 '철의 시대'에 쓰였고, 플라톤의 '국가'는 어리석고 광폭한 왕들을 바라보던 한 철학자의 세계 개조론이며, 「사도행전」의 코뮌 공동체나 성 암브로시우스의 설교는 부자들의 사치와 빈자들의 고통이 극명히 대비되던 때에 이루어졌고, 볼의 반란과 뮌처의 전쟁은 유럽의 대중이 영주와 교황의 착취에 압사당할 때 비로소 가능했으며, 레닌의 혁명은 구시대적 차르가 여전히 권력을 휘두르던 러시아에서 성공했다. 중세 말의 천년왕국운동이 묵시록의 때를 선포함과 동시에 천년왕국을 앞당기려고 했듯, 유토피아는 언제나 아포칼립스와 함께 간다. 유토피아에서 아포칼립스만을 보는 시선은 아포칼립스에서 유토피아를 찾는 시선보다 더 안타깝다. 이 파국의 세상에서 유토피아적 열정을 모조리 거세하려고 할 때 진정으로 이익을 보는 사람들은 누구인가? 고통에 신음하는 사람들인가, 아니면 이미 풍요롭고 여유로운 부자들인가?

"모든 사람이 동일한 지금 속에 존재하는 것은 아니"며, "오히려 사람들은 과거의 것들을 더불어 가지고 다닌다"고 에른스트 블로흐Ernst Bloch는 말한다.[39] 살아 있는 모든 이들은 지금Now을 살지만 그들은 언제나 어제Yesterday를 버리지 않고 옆에 둔다. 그리고 이 어제는 사회적 · 경제적 · 정치적 조건들이 변화하더라도 쉽게 사라지지 않으며, 현재의 시간과 어긋난 상태, 즉 비동시성非同時性, nonsynchronism으로 잠재하다가 어제가 요구되는 어느 순간 갑자기 터져 나온다. 이 비동시성 혹은 오늘 속의 어제는 히틀러 시대의 불만에 찬 독일인들처럼 반동적인 방식으로 등장하기도 하지만, 반대로 혁명의 필수 요소로 솟아오르기도 한다. 헤겔적 역사법칙 속에 이들을 끼워 맞추려 했던 엥겔스와는 다른 방식으로, 16세기의 '광신자' 토마스 뮌처와 그를 따랐던 농노들에게서 블로흐가 '혁명적 비동시성'을 끌어낼 수 있는 것은 이 때문이다. 천년왕국운동에 가담했던 농노들이 거의 신화에 가까운 '천년왕국'을 '실제로' 믿었던 것은 이들의 어리석음과 광신성, 즉 자신들이 살던 시대와의 동시성synchronism을 상실한 비동시성 혹은 시대착오성anachronism을 보여주지만, 바로 이 비동시성과 시대착오성이 있었기에 이들은 권력자와 부자들의 억압과 착취에 맞서 싸울 수 있었던 것, 다시 말하면 가장 동시대적인 저항의 사건을 만들어낼 수 있었던 것이다.[40] 이 "어긋난 시간Time is out of joint!"[41]이야말로 햄릿이 아버지의 유령이라는 믿기 힘든 사건 속에서 '진실'을 파헤칠 수 있었던 필연적 조건이기도 한 것이다.

이러한 유토피아적 열정의 비동시성과 시대착오성은 '과잉excess'일 수밖에 없다. 가장 즉각적으로 정의로운 세상을 실현하기 위해 일어난 이들이 가진 과잉의 성격이 없다면 그 어떤 싸움도 혁명도 아예 불가능하며, 그러한 불가능성의 조건 속에서는 오히려 점진적인 개혁마저도 사실은 보수를 가장한 반동에 잡아먹히기 십상이다. 이 '과잉성'이야말로 현 질서 유지를 '상식'으로 삼는, '경험적인 것the empirical'이 지배하는 세상을 뒤흔들 수 있는 자리가 된다.[42] 이것은 곧 알랭 바디우Alain Badiou가 말하는 '주체의 윤리'이기도 하다. 상식이 지배하는 세상에서 '경험적인 것'을 바탕으로 살아가면서 스스로를 합리적이라고 믿는 '인간-동물human-animal'은 우연히 상식을 뚫고 나타난 틈새를 만났을 때, 그 틈새 속으로 들어가 상식에 균열을 일으키기를 멈추지 않는 충실함fidelity을 지킴으로써 '진리truth'를 만들어낼 수 있으며, 그럴 때 그는 한계를 뛰어넘은 '인간-주체human-subject'로 변

39 Ernst Bloch, "Nonsynchronism and the Obligation to Its Dialectics", *New German Critique* 11(Spring), trans. Mark Ritter, *New German Critique* 11(1977 spring), p. 22.

40 게오르그 루카치Georg Lukács는 블로흐의 해석에 반대하면서 뮌처와 그의 추종자들이 '계급 의식'의 발로가 아니라 상황의 우연성 속에서 등장했다는 이유로 그들의 '혁명성'을 부정하고 그저 '신화'로 치부하는 기계적이고 도식적인 주장을 펼친다. Georg Lukács, *History and Class Consciousness*, trans. Rodney Livingston, Cambridge, MA: The MIT Press, 1971, p. 173.

41 셰익스피어의 이 구절에 대한 철학적 고찰로는 Jacques Derrida, *Specters of Marx: The State of the Debt, the Work of Mourning, & the New International*, trans. Peggy Kamuf, New York and London: Routledge, 1994, 1장 참조.

42 Ernst Bloch, *Spirit of Utopia*, trans. A. A. Nassar, Stanford: Stanford University Press, 2000, p. 246.

모한다.[43] 진리와 만나는 과정에서 진리를 실현하는 이 '혁명'이라는 '사건'을 이뤄내는 인간-주체는 모두가 경험성으로 신봉하는 상식과 맞서기 때문에 당연히 비동시적/시대착오적이며, 진리-과정에서 충절을 지키는 그의 행동은 과잉일 수밖에 없다. 이 안티고네적인 자세가 바디우의 '실재의 윤리'이자 동시에 '혁명의 정치학'이며, 또한 블로흐가 말하는 '유토피아의 정신'이기도 한 것이다.

블로흐의 비동시성과 과잉성, 그리고 바디우의 윤리학이 만들어내는 유토피아의 요소들은 카를 만하임Karl Mannheim의 "카이로스kairos의 시간"과도 공명한다.[44] 만하임은 유토피아를 종말론적, 자유주의적, 보수주의적, 사회주의-코뮌주의적 유토피아 등 네 가지로 구분하면서 종말론적 유토피아야말로 가장 순수한 유토피아의 형태라고 말한다. 그것은 천년왕국운동 등에서 보이는 종말론적 유토피아가 가진 비동시적/시대착오적 시간의 모습 때문이다. 비동시적/시대착오적 시간은 동시성의 시간인 크로노스chronos를 비틀고 꺾어서 만들어낸 시간, 곧 주체의 의지에 따라 새롭게 구성된 시간, 만하임에 따르면 "절대적 현재성absolute presentness"의 시간이다.[45]

모든 사회적 조건이 위기에 직면한 듯 보이는 파국의 상황은 이미 역사 속으로 사라졌다고 여겨지는 유토피아의 사건들에 주목할, 어쩌면 가장 좋은 시간이다. 유토피아를 향한 충동에 서려 있는 비동시성과 과잉성이라는 '시대착오적' 성격은 최악의 상황에서도 최선의 모습을 상상하고 실천해내는, 그럼으로써 가장 현재석이고 동시적인 시건을 만들어내는 토양이 된다. 이러한 카이로스적인 결단의 시간만이 새로운 세상에 대한 비전을 만들 수 있으며, 지금 속에서 어제를 불러내어 내일로 향하는 에너지를 벼려낼 수 있다.

로버트 하인라인Robert A. Heinlein의 『달은 무자비한 밤의 여왕*The Moon is a Harsh Mistress*』에 등장하는 2076년의 '자유 달세계인들'은 이 유토피아적 혁명의 비동시성을 (사이언스 픽션이라는 비동시적 장르를 통해) 보여주는 훌륭한 사례다.[46] 달이 지구의 식민지이자 곡물과 자원의 주 공급처가 된 미래의 어느 때, 지구에 종속된 시장과 한계가 조금 있는 자유 외에는 별다른 문제가 없어 보이는 달세계에서 소수가 참여한 집회가 진압되면서 유혈 사태가 발생한다. 그 소식이 퍼지고 불만이 급증하면서 급기야 달세계 전체가 지구에 대해 '독립'을 선언한다. 지구에서는 이 자그마한 위성의 반란에 자존심이 상해 달을 폭발해버리자는 의견까지 나오는 등 달세계인들을 끝내 이해하지 못한다. 달세계인들은 지구의 공격으로 멸망할 수 있는 위기 상황에서도 독립의 의지를 꺾지 않아 일촉즉발의 전쟁 상황까지 가지만, 결국 달이 제공할 자원이 아쉬운 지구의 '승인'으로 독립을 쟁취하게 된다. 달세계인들이 이 독립운동 과정에서 참조한 것은 18세기와 20세기에 지구에서 일어났던 혁명의 역사였다.

지구에서의 혁명들은 애초에 불가능해 보였던 유토피아적인 기획이었고, 당대의 시간과 어긋나 있던 비동시성의 사건이었으며, 평화로운 방법 대신 빼앗긴 자들의 폭력이 난무했던 과잉의 사례였다. 지구의 어제는 달에게는 현재가 되어 새로운 미래를 열었다. 달은 자신의 유토피아적 '망상'을 실현하기 위해 '무자비'했기에 '밤의 여왕'이 될 수 있었고, 달 자체의 파괴라는 파국적 상황을 대면하면서도 충절을 잃지 않았기에 독립이라는 '사건'을 만들 수 있었으며, '공짜 점심은 없다TANSTAAFL'는 자세로 지구와의 독립전쟁을 두려워하지 않았기에 눈치 보지 않고 점심을 먹을 수 있게 되었다. 생각하는 컴퓨터 마이크는 혁명의 모든 상황을 계산하여 대처할 수 있었지만, 실제 달의 혁명을 만들어낸 일등 공신은 자신들의 결단을 의심하지 않고 관철하기 위해 모든 것을 걸었던 달세계인들의 계산적이지 않은 행동이었다.

43 Alain Badiou, *Ethics: An Essay on the Understanding of Evil*, trans. Peter Hallward, London and New York: Verso, 2002.

44 Karl Mannheim, *Ideology and Utopia: An Introduction to the Sociology of Knowledge*, London: Routledge, 1936.

45 Karl Mannheim, *Ideology and Utopia: An Introduction to the Sociology of Knowledge*, p. 196.

46 로버트 A. 하인라인, 『달은 무자비한 밤의 여왕』, 안정희 옮김, 황금가지, 2009.

모든 파국은 유토피아의 계기를 만들어낸다. 중요한 것은 그 계기를 놓치지 않는 일이다. 설사 실패하여 모든 것이 조각난다 하더라도(역사는 그런 실패 투성이다)그 조각난 '어제'가 반드시 되살아나 그 조각으로 시스템을 찢는 '지금'이 언젠가 도래할 것이기 때문이다.

혼종의 미래, 영시의 현재

마거릿 애트우드의 『인간 종말 리포트』

캐나다 작가 마거릿 애트우드Margaret Atwood의 2003년 소설 『인간 종말 리포트*Oryx and Crake*』는 소위 '포스트-아포칼립스 소설post-apocalyptic novel'이라고 할 수 있다. 아포칼립스 소설이 '문명의 끝'으로 가는 과정을 다룬다면 포스트-아포칼립스 소설은 '문명의 끝 이후'를 다룬다. 물론 이 구분이 구체적 소설 속에서 언제나 명확히 나눠지는 것은 아니다. 맥카시의 『더 로드』(2006)나 쿤슬러James Howard Kunstler의 『손으로 만든 세상*World Made By Hand*』(2008)이 문명의 끝으로 향하는 과정을 구체적으로 보여주지 않은 채 그 이후를 다루는 데 반해 애트우드의 이 소설은 문명 이후의 세계를 그리고는 있으나, 문명이 몰락해가는 과정을 훨씬 비중 있게 다루고 있다. 이러한 소설들은 대개 '사이언스 픽션Science Fiction'이라는 카테고리로 묶이곤 하지만, 흥미롭게도 애트우드 자신은 '작가의 말'을 통해 자신의 이 소설이 '정통 사이언스 픽션'이 아니라 '추론 소설speculative fiction'이라고 규정한다.[1] 애트우드에 따르면 사이언스 픽션이 지금 우리가 전혀 모르는 새로운 세상이나 확장된 우주공간을 다룬다면, 추론 소설은 현재의 어떤 사실에 근거해서 미래의 일을 그럴듯하게 추론하는 소설이기 때문이다.

> 『시녀 이야기*The Handmaid's Tale*』처럼 『인간 종말 리포트』도 추론 소설이지 엄밀한 의미의 사이언스 픽션은 아니다. 이 소설은 은하계 간

1 한국어에서 흔히 '사변 소설'로 풀지만, '경험에 의지하지 않고 순수한 논리 사고만으로 판단하다'는 뜻의 '사변思辨'이라는 단어가 이 번역어로 적절한지는 잘 모르겠다. 오히려 '미래의 일을 예측하다'는 의미의 'speculative'의 뜻에는 '미루어 짐작하다'는 의미의 '추론推論 소설'이 좀 더 적확해 보인다.

> 우주여행도 순간이동도 화성인도 포함하고 있지 않다. 『시녀 이야기』와 같이 이 소설은 우리가 이미 만들어낸 것이나 만들어내기 시작한 것 외에는 그 어떤 것도 새로 만들고 있지 않다.[2]

이러한 애트우드의 '규정'을 두고 사이언스 픽션 이론가와 비평가, 작가들을 중심으로 조그마한 논쟁이 일기도 했었다. 사이언스 픽션/페미니즘 비평가인 말린 S. 바Marleen S. Baar는 명백히 사이언스 픽션인 이 소설을 굳이 그렇게 부르지 않으려 하는 애트우드의 태도가 "사이언스 픽션은 쓰레기라는 태도를 내포하고 있다"고 비판하고 있고,[3] 우리 시대의 위대한 사이언스 픽션 작가인 어슐러 르 귄Ursula K. Le Guin 역시 『가디언』 지에 쓴, 애트우드의 (『인간 종말 리포트』의 후속편인) 『홍수의 해*The Year of the Flood*』에 대한 서평에서 역시 동일한 점을 꼬집고 있다.[4] 한국에서도 '사이언스 픽션'이 흔히 '장르 문학'으로 분류되어 '진지한' 문학비평가들의 비평 대상에 여간해서는 오르지 못한 채 문학의 '찬밥' 신세로 남아 있는 상황 역시 이와 다르지 않다. 다만 영문학계에서 사이언스 픽션은 여전히 '주류'로 취급되지는 않지만, 그래도 다양한 학회와 저널을 통해 관련 연구자들이 열심히 학문적 논의의 대상으로 다루고 있다는 점은 지적해둘 만하다.

포스트-아포칼립스 소설이자 디스토피아 소설로서 『인간 종말 리포트』가 담고 있는 큰 주제는 무엇보다 신의 영역으로 가버린 생명공학이 불러온 파국이라고 할 수 있다. 소설에 등장하는 세상은 생명의학과 유전공학의 기술이 가없이 발달한 근미래다. 주인공 '스노우맨'의 회상 속에서 어린 시절 '지미'라는 이름으로 자신이 살던 곳은 하나의 거대한 성채도시와도 같은 생명공학 단지다. 그 단지의 중심에는 인간의 생명을 더 연장하기 위해 갖가지 동물을 교배하여 새로운 종류의 혼종hybrid을 만드는 연구소가 있다. 인간의 장기臟器를 생산하기 위해 돼지를 변종시킨 '피군Pigoon'이 이 연구소의 주요 연구대상이라면, 이미 주변에는 '라컹크Rakunk'와 같은 혼종이 널리 퍼져 있다. 시간이 흐르면, 늑대와 개의 혼종인 '울보그Wolvog, 늑개', 뱀과 쥐의 혼종인 '스냇Snat, 뱀쥐' 등도 등장한다. 이 책의 또 다른 주인공인 천재 생명공학자 크레이크가 만들어낸, 인류 절멸 이후의 '새로운 인간'인 '크레이커Craker'는 이러한 생명공학의 결정체다. 하지만 크레이크 이전에 이미 생명공학은 '한계'를 넘었고 어떤 심각한 전조를 내포하고 있다. 2장의 시작 부분, 그러니까 어린 시절의 지미가 자신의 이야기를 하는 첫 번째 회상 장면이 실험에서 실패한 피군, 그래서 질병을 옮길 가능성이 있는 피군들을 태우는 사건으로 시작하는 것은 그 때문이다. 생명공학이 만들어낸 질병의 가능성은 후에 크레이크에 의해 전 세계에 퍼지게 될 '블리스플러스BlyssPluss'라는 약 속의 바이러스에 의해 실현된다. 할 수 있는 모든 것을 혼종화하는 이 세계를 묘사하기 위해 애트우드는 실로 소설 전체를 하나의 혼종으로 주조해낸다. 예로 든 유전자 조작으로 만들어지는 생명체 이름뿐 아니라 소설 속 주인공의 이름(스노우맨/지미, 크레이크/글렌, 오릭스/수수)에서부터 도시-연구소명(OrganInc, HelthWyzer, AnooYoo), 음식명(ChickieNobs, Happicuppa), 게임명(Brainfrizz, HottTotts, Extinctathon), 심지어 학문명(Applied Rhetoric)까지도 모조리 혼종이다. 애트우드의 세계 속에서 질 들뢰즈와 장 프랑수아 리오타르Jean-François Lyotard, 그리고 호미 바바Homi Bhabha에 의해 찬양되던 포스트모던한 인문학적 혼종의 세계는 생명공학이라는 과학기술에 의해 매개됨으로써 디스토피아적인 파국으로 향한다.

2 Margaret Atwood, "Writing *Oryx* and *Crake*", *Oryx and Crake*, New York: Doubleday, 2003, pp. 382~383.

3 Marleen S. Barr, "Textism: An Emancipation Proclamation", *PMLA*, Vol. 119, No. 3 (2004 May), p. 430.

4 Ursula K. Le Guin, "The Year of the Flood by Margaret Atwood", *The Guardian* (2009 August 29). "(사이언스 픽션에 대한 애트우드의) 이 자의적으로 한정된 정의는 편협한 독자들 서평자들, 그리고 문학상 수여자들이 여전히 꺼리는 장르(사이언스 픽션)로부터 그녀의 소설을 보호하려고 의도된 것 같다. 그녀는 문학적 고집불통들이 그녀를 문학의 게토 안으로 밀어넣는 것을 원하지 않는다."

이러한 '생명공학의 혼종'이 디스토피아로 가는 길은 극단적 자본주의화의 과정에 의해서 가능하다.[5] 소설이 그리고 있는 세상은 생명공학이 만든 여러 혼종들이 '상품'이 되어 '전 세계'에 판매되는 그런 곳이다. 자본주의는 완전히 세상을 장악했으며, 바로 이 자본주의적 탐욕이 생명공학의 혼종을 끊임없이 부추긴다. 생명공학 기업이 이룬 하나의 성채도시Compound, Module 밖에는 '플리블랜드Pleebland'라 불리는 일반 도시가 있다. 플리블랜드를 이루는 단어는 바로 가난한 민중을 뜻하는 '플랩pleb'이다. 즉 소설 속 세상은 기업/부자가 사는 도시와 일반인/민중이 사는 도시로 분리되어 있고, 이 사이의 경계는 철저한 보안에 의해 유지되어 서로 간에 '혼종'되기가 불가능하다. 기업/부자 도시인 컴파운드의 경제는 자신들이 제조한 약과 상품을 플리블랜드에 판매하여 유지되는데(제국-식민지 관계), 크레이크가 나중에 발견한 비밀에 따르면, 이 약속에는 또 다른 질병을 일으키는 바이러스들이 들어 있고 그로 인해서 새로운 약에 대한 요구가 끊이지 않게 된다.[6] 그 어떤 것이라도 섹스까지도 이제는 합법적으로 자유롭게 판매되는 소설 속(?) 자본주의 세상에서 이윤을 축적하기 위한 생명공학은 역시 모든 경계를 뛰어넘을 수 있다.

주인공인 스노우맨/지미가 일종의 인문학도로 설정된 것은 이런 점에서 의미심장하다. 언어능력은 탁월하지만 수학은 젬병인 전형적인 '문과생'이자 애트우드식으로는 '언어인wordperson'인 지미는 생명공학-자본의 혼종이 지배적인 사회 속에서는 언제나 주변인일 수밖에 없다. 인문학도가 할 수 있는 최고의 직업은 생명공학-기업의 상품광고 카피를 만드는 일뿐. 쉽게 말하면 이 사회는 인문학의 본령인 '비판'이 완전히 사라지고 인문학이 '응용'되기만 하는 사회다(여기서 다시 오늘날 한국의 대학과 인문학의 '처지'를 상기하게 되는 것은 너무도 자연스러운 일). 그 속에서 여전히 인문학적 성향과 휴머니스트적인 기질을 가지고 있는 지미야말로 소설에서 일어나는 엄청난 생명공학적 변동과 파국의 과정을 지켜볼 최적의 인물이다. 그 반대편에는 지미의 유일한 친구인 크레이크가 있다. 수학과 과학의 천재이자 전형적인 '숫자인numberperson'인 크레이크는 생명과학의 합리성과 도구성을 극단적으로 실체화하고 있는 인물이다. 지미가 인문학적 감성으로 사물을 대하는 데 반해 크레이크는 인간을 포함한 세상의 모든 일들을 유전자와 권력관계로 파악한다. 사랑과 섹스에 대한 크레이크의 관점은 이를 잘 보여준다.

> 그(크레이크)에 따르면 사랑에 빠지는 것은, 비록 그것이 변화된 신체적 화학작용을 낳고 따라서 실제적이라고는 해도 호르몬이 유발한 환각상태였다. 게다가 사랑은 수치스러운 일이었는데, 왜냐하면 사랑은 사람을 불리하게 만들고 사랑의 대상에게 너무나 많은 권력을 부여하는 일이었기 때문이다. 섹스를 따지자면, 그것은 도전과 새로움 모두를 결핍하고 있으며, 대체로 세대 간 유전자 운반이라는 문제에 대한 매우 불완전한 해결책일 뿐이었다.[7]

이러한 크레이크가 대학에서 제공하는("너는 연구에만 전념해라, 섹스 상대는 학교가 구해주겠다") 섹스 서비스를 통해 만나는 상대가 오릭스다.

5 데이비드 하비는 투기자본(speculative capital, 또 다른 'speculative'!)화한 자본주의가 새로운 잉여의 착취를 위해 앞으로 걸 최대의 도박이 '생명의학 및 유전공학, 그리고 녹색 테크놀로지'라고 예측한다. "그렇다면 혁신이 이끌 다음번 투기 거품은 어디에서 올까? 현재 내 의견으로는 생물의학과 유전공학(빌 게이츠Bill Gates와 조지 소로스George soros 같은 이들이 자금을 댐으로써 부분적으로는 연구 자금 규모에서 국가를 대체하고 있는 거대 자선단체들이 집중 투자하는 분야가 여기다), 그리고 소위 '녹색' 테크놀로지들(비록 내 생각에는 흔히 상상하는 것보다 훨씬 제한적인 기술이긴 하지만)이다." David Harvey, *The Enigma of Capital and the Crises of Capitalism*, Oxford: Oxford University Press, 2010, p. 98.

6 이러한 소설적 상황은 글로벌 제약회사들이 비슷한 방식으로 저지르고 있는 일을 떠올리게 한다. 영화 〈콘스탄트 가드너The Constant Gardener〉에서 묘사되듯, 아프리카의 가난한 나라에 지원품 형식으로 개발 중인 신약을 살포하고 그에 따른 신체적 반응을 살펴 자료화함으로써 신약의 부작용을 방지하는 등의 '의학 실험'은 어제 오늘의 일이 아니다.

7 Margaret Atwood, *Oryx and Crake*, pp. 192~193.

그리고 이 오릭스는 사춘기 시절의 지미와 크레이크가 한 포르노 사이트에서 보았던 바로 그 여덟 살짜리 아시아 여성이다. 지미와 크레이크라는 정반대의 인물형 사이에 삼각형의 꼭지에 위치하는 오릭스는 아시아에서 미국으로 팔려온 성노예다. 선진국의 착취 대상인 제3세계의 여성 오릭스는 일견 소설 속 모든 것이 상품화되는 극단의 자본주의 세상을 보여주는 인물이기도 하지만, 오히려 그보다 그녀는 가장 철저한 '신자유주의적 인간 주체'로 형상화되어 있다는 점에서 의미심장하다. 소설 속의 극단적 자본주의 사회는 어쩌면 '신자유주의적 유토피아'라고 다시 쓸 수도 있을 텐데, 애트우드는 기업도시인 컴파운드와 민중도시인 플리블랜드 사이의 관계를 통해, 그리고 인간을 비롯해서 팔릴 수 있는 모든 종류의 상품이 자유롭게 교역이 되는 세계를 그림으로써 신자유주의의 경제원리인 제국주의적 세계화의 원리를 묘사한다. 미셸 푸코Michel Foucault가 이미 1970년대 초에 간파하고 있듯, 신자유주의란 일종의 인간 자본human capital 이데올로기다. 그 속에서 인간은 하나의 자본이자 그 자본을 투자하고 운용하는 기업가로서의 주체다. 어떠한 사회적 연대도 거세되어버린 이 논리 속에서 한 인간의 실패는 투자의 실패이고 운용의 실패가 된다. 같은 논리로 신자유주의 유토피아 속에서의 인간에게는 언제나 '자기 자신을 돕는self-help' 것만이 유일한 자기 삶의 전략이다. '응용수사학'을 공부한 후 대학을 졸업한 지미가 카피라이터로 취직하는 기업인 '어누유AnooYoo'는 바로 이런 셀프헬프 상품을 만드는 곳이다.

> 당신의 근육 모양을 숨이 멎을 정도로 마술적인 화강암 조각작품으로 변신시켜줄 화장크림, 운동기구, 강장제. 당신을 더 뚱뚱하게, 더 마르게, 더 털이 많게, 더 대머리로, 더 희게, 더 갈색으로, 더 검게, 더 노랗게, 더 섹시하게, 더 행복하게 만들어 드리는 알약들. 그(지미)의 업무는 당신이 어떻게—얼마나 쉽게!—변할 수 있는가에 관한 비전을 묘사하고, 예찬하고, 드러내는 것이었다. 희망과 공포, 욕망과 혐오는 그가 매매하는 물건이자 그가 변화시키는 감정이었다.[8]

모든 책임이 자신에게 귀착되는 신자유주의 하에서 셀프 헬프 혹은 '자기 계발'의 이데올로기는 신자유주의적 인간을 만들어내는 가장 핵심적인 장치다. 경쟁과 실패가 일상화된 세상 속에서 '서바이벌'을 하기 위해서 개인은 자신을 끊임없이 관리하고 계발하고 단련해야만 하고, 그리하여 언제나 자신을 변해가는 세상에 맞춰내는 '새로운 인간', 곧 'A New You'로 만들어내야만 한다. 오릭스는 저 아시아의 가난한 나라에서 대여섯 살에 성노예로 팔려 다니다 결국 미국까지 왔고 '어누유'의 상품을 써본 적도 없지만, 인간상품 그 자체로서의 자기 경험을 통해 이 신자유주의의 셀프 헬프 논리를 체화한 인물이다. 그녀가 살아온 인생사를 들으며 고통스러워하며 분노하는 지미에게 언제나 "지미, 좀 더 긍정적으로 생각해봐"라고 말하는 오릭스는 자신이 겪은 모든 험난한 일련의 과정이 모두 자신 앞에 놓인 선택지들로부터 스스로 선택한 결과라고 믿는다. 시카고학파의 신자유주의자 게리 베커Gary S. Becker가 말하는 '결정 단위decision unit'로서의 인간, 혹은 '인간 자원human resource'으로서의 오릭스는 자신이 남에게 착취된 것이 아니라 자기가 처한 상황 속에서 자신을 '결정'하는, 또 자신이라는 '자원'을 사용한 것으로 믿는다.[9] 그녀는 신자유주의가 만들어낸 그리고 만들어내고 싶어하는 그런 신자유주의적 주체로, 자신에게 닥친 어떠한 고통도 모조리 자신의 책임으로 귀착시킴으로써 체제에 면죄부를 부여한다. 이러한 '일차원적 인간'인 오릭스를 사랑하는 지미가 고통스러운 것은 당연하고, 또 신자유주의적 합리성과 생명과학의 권력을 체화한 크레이크가 유일하게 오릭스를 곁에 두는 것 역시 당연하다. 곧 오릭스와 크레이크는 하나의 '쌍'으로 존재하는데, 그것은 최소한의 '성찰'이 제거된, 이익 혹은 야망을 위해서라면 그 어떤 일도 즐겁게 할 수 있는 그러한 주체들의 쌍이다.

8 Margaret Atwood, *Oryx and Crake*, p. 248.

9 Jane Elliott, "The Return of the Referent in Recent North American Fiction: Neoliberalism and Narratives of Extreme Oppression", *Novel: A Forum on Fiction*, Vol. 42, No. 3(2009), pp. 352~353.

애트우드가 그리는 세상 속의 위계에서 정점에 위치한 크레이크와 밑바닥에 위치한 오릭스의 '결합'이 낳는 것, 즉 체제의 최상층부를 이루는 슈퍼 호모 사피엔스와 최하층부에 널린 호모 사케르의 결합이 발생시키는 것이 곧 인간 자체의 '종말'이라는 점은 디스토피아 소설로서의 이 텍스트가 말하는 또 하나의 주제다.

크레이크는 체제의 최상층부에 속해 생명공학에 기반을 둔 자본의 신상품을 만드는 일을 하지만, 동시에 그러한 자본-생명공학 결합에서 또 한 발자국 옆으로 비켜가 있는 인물이다. 크레이크는 이윤이 아니라 창조에 관심을 가진, 자본가가 아니라 신이 되려는 인물이다. 멸종 동물에 관한 정보로 온라인 대결을 하는 게임 엑스팅타톤Extinctathon의 그랜드 마스터이기도 한 크레이크답게 그의 머리를 지배하는 것은 멸종과 창조의 이항 대립이다. 이 이항대립을 조정하는 고삐는 곧 그의 '유토피아적 열망utopian desire' 이다. 천재적인 두뇌를 가진 크레이크에게 어쩌면 세상은 끊임없이 거대한 역사적, 종적 변동을 이루는 공간일 뿐이다. 지미에게 '현실'이 언제나 구체적인 무언가를 의미하는 것과 달리 이 논리의 천재에게 '현실'이란 "머릿속에 있는 것"이다. 눈앞에 보이는 현실보다 더 현실적인 진짜 현실은 머릿속에 있다는 크레이크의 말은 곧 그가 플라톤적 이상주의자임을 드러낸다 ["나(오릭스)는 그(크레이크)의 비전을 믿어. 그는 세상을 더 나은 곳으로 만들고 싶어해. 그가 내게 언제나 말하는 게 바로 그거야. 나는 그게 멋진 일이라고 생각해, 안 그래 지미?"]. 플라톤 자신이 『국가』라는 뛰어난 유토피아-정치 문학을 썼고, 그 속에서 그가 지속적으로 인간의 퇴화 과정을 이야기하면서 '새로운 인간'에 대한 열망을 숨기지 않고 있음을 상기하라. 이상주의자로서의 크레이크는 플라톤이 갖지 못한 생명과학의 뛰어난 지식과 기술을 가졌으며, 그랬을 때 그는 아예 '새로운 인간'이라는 자신의 '이데아'를 현실 속에 구현할 수 있게 된다. 푸코가 말하는 유술柔術처럼 크레이크는 생명과학의 핵심 속으로 들어가 그것이 인류에게 배포하는 신약을 '되받아치기' 함으로써, 즉 섹스와 피임과 건강을 함께 보장하는 그 신약('블리스플러스') 속에 치명적 바이러스를 집어넣어 기존의 인간을 제거하고, 또 다른 프로젝트인 새로운 인간('크레이커')을 창조해냄으로써 실로 신의 영역에 등극한다. 이러한 서사에서 드러나는 것은 다시 조지 오웰George Orwell의 『1984』에서 앨런 무어의 『왓치맨』, 올더스 헉슬리Aldous Huxley의 『멋진 신세계*The Brave New World*』에서 미셸 우엘벡Michel Houellebecq의 『소립자*Particules élémentaires*』(이 소설 속 주인공인 미셸 제르진스키와 크레이크 사이의 유사성을 환기할 것)에 이르는 어떤 유토피아적 열망의 서사다. 그것은 언제나 그렇듯 파국의 가능성을 함께 몰고 오는 열망이다. 모든 유토피아가 기존의 부패한 세상을 쓸어버리는 것을 상정하고, 모든 아포칼립스가 파국 이후의 유토피아를 동경하는 것처럼 크레이크의 '신인류' 역시 '인간 종말'을 동반한다. 유일하게 살아남은 스노우맨/지미가 파도 소리를 들으며 깨어나는 소설의 시작은 바로 이 종말 이후의 첫 장면이다.

종말 이후의 포스트-아포칼립스적 세상은 과연 크레이크의 계산처럼 유토피아적인가? 그것은 모른다. 기존의 문명이 사라진 폐허 자체가 디스토피아라고 느낀다면, 그것은 우리의 상징계 밖을 상상할 줄 모르는 상상력의 결핍 탓일 수도 있다. 모든 창조가 어떠한 파괴 위에서 생성될 수 있다면, 파괴의 잔해는 새로운 창조를 위한 필수적 배경일 수도 있다. 상징계의 수호자, 인문학도 스노우맨은 크레이크의 세계 속에서 절망한다. 그는 기억하고 또 기억하지만 한계가 있다. 반면 크레이크가 만든 새로운 인류인 '크레이커'들에게 이 세계는 낙원이다. 그들에게는 인간의 파괴적 유전자들이 모두 제거되어 있다. 크레이크는 이들에게서 인종주의, 위계, 폭력성을 모두 제거하고, 눈을 녹색으로('그린 테크놀로지'), 피부색도 다양하게 만들었다. 크레이커들은 초식草食을 하며 소가 하듯 자기 배설물을 다시 먹어 소화시킨다. 이들에게는 식량 축적의 의지도 영토 확장의 의지도 없다. 이들은 크레이크가 만들어낸 궁극의 '혼종'이다. 그러나 크레이커들의 이러한 유토피아적 특성은 이들의 언어에서 농담도 풍자도 해학도 아이러니도 함께 빼앗았다. 이 순진한 이들이 스노우맨에게 '휴먼'으로 보이지 않는 결정적 이유다. '어두운 면을 모조리 제거한 인간은 과연 인간인가?' 하는 질문. 게다가 소설의 후반부에 이르면 먹을 것을 찾아 멀리 떠난 스노우맨의 복귀를 기다리며 크레이커들은 드디어 '형상idol'을 만들어 그 형상에 대고 기원하는 '의식'을 치른다. 이것은 크레이크가 과거에 말했던 바, 형상이 종교를 낳고 그것이 폭력을 낳을 것이라는 디스토피아적 관측을 실현한 것이다. 즉 또다시 '혼종'이 발생한 것. 이 크레이커들이 자신들이 모르는 그들의 '조상'이 갔던 그 폭력의 길을 반복할지도 모른다는, 아마 그렇게 되고야 말 거라는 불길함. 애트우드는 여기서 더 이상의 묘사를 그치고 이후의 모든 것을 우리의 상상에 맡기는 전략을 택한다.

애트우드의 이 소설은 창세기이자 묵시록인 유토피아이자 디스토피아인 혼종의 텍스트다. 모든 인간이 절멸한 곳(묵시록)에 다시 새로운 인간(창세기)이 등장했고, 그 창세기 이후의 역사는 "영시Zero hour"에서 다시 시작한다. 소설의 마지막 장면에서 스노우맨은 또 다른 인간의 흔적을 발견한다. '발자국'은 로빈슨 크루소를 공포에 떨게 했지만, 또 하나의 로빈슨 크루소인 스노우맨에게 그 발자국은 떨림과 희열의 순간이다. 시계는 '영시'에 멈춰 있고, 스노우맨은 자신이 발견한 인간들을 향해 발걸음을 내딛는다. "가야 할 시간이다Time to go." 소설을 종결짓는 이 마지막 문장에서 우리는 다시, 말 그대로 '앞으로 나아가는' 진보進步의 서사를 발견한다. 그러나 그 '진보'는 지미가 살았던, 그리고 우리가 현재 살고 있는, 세상의 그런 '진보'가 아닌 다른 것, 어쩌면 또 다른 '혼종'으로서의 '진보'일 것이다. 그렇게 되어야만 할 것이다. 이 '진보'의 발걸음을 내딛는 스노우맨이 바로 전 세상이 만들었던 '진보'의 그 모든 추악함을 기억하는 이로 설정되었다는 것, 이 점이 이러한 추측을 가능케 한다. 유토피아와 디스토피아의 경계, 그 '영시'의 시간과 공간 가운데에서 소설을 시작하고 끝냄으로써 애트우드의 소설은 역시 동일한 '경계'에 선 우리가 어떠한 발걸음을 떼어야 할 것인지를 성찰해야 한다고 말한다. 어쩌면 그것이 그녀가 자신의 소설을 '공상과학' 소설로 명명하는 대신 '추론 소설'이라고 부르는 이유일 것이다.

자본과 생명공학, 경계 없는 상품화와 신자유주의적 주체화가 모든 경계를 넘어가는 지금, 우리는 모두 '영시'에 선 스노우맨인 셈이다.

4 두려움과 떨림[1]

'최후의 인간'을 넘어설 역설의 문화정치

때로 증오는 내가 너를 진정으로 사랑한다는 유일한 증거가 된다.
/ 슬라보예 지젝, 『폭력이란 무엇인가』 중에서

공백기: 후쿠야마가 되지 않기 위해서

1992년 베를린 장벽이 무너지고 소비에트 연방이 해체된 직후, 프랜시스 후쿠야마는 '보편적 역사Universal History'라는 개념을 다시 불러냈다. 제2차 세계대전 이후 미국과 소련이라는 두 헤게모니가 냉전체제의 긴장을 유지하던 반세기 동안은 세계 전체를 아우르는 단일한 역사의 진행 방향에 대한 명확한 진단을 내리기가 어려웠다. 그러나 냉전의 긴장이 한창일 무렵 일어난 이 두 사건은 후쿠야마뿐 아니라 많은 지식인들에게 체제 경쟁의 한 축이 무너지는 것을 보여주었고, 따라서 세계가 이제는 단일한 체제로 재편될 것이라는 전망을 가능하게 했다. 이 '단일한 체제'는 정치적으로는 민주주의, 경제적으로는 자본주의를 근간으로 하는 '자유주의liberalism'였다. 인류의 사상사를 연구하던 후쿠야마는 1989년의 논문 「역사의 종말?」[2]에서 던졌던 화두를 1992년에 『역사의 종말』[3]이라는 책으로 정리한다. 그는 이 두 편의 저작을 통해 헤겔이 던졌던 '보편적 역사'의 개념을 점검한다. 후쿠야마에 따르면 헤겔은 역사의 진보를 이성의 지속적 발전에 의해서가 아니라 인간을 갈등, 혁명, 전쟁으로 이끄는 열정의 맹목적 상호작용에 의해 이루어지는 것으로 보았다. 역사는 정치체제와 사상체제가 내부의 모순들에 의해서 충돌하고 무너지는 연속적 갈등의 과정을 통해 덜 모순적이고 더 고귀한 체제가 더 모순적이고 덜 고귀한 체제를 대체하는 일들이 꾸준히 계속되는 변증법적 진행을 겪는다는 것이다. 헤겔은 이 역사의 진행에 하나의 법칙이 있다고 보았고, 그것은 곧 "세계의 역사는 자유라는 의식의 진보와 다를 바 없다"는 명제로 요약되는 '자유의 실현'이었다.[4] 결국 이러한 헤겔의 문제의식을 따르다 보면 자유의 실현이 돌이킬 수 없는 경향성인 것으로 판명되는 시점에서 세계의 보편적 역사는 더 이상 발전할 곳이 없는 지점, 즉 '역사의 종말'을 맞게 된다는 것이 후쿠야마의 결론이다. 후쿠야마에게 베를린 장벽의 붕괴, 즉 자본주의 서독의 공산주의 동독 흡수라는 사건과 소비에트 연방의 해체는 전체주의와 결합한 공산주의가 돌이킬 수 없이 내부적으로 무너진 사건이다. 이것은 곧 왕정, 파시즘, 전체주의에 이어 인류사에서 인간의 자유를 제약하는 권위주의 시스템이 끝내 몰락하게 되는 시점을 뜻한다. 이는 다른 말로는 '자유주의'의 승리, 즉 헤겔이 개념화했던 '자유의 확장으로서의 보편적 역사'가 이루어지는 시기가 도래했다는 증거가 된다.

> 인류가 첫 번째 천년의 끝에 다가감에 따라 권위주의와 사회주의적 중앙계획 체제라는 양대 위기를 거치면서 잠재적인 보편적 정당성을 가진 이데올로기로 남게 된 것은 오로지 단 하나뿐이었다. 즉 개인의 자유와 인민의 주권에 관한 원리인 자유민주주의가 그것이다. 200년 전 프랑스혁명과 미국 독립혁명에서 최초로 등장한 이후, 자유와 평등에 관한 (자유민주주의의) 원칙들은 내구성이 강할 뿐만이 아니라 (죽지 않고) 소생 가능하다는 점을 증명해왔다.[5]

1 이 글은 「즐거운 혁명, 그 두려움과 떨림: '최후의 인간'을 넘어설 역설의 문화정치」라는 제목으로 『문화과학』 60호, 2009년 겨울호에 수록된 글을 수정한 것이다.

2 Francis Fukuyama, "The End of History?", *The National Interest* 16(Summer 1989) pp. 3~18.

3 Francis Fukuyama, *The End of History and the Last Man*, New York: Free Press, 1992.

4 Francis Fukuyama, *The End of History and the Last Man*, pp. 60~64.

5 Francis Fukuyama, *The End of History and the Last Man*, p. 42.

> 그러나 민주화 과정에서는 걸림돌과 실망도 많다는 사실, 또는 모든 시장경제가 다 번영하는 것은 아니라는 사실로 인해 세계사에서 나타나고 있는 더 거대한 패턴을 무시해서는 안 된다. (……) 군주정과 귀족정에서부터 종교적 신정神政, 또 20세기의 파시즘과 공산주의 독재정에 이르기까지 인류 역사의 도정에서 등장했던 다양한 체제 형태들 중 20세기 말까지 변하지 않은 채 살아남은 유일한 통치형태는 자유민주주의뿐이다.[6]

엄청난 논란을 가져온 이 '선언'은 1970년대 중반 이후에 모습을 드러내던 미국식 신자유주의의 전 지구적 지배를 학문적으로 공포한 것이었다. 후쿠야마는 소련식 공산주의라는 유토피아가 실패한 자리를 차지하게 되는 신자유주의라는 새로운 '유토피아'를 예비하는 세례 요한이었던 셈이다.

이후 10년은 미국 헤게모니의 거침없는 공격으로 요약할 수 있다. 1990년 걸프 전쟁을 시작으로 미국은 자신의 패권에 도전하는 소위 '불량국가'들에 대해 무자비한 침공과 경제적 압박을 가해왔고, 세계무역기구WTO, 세계은행World Bank, 국제통화기금IMF이라는 글로벌 경제기구를 통해 마련된 자유무역 질서를 전 세계로 퍼뜨림으로써 미국식 신자유주의 체제를 '글로벌 스탠더드'로 삼았다. 1968년의 세계적 봉기가 실패한 후 패배주의에 빠졌던 좌파 지식인들은 '현존 사회주의really existing socialism'가 몰락하자 지적 활동 무대를 급격히 '정치'에서 '문화'로 옮기기 시작했다. 체제 간 경쟁이 한쪽의 승리로 판가름나자 '체제'라는 근대적 거대 담론 자체를 거부하고 개인 중심의 '정체성 정치identity politics' 쪽으로 몰려가는 지적 경향이 나타난다. 소비자본주의라는 자본주의적 국면과 포스트모더니즘이라는 지적 국면은 이렇게 만나게 된다.[7] 헤게모니의 재편을 기정사실화하는 염세주의적 거대 담론의 폐기는 곧 '정치' 자체의 폐기를 의미했고, 이것은 '포스트-정치', '포스트-이데올로기'라는 단어를 통해 세상을 파악하는 경향성을 불러왔다. 혁명이니 유토피아니 좌파니 하는 말들이 가진 영향력은 과거의 투쟁을 낭만화하여 그것까지 상품화하는 방식으로 소멸되기 시작한다.

그러나 모두에게 명확해 보이던, 미국 헤게모니를 중심으로 하는 1990년대 초반 이후의 세계사적 진행은 두 차례의 격변으로 인해 그 취약함을 드러낸다. 미국 시민들이 탄 비행기가 공중 납치되어 신자유주의 글로벌 자유무역의 상징인 뉴욕의 세계무역센터 빌딩을 무너뜨렸던 2001년의 9 · 11 테러사건이 첫 번째였다면, 미국 금융자본주의의 무한 확장 욕망이 부메랑이 되어 돌아온 2008년 이래의 세계적 경제위기가 두 번째다. 이 두 사건은 1990년대 이후 세계의 유일 패권을 장악한 미국의 '쿠데타'가 정치적으로 또 경제적으로 내부 모순에 의해 궁극적으로 실패하게 되었음을 보여준다.[8] 최근 슬라보예 지젝Slavoj Žižek은 후쿠야마의 '역사의 종말'을 "1990년대의 할리우드 유토피아"라고 풍자하면서 2001년의 9 · 11과 2008년의 미국발 경제위기를 "처음에는 비극으로, 다음번에는 소극笑劇으로" 두 번 반복된 미국식 글로벌 자본주의 체제의 몰락이라고 했다.[9]

현재 미국 헤게모니가 위기에 처해 있다는 사실은 부정하기 힘들어 보인다. 아프가니스탄과 이라크에서의 섣부른 승리 선언에도 불구하고 다양한 종류의 저항과 그로 인한 미군의 사상이 끊이지 않고 있고, 늘 말하듯 '회복기'에 들어섰다는 미국 경제 역시 주택시장의 여전한 불안과 10퍼센트에 달하는 높은 실업률은 가라앉을 기세를 보이지 않는다.[10] 미국 자본주의는 오바마라는 '대안'을 선택했고 노벨상 위원회는 그에게 노벨평화

6 Francis Fukuyama, *The End of History and the Last Man*, p. 45.

7 포스트모더니즘과 후기 자본주의 간의 연관성에 대한 분석은 Fredric Jameson, *Postmodernism or The Cultural Logic of Late Capitalism*, Durham: Duke University Press, 1991; 신자유주의와 소비자본주의, 포스트모더니즘 간의 공모에 대해서는 David Harvey, *A Brief History of Neoliberalism*, Oxford: Oxford University Press, 2005, 2장 참조.

8 '쿠데타'라는 표현은 네그리와 하트가 세계 질서에 대한 미국의 일극지배 도전을 조롱하기 위해 쓰는 표현이다. Antonio Negri and Michael Hardt, *Commonwealth*, Cambridge, MA.: Harvard University Press, 2009, 4부 참조.

9 Slavoj Žižek, *First as Tragedy, Then as Farce*, London and New York: Verso, 2009, pp. 1~5. 이 책은 『처음에는 비극으로, 다음에는 희극으로』, 김성호 옮김, 창비, 2010으로 국내에 번역 소개되었다.

상을 선사하면서 기대를 표했지만, 그는 국제정치와 국내 경제 어디에서도 아직까지 이렇다 할 성과를 내놓지 못하고 있다. 많은 전략가들은 이제 유럽연합EU, 중국, 인도, 러시아 등이 새로운 일극 헤게모니를 쥘 것인지, 아니면 미국의 일극체제가 미국을 포함한 다극체제로 재편될 것인지에 대한 시나리오들을 내놓고 있다.

그럼에도 불구하고 우리는 후쿠야마의 성급한 어리석음을 반복해서는 안 된다. 미국의 헤게모니가 손상된 것을 두고 섣불리 '어떤 역사의 종언'을 다시 선언하는 것 역시 바보스러운 일이다. 미국의 경제위기가 신자유주의의 위험성을 다시 부각시키긴 했어도 여전히 신자유주의적 세계 질서는 깨어지지 않았고, 미국이 쉽게 다극체제를 허용할 만큼 급격히 몰락하리라고 예상할 근거 역시 충분치 않다. 자본주의의 역사가 우리에게 주는 교훈이 하나 있다면, 자본주의가 불러오는 정기적 경제위기 사이클과 반자본주의적 저항의 움직임 속에서도 그것은 때로는 강압으로, 때로는 타협으로 언제나 자신에게 유리한 질서를 재편하는 힘을 가지고 있었다는 점이다. 케인즈주의와 신자유주의 이후, 다시 자본에 대한 국가의 영향력을 강화하기 시작하는 오바마 정부의 행보는 그 결과가 여전히 불투명함에도 불구하고 자본주의가 그리 쉽게 혁명을 허용하는 상황은 오지 않을 것임을 보여준다. 한국의 이명박 정부가 현재 실체를 드러내 보이고 있는 신자유주의와 경찰통치의 결합 양상 역시 자본-국가 결합체가 위기 상황이 되면 얼마나 교활하고 극악할 수 있는지 말해주고 있다.[11] 위기가 자동적으로 체제 변혁을 불러온다는 믿음이야말로 사실은 가장 위험한 것이다.

오히려 지금 우리에게 필요한 것은 새로운 세상에 대한 꿈 자체에 대한 철저한 고민이다. 미국 헤게모니의 몰락 신호가 열어젖히는 '공백기interregnum'의 상황 속에서 어떻게 기회를 만들어낼 것인지에 대한 고민을 위해서라도 우리는 더욱 근원적인 질문들을 먼저 대면해야 한다. 그 질문의 시작은 바로 '회의주의'와 '냉소주의'에 관한 것들이다. 과연 자본주의의 붕괴는 가능한 시나리오인가? 자본주의 이후에 대한 꿈꾸기는 또 하나의 유토피아적 기획인가? 아직도 유토피아가 가능한가? 그것은 오히려 디스토피아의 길로 우리를 이끌지는 않을까? '나도 잘 알아, 그러나'라는 형식으로 대변되는, 지젝이 말하는 '냉소적 페티시즘'의 일반화 현상에 대해 좌파는 무엇을 어떻게 말해야 하는가에 대해 먼저 고민해야 한다는 말이다.

이러한 정신 상태가 오늘날 널리 퍼져 있기 때문에 좌파는 글로벌 자본주의를 '악마'로, 자신을 선물 보따리를 가져다주는 '천사'로 인식하기 전에 그 어떠한 유토피아적 기획도 불가능한 것으로 만들어버리는 이 회의와 냉소의 '시대정신'에 대해 대응해야 하는 것이다. 실제로 이 회의와 냉소의 멘탈리티야말로 신자유주의의 문제점을 '알고' 있으면서도 거기에서 적응하여 살아남는 게 최선이라고 생각하는 모순적 상황들을 만들어낸다. 즉 누군가는 '즐거운 혁명'을 말하기에 앞서 이런 상황들을 점검함으로써 그 속에서 우리의 현실을 새로운 시선으로 인식하려는 시도를 해야 하는 것이다. 그럼에도 불구하고 나는 섣부른 '프로그램 짜기'로 나아가는 것을 경계하는 자세를 견지하고자 한다. 현실사회주의의 실험과 신자유주의 실험을 통해 얻을 수 있는 가장 작은 지혜가 있다면 '조금만 노력하면 새로운 세상을 만들 수 있다'는 값싼 희망 노래라고 생각하기 때문이다.

최후의 인간

회의와 냉소에 대면하는 작업은 어떤 전제들을 가지고 시작한다. 그 전제의 핵심은 이것이다. 즉 좌파는 신자유주의의 이데올로그들에 대한 비판을 넘어서야 한다는 것이다. 모든 이데올로기가 그렇듯 신자유주의 역시 그것을 실현시키기 위한 세밀하고 체계적인 정치적 · 경제적 · 사회적 · 문

10 오히려 '월스트리트' 대 '메인스트리트' 사이의 불화는 2차전을 향해 치닫고 있는 중이다. "What's Still Wrong with Wall Street", *Time*, 2009년 11월 9일자 커버스토리를 참조할 것.

11 21세기에 다시 '파시즘 X'라는 이름의 전격적 억압체제의 등장을 고민할 상황에 처한 것 역시 이 '호락호락하지 않음'의 문제 아니겠는가. 특집 「파시즘」, 『문화과학』 58호, 2009년 여름호.

화적 배치를 통해서만 가능하다. 이 신자유주의적 배치는 그러나 하이에크와 프리드먼Thomas Friedman처럼 확연히 보이는 신자유주의의 신봉자들을 넘어서서 신자유주의를 포함한 모든 유토피아적 기획 자체에 대한 회의까지 포섭한다. 이제 새로운 세상은 가능하지 않다는 회의와 냉소의 태도까지 포섭한다는 말이다. 문제는 이러한 회의와 냉소가 결국은 오늘의 현실 속에서 어떠한 행동도 하지 않는 것을 당연시하게 되는 무기력증을 낳는 것이다. 마치 평생 문을 잠그고 침대맡에 칼을 놓고 잤던 쇼펜하우어의 극단적 회의주의가 자신이 비판하는 현실에 대해 그 어떤 것도 하지 못하는 무기력증이기도 했듯 말이다. 이런 방식의 회의와 냉소는 이미 포스트모더니즘이라는 경향에서 가장 극적으로 나타난 바 있다. 근대의 억압성에 대한 비판은 실재하는 억압에 대한 저항과 싸움이 아니라, 근대의 억압이 만들어낸 소비자본주의의 가벼움과 쾌락을 조롱하면서도 어쩔 수 없이 그 속에서 그것들을 향유하며 사는 무기력증에 다다른 것이다. 소비자본주의의 문화적 코드들에 대한 보드리야르의 그 격렬한 사유가 이른 곳은 결국 어디였는가?

> 그렇지만 사물이 아무것도 아니라는 것을 알고 있다. 사물의 배후에는 텅 빈 인간관계가 있고, 엄청난 규모로 동원된 생산력과 사회적 힘이 물상화reification되고 돋보이게 된다. 어느 날 갑자기 난폭한 폭발과 붕괴의 과정이 시작되어 1968년 5월과 같이 예측은 할 수 없지만 확실한 방식으로 (검은 미사가 아니라) 이 (소비의) 하얀 미사messe blanche를 때려 부수기를 기다려보자.[12]

모든 것이 '기호'로 변하고, 영원성과 초월성과 역사는 사라지고 소비를 가능케 하는 일회성과 파편성만이 남아 있으며, 이미지와 상징이 실재보다 더 실재적이고, 문학과 예술이 키치와 가제트Gadget가 되어 팔리는 사회, 그러나 그 어디에도 해방의 전망은 보이지 않는 사회. 출구 없는 터널 앞에 서 있는 너무나 영민한 자의 극단적 냉소가 당도하는 최대치는 그저 '기다리는 것'이었다. 회의와 냉소가 무기력증으로 귀결된다면, 포스트모더니즘의 가장 비판적 형태마저도 기약 없는 기다림으로 귀결된다. 오늘날 지배적 질서의 힘은 신자유주의적 글로벌 자본주의의 자신에 대한 '거침없는 긍정'에 있는 것이 아니라, 역설적으로 행동할 수 없는 무기력증과 기약 없는 기다림이라는 태도에 있다. 이것을 우리는 '우파적 바틀비'라고 말할 수 있을까? "그러지 않는 편이 좋은데I would prefer not to"라고 말하는 이 유명한 주인공은 네그리Antonio Negri와 주판치치Alenka Zupančič에 의해 저항과 탈주의 새로운 형태로 찬양되었지만,[13] '바틀비의 장소'는 역으로 오늘날 좌파적 기획에 대한 회의주의자들의 가장 강력한 방해물로 작동하고 있는 것이다.

이러한 회의와 냉소의 태도를 가장 먼저 발견하고 예견한 이는 니체였다. '최후의 인간der letzte Mensch'이라는 개념이 바로 그것이다. 19세기 유럽 니힐리즘nihilism의 표상으로서 니체가 내세우는 최후의 인간은 창조적으로 사랑하지 못하고, 창조적으로 상상하지 못하며, 그 자신을 넘어서는 어떤 것에 대한 열망이 없는 사람이다.[14] 그는 "사랑이 무엇인가? 창조가 무엇인가? 동경이 무엇인가? 별이 무엇인가?" 하고 묻고는 눈을 깜빡인다.

> 세상은 작아지고, 모든 것을 조그맣게 만드는 최후의 인간은 그 위에서 춤춘다. 그의 종족은 잎벌레만큼이나 근절할 수가 없다. 최후의 인간은 가장 오래 산다. "우리는 행복을 발명해냈다"고 최후의 인간은 말하고는 눈을 깜빡인다. 그는 따뜻함이 필요하기 때문에 살기 어려운 지역을 떠났다. 그는 여전히 이웃을 사랑하며 이웃에게 몸을 비

12 장 보드리야르, 『소비의 사회』, 이상률 옮김, 문예출판사, 1991, 334쪽.

13 Antonio Negri and Michael Hardt, *Empire*, Cambridge, MA. and London: Harvard University Press, 2000, pp. 203~204; 알렌카 주판치치, 「바틀비의 장소」, 황혜령 · 차동호 옮김, 계간 『자음과 모음』, 2009년 가을호, 1094~1108쪽.

14 Eric Voegelin, "Nietzsche, the Crisis, and the War", *Published Essays: 1940~1952*(Collected Works of Eric Voegelin, Volume 10), ed. Ellis Sandoz, Columbia, MO: University of Missouri Press, 2000 참조.

빈다. 그는 따뜻함이 필요하기 때문이다.[15]

최후의 인간은 현재 자신이 가진 소소한 즐거움과 존재의 안락에 만족하는 사람이다. 그는 약간의 따뜻함과 약간의 이웃들을 원하고, 적당한 양의 일을 하여 많지도 적지도 않은 적당한 돈을 벌고, 병에 걸리지 않고, 기분 좋아질 만큼의 적당한 쾌락을 누리고자 한다. 그런 정도만 되면, 즉 자기 자신이 편안하고 안정된 상태가 되면 다른 어떤 것도 필요 없다고 생각한다. 차라투스트라가 사람들에게 현재의 상태를 극복하려 하지 않는 '최후의 인간'에 대해 경멸을 담아 설교하자, 사람들은 "제발 나를 최후의 인간으로 만들어 달라"고 외친다. "우리에게 최후의 인간을 달라, 오 차라투스트라여! (……) 우리를 최후의 인간으로 만들어 달라!"

19세기 유럽의 민주주의와 부르주아적 속물성에서 '역사의 종말'을 본 니체에 이어 '최후의 인간'이라는 레토릭rhetoric을 재전유한 사람은 후쿠야마였다. 앞에서 요약했듯 이렇게 '역사의 종말'에 닿았으니 그 시절을 사는 인간인 '최후의 인간'이 등장하는 것은 당연한 귀결. 다른 점이 있다면 19세기 유럽의 민주주의에서 니체가 최후의 인간을 보았던 것에 반해, 후쿠야마는 '자유민주주의'와 '글로벌 자본주의'의 승리에서 최후의 인간을 본다는 점이다. 반제국주의 투쟁과 공산주의 혁명이 역사의 뒤안길로 사라지고 전쟁과 폭동의 가능성이 사라진 자유민주주의로의 최종 수렴 단계에 사는 '최후의 인간'은 결국 소시민일 수밖에 없다. 후쿠야마가 말하는 '최후의 인간'의 모델은 미국의 중산층이다. 거대한 역사적 격변의 시절을 살지 않아도 되는 이들에게 이제 투쟁이나 스릴, 도전과 고통 등과 같은 역사의 요소들은 사라진다. 따라서 삶은 작은 쾌락들과 안전장치로 이루어지고, 당연히 권태로워진다. 후쿠야마에 따르면 역사의 종말 시대에 등장하는 시위나 데모는 삶의 권태에 대한 몸부림인 측면이 강하다. 대표적으로 프랑스와 미국, 독일에서의 '68혁명'이 그 사례다.

'역사의 종말'만을 말해도 되었을 텐데, 후쿠야마는 왜 '최후의 인간'을 꺼냈을까? 헤겔의 '노예'와 니체의 '최후의 인간'처럼 자유민주주의 시대의 인간 역시 편안함을 최고의 가치로 알고 지내는, 거의 '동물' 수준에 이른 인간이다.

> 그들은 경제활동을 통해 필요를 충족시킬 것이지만, 더 이상 전투 속에서 그들의 삶을 걸 필요는 없을 것이다. 즉 그들은 과거에 역사를 탄생시킨 피비린내 나는 전투에서 그랬듯, 다시금 동물이 된다. (……) 만약 인간이 불의를 폐지하는 데 성공한 사회에 이르게 된다면, 그의 삶은 개의 삶과 유사하게 될 것이다.[16]

하지만 1968년의 사례처럼 권태로운 삶은 또 다른 열정과 투쟁 의지를 부른다. 후쿠야마는 자유민주주의라는 시스템은 '그 속에서' 혹은 '그 자체로' 인간의 열정과 투쟁 의지(그는 플라톤과 니체를 따라 이를 티모스thymos라고 부른다)를 충족시키는 체제라고 주장한다. 그가 드는 몇 가지 예는 이런 것이다. '창업가 정신'entrepreneurship, '이노베이션', '민주정치제도', '스포츠와 엔터테인먼트' 등. 다시 말하면 자본주의는 경쟁과 혁신을 통해서 움직이므로 자본주의 안에서 사는 것 자체가 투쟁이고 전쟁이 되는 것('창업가 정신', '이노베이션')이고, 민주정치는 파시즘이나 권위주의와는 달리 선거라는 '경쟁'제도를 통해 가능하므로 정치인들 역시 계속 열정을 발휘해야 하며('민주정치제도'), 이 민주정치를 유지하기 위해 건전한 '시민운동'이 가능해야 하므로 시민들 역시 꾸준히 정치에 참여하게 되고, 정치나 경제의 영역을 벗어나면 '순전한 쾌락'을 위하여 도전하는 스포츠와 엔터테인먼트 등을 통해 사람들은 자신의 '티모스'를 불사른다는 것이다. 요컨대 역사의 종말을 가져온 인류의 "최종 도착지"인 '자유민주주의'와 '글로벌 자본주의'는 이미 그 자체의 메커니즘을 통해 '최후의 인간'이 권태 속에 사라

15 Friedrich Neitzsche, *Thus Spoke Zarathustra: A Book for All and None*, trans. Walter Kaufmann, New York: Modern Library, 1995, p. 17.

16 Francis Fukuyama, *The End of History and the Last Man*, p. 311.

지지 않고 '초인'의 열정과 투쟁, 도전과 고통을 수행하도록 만들고 있다는 것이다.[17] 따라서 니체의 '최후의 인간'은 후쿠야마를 통해 '역사의 종말'에선 '최초의 인간'으로 재탄생한다.

현재의 글로벌 자본주의 시대를 살아가는 우리들은 니체와 후쿠야마의 예견처럼 '최후의 인간'들일지도 모른다. 이제는 그 어떤 역사의 전망도 발견하지 못하며 민주주의와 자본주의가 선사하는 '체제 안의' 스릴들(선거, 소비, 대중문화, 폭력)이 주는 쾌락을 그저 즐기면서 자신과 가족의 안녕만을 최고의 가치로 생각하는. 이 '최후의 인간'이 가진 가치야말로 새로운 세상에 대한 회의와 냉소 그리고 무기력이다.

두려움과 떨림

문제는 이 회의와 냉소, 무기력이 '잘못되었다'고 무조건 비판하면서 '새로운 세상에 대한 희망을 가지라'고 주장한다고 해서 '살림살이가 나아질' 수 있는 게 아니라는 데 있다. 니체의 '최후의 인간'이 우리 시대의 인간형이 되었다면 이를 철저히 성찰하는 가운데 새로운 지혜 역시 나올 수 있다. 후쿠야마는 니체적 초인의 열정을 자본주의 시스템 안으로 포섭하는 논리를 마련했고, 실제로 이것이 오늘날 신자유주의가 사람들의 창조적 열정을 착취 시스템 속으로 흡수하는 논리로 기능하고 있다. 그렇다면 우리는 지배 시스템이 포섭할 수 없는 '열정passion'에 대한 고찰로부터 무언가를 시작할 수 있지 않을까? 이 고찰의 실마리를 키르케고르가 『두려움과 떨림』에서 말하는 '역설의 과정'을 재전유하면서 더듬어볼 수 있을 것 같다.

『두려움과 떨림』은 '신앙信仰'에 대한 책이다. '신앙'이라는 단어는 '(어떤 대상을) 믿고 우러른다'는 뜻을 가졌다. 믿고 우러르는 일은 철저히 수동적인 행동으로 보인다. 목사가 '믿습니까?'라고 외칠 때 믿음의 성도들은 그저 '믿으면' 되는 것이다. 성도들은 인간을 창조한 신의 뜻을 믿고 우러르면서 표면적인 세상의 끝에 올 '진정한 세상(천국)'에서 영생을 누리기를 소망한다. 이런 기독교 서사는 '여호와'라는 이름의 신에게 모든 권세를 쥐어주면서 인간들을 아무런 주체적 태도를 가지지 못한 힘없는 노예(주主를 찾는 이들)로 만들어낸다. 기독교 신앙에 깃든 수동적 태도는 니체에 의해 '노예의 도덕'으로 철저히 저주받는다. 니체에 따르면 자기 힘으로 설 수 없는 약한 자들이 자신들이 당하는 세상의 고통과 불합리에 대해 '원한Ressentiment'을 품고 자신을 초극하며 세상을 만들어나가는 강한 자를 물리치고 약한 자의 세상, 노예의 도덕이 지배하는 세상을 만드는 것이 바로 '그리스도'라는 존재가 표상하는 의미다. 성도들은 신 앞에서 머리를 조아리며 노예가 됨으로써 스스로 싸우고 견디고 만들어나가는 일을 포기한다. 니체는 싸우는 '전사'를 숭상하지 않는 대신 '성직자'에게 위로받는 기독교 도덕이야말로 유럽의 정신적 죽음을 이끌어낸 원인이라고 말한다. 물질적으로는 풍요롭지만 정신적인 열정은 죽어버린 이 시대의 인간을 그는 '최후의 인간'이라 불렀던 것이다.

니체가 신앙 속에서 수동성과 약함을 본 데 반해 키르케고르는 신앙 속에서 인간의 위대한 열정을 본다. 이성보다 열정을 믿었다는 점에서 니체와 키르케고르는 동일한 계열이지만, 니체가 기독교 신앙이 인간적 열정을 죽이는 장면을 보는 것과 달리 키르케고르는 신을 향한 신앙이야말로 인간의 열정이 발현되는 최고의 시험대가 된다고 본다. "세대를 막론하고 가장 인간적인 특성은 열정이다. (……) 그러나 가장 고차원의 열정은 신앙이다."[18] 키르케고르의 눈에 당시의 유럽인들은 이 '열정'을 결핍하고 있는 것으로 보였고(35), 이것이야말로 가장 큰 문제였다. 키르케고르는 진정한 열정은 신앙에서 온다고 생각했는데, 헤겔 철학이 풍미하던 19세기 중엽에 이미 기독교는 '한물 지난' 것이 되어버렸기 때문이다. 사람들이 열정을 쏟았던 것은 철학이었지만, 그것은 그냥 책상에 앉아서 머리로 개념

17 Francis Fukuyama, *The End of History and the Last Man*, p. 339.

18 Søren Kierkegaard, *Fear and Trembling*, eds. C. Stephen Evans · Sylvia Walsh, trans. Sylvia Walsh, Cambridge: Cambridge University Press, 2006, pp. 107~108. 이후 이 책에서의 인용은 괄호 안에 페이지 수를 표기한다.

을 쓰는 일일 뿐이지 자신의 삶을 거는 열정을 낳지는 못한다고 키르케고르는 보았다.

그가 이 책의 서문에서 첫 문장을 "상업 영역에서뿐만 아니라 사상의 세계에서도 우리 시대는 실질적인 '창고 정리 세일'을 열고 있다"(3)라고 쓴 것 역시 이와 관련된다. 상점에서 정기적으로 창고 대방출을 해서 재고를 정리하고 신상품을 파는 것처럼 사상의 영역에서도 그런 식의 '사상 정리와 신상 판매'가 되고 있다는 것이다. 여기서 키르케고르가 말하는 사상의 '창고 정리'는 헤겔 철학의 유행을 뜻한다. 그에게 헤겔 철학의 핵심인 '인류의 변증법적 진보'는 픽션일 뿐이다. 철학적 개념을 읽고 공부하고 새로운 개념이 나오면 옛것을 버리고 또 앞으로 나아가는 식의 태도는 사실 인간에게 아무것도 주지 못한다고 보기 때문이다. 세대가 바뀌어도 사랑할 수 있는 능력과 열정을 갖는 능력은 다음 세대에게 자동적으로 전달되지 않는다. 그것은 오직 '개별자individual'가 자신의 삶을 통해 치열하게 싸워서만 얻어낼 수 있는 능력이다. 철학은 개인에게 이 능력을 주지 못한다. 오직 '신앙'이라는 최고의 열정만이 이를 가능하게 한다는 것이다. 이런 점에서 종교에 대한 조롱은 키르케고르의 마음을 어둡게 한다. 사람들은 성경의 '신앙'을 설교 한 번에 이해했다고 생각하지만 그에게는 그렇지 않다. "헤겔은 열심히 읽으면 어렵긴 해도 이해할 수 있지만, 나는 지금껏 아브라함의 행동이 여전히 고민거리"라고 말하는 이유는 여기에 있다. '신앙의 아버지'라 불리는 아브라함의 시험을 다루는 이 책을 통해 키르케고르는 세대가 아닌 '개인'의, 철학이 아닌 '종교'의, 이성이 아닌 '신앙'의 열정을 증명함으로써 19세기 유럽의 가벼움을 질타한다.

책의 제목으로 쓰인 '두려움과 떨림'이라는 표현은 「빌립보서」 2장에 등장한다. "그러므로 나의 사랑하는 자들아, 너희가 나 있을 때뿐 아니라 더욱 지금 나 없을 때에도 항상 복종하여 두렵고 떨림으로 너희 구원을 이루라"(「빌립보서」 2:12). '두려움과 떨림'은 '구원'을 '이루'는 길이라고 바울은 말한다. 구원은 기쁨과 행복이 아니라 오직 '두려움과 떨림'을 통해서만 온다는 것이다. 키르케고르에게 이 '두려움과 떨림'을 순수하게 표상하는 인물은 아브라함이다.

「창세기」 22장은 아브라함에게 닥친 하나의 '시험'을 묘사한다. 늙은 나이까지 아들이 없던 아브라함에게 하나님은 100세가 되어서야 비로소 사라를 통해 아들 이삭을 낳게 한다. 아브라함이 이삭을 눈에 넣어도 아프지 않을 만큼 아끼고 사랑했을 것은 뻔하다. 그러던 어느 날 하나님은 아브라함에게 모리아 산으로 올라가 이삭을 제물로 바치라고 말한다. 아브라함은 다음날 아침 일찍 일어나 이삭과 종 둘을 데리고 3일 동안 걸어 모리아 산으로 간다. 종을 보내고 이삭과 둘이 산 위로 올라갈 때, 이삭은 "불과 나무는 있는데 제물로 바칠 어린 양은 어디 있습니까?" 하고 묻고, 아브라함은 "하나님께서 친히 준비하신다"라고 대답한다. 이윽고 제사를 드릴 곳에 다다르자, 아브라함은 말없이 이삭을 단 위에 결박하고 칼로 그를 "잡으려" 한다. 바로 그때 천사의 목소리가 들린다. "그 아이에게 네 손을 대지 말라. 아무 일도 그에게 하지 말라. 네가 네 아들 네 독자獨子라도 내게 아끼지 아니하였으니 내가 이제야 네가 하나님을 경외하는 줄을 아노라." 아브라함이 뒤를 돌아보자 그곳에는 숫양 한 마리가 준비되어 있었다.

아브라함의 신앙을 보여주는 일화에서 키르케고르가 개념화하는 핵심 요소는 '고독'이다. 홀로 된다는 것이 주는 그 육중함 속에서 자신이 찾는 진리의 빛을 묵묵히 따르는 태도. 자신의 가장 소중한 것(이삭)을 바치기를 원하는 신 앞에서 철저히 홀로 고통스러워하면서도 모리아 산으로 걸어가는 것, 이 길이야말로 '열정'이 도달할 수 있는 최고의 경지라고 키르케고르는 말한다. 이 고독은 결코 쾌락과 행복으로 닦인 길이 아니다. 그 길은 오히려 '두려움과 떨림'밖에는 없다. 내가 내 아들을 죽였을 때 과연 신은 그것을 받을 것인가, 내 아내와 사람들이 나와 돌아서지 않을까, 이 어린 생명이 무슨 죄가 있을까, 내 선택은 과연 그만한 가치가 있는가, 하는 생각에서 오는 극심한 공포와 전율. 그런데 이 두려움과 떨림이 없는 것은 진짜 열정과 진짜 신앙이 아니다. 오직 두려움과 떨림 속에서 개인은 자신이 진심으로 믿고 우러르는 진리 대상에 가까워질 수 있으며, 그것이 그에게 마르지 않는 기쁨과 젊음을 준다.

그래서 진짜 신앙은 '역설paradox'로 가득 차 있다. 가장 소중한 것을 주지 않으면 가장 소중한 것을 얻을 수 없다는 역설. 이 신앙적 역설의 세계에서는 "오직 노동하는 자만이 빵을 얻고, 오직 불안한 자만이 평안을 얻고, 오직 지하세계에 내려가는 자만이 사랑하는 사람을 구할 수 있고, 오직 칼을 뽑는 자만이 이삭을 얻을 수 있다."(21) 이것이 바로 키르케고르가 말하는 '부조리의 덕virtue of the absurd'이라는 것이다. '보통'의 영웅은 부조리하지 않다. 아가멤논과 입다와 부르투스도 자신의 사랑하는 가족을 스스로 죽였지만 그들은 그로 인해 구할 '국가'라는 대의가 있었다.[19] 이들의 행위는 위대하지만 아브라함만큼 위대하지는 않다. 아브라함에게는 남들에게 말할 수 있는 대의가 아예 없기 때문이다. 그는 그럼에도 불구하고 오직 자신이 믿는 진리의 '음성'대로 행했을 뿐이다. 이 '부조리' 속에서 홀로 진리와 대면할 수 있는 용기가 열정이고 신앙이다.

오직 '절대적인 것에 대한 절대적 관계absolute relation to the absolute'를 가질 수 있는 고독한 개인만이 진정한 기쁨을 얻을 수 있는데, 그것은 '신앙'을 통해서만 가능하다. 이 신앙의 진리를 고독하게 따를 수 있는 사람은 용기를 가진 것이고, 그 용기는 오직 '두려움과 떨림' 속에서만 가능하며 (역설), 이러한 '신앙의 기사knight of faith'만이 진정한 의미의 자부심pride을 가질 수 있다. 그래서 "자부심을 가지지 않은 소녀는 진정 사랑하는 법을 모른다."(38) 아무도 그를 이해하지 않는 상황 속에 처했을 때에야만, 모두가 그를 미쳤다고 할지라도 자신의 진리 대상에 대한 자부심을 가진 이라야만 비로소 그는 자기 사랑에 진정하게 다가갈 수 있다. 그래서 키르케고르에게는 '이것 아니면 저것either/or' 밖에 남지 않는다. 역설을 통해 얻는 진리냐, 아니면 쉽게 얻는 가짜냐. "그래서 개별자가 절대적인 것에 대해 절대적으로 서 있는 역설이 있거나, 아니면 아브라함이 사라지거나."(106)

어떤 점에서 키르케고르는 기독교적 진리의 '무서운' 수행과정을 강조하면서 신앙과 열정이라는 것이 함부로 이해하고 수행할 수 있는 게 아님을 보여준다고 할 수 있다. '역설'이 단지 수사법이 아닐 때 그것을 수행할 수 있는 사람이 몇이나 될까? 이를 통해 키르케고르는 당시 유럽의 교회제도와 철학(사상)이 모든 것을 쉽게 통달하고 앞으로 나아가려고 했던 분위기를 비판한다. 헤겔이 변증법적 정신운동을 이야기했다면 키르케고르는 '역설'을 통해 그 변증법적 운동이 그렇게 '자동적으로' 이루어질 수 없을 뿐 아니라 진보라는 것 역시 그리 쉽게 가능한 게 아님을 말하려는 듯 보인다. 헤겔이 '세계정신'의 거대한 규모와 '역사의 종말'을 이야기할 때 키르케고르는 다시 「창세기」로 돌아가 '고독한 개별자'의 실존적 고통을 들여다본다. 문제는 이 실존적 고독과 역설 속에서의 선택이라는 것이 세계가 진보한다고 함께 진보하는 게 아니라는 점이다. "한 세대가 다른 세대로부터 배울 수 있는 것이 있을진대, 그 어떤 세대도 이전 세대로부터 진정 인간적인 것을 배울 수는 없다. 이런 점에서 모든 세대는 처음부터 다시 시작한다."(107) 그레이도 덧붙인다. "지식은 발전하지만 윤리는 그렇지 않다."[20]

바로 이 지점에서 키르케고르는 니체와 다시 통한다. 한쪽은 기독교로 돌아갔고 다른 한쪽은 기독교를 비판했지만, 둘 모두 이성이 아니라 고통스런 '열정' 속에서만 이루어지는 진짜 즐거움을 이야기한 것이다.[21] 아

19 트로이 전쟁 당시 그리스군의 총사령관이었던 아가멤논Agamemnon은 여신 아르테미스의 노여움을 사 출항할 수 없게 되자 여신의 노여움을 풀기 위해 자신의 딸 이피게니아를 산 제물로 바친다. 구약 시기 이스라엘의 판관 중 하나였던 입다Jephthah는 암몬 군과의 전투에 앞서 신에게 "주께서 과연 암몬 자손을 내 손에 넘겨주시면 내가 암몬 자손에게서 평안히 돌아올 때에 누구든지 내 집 문에서 나와서 나를 영접하는 그는 여호와께 돌릴 것이니 내가 그를 번제물로 드리겠나이다" 하며 서원하였는데, 그가 전투에서 승리하고 돌아오자 무남독녀 딸이 맨 먼저 뛰어나오고 입다는 슬퍼하며 딸을 죽인다.(「사사기」 11장) 데키무스 부르투스Decimus Junius Brutus Albinus는 카이사르의 갈리아 원정과 로마 내전 내내 그의 충실한 부하였으며, 카이사르와는 먼 사촌지간이었으나 아들과도 같은 사랑을 받았다. 카이사르는 내전 승리 후 남긴 유언장에서 부르투스를 옥타비아누스에 이은 제2의 상속자로 지정하기까지 한다. 하지만 부르투스는 집정관 카이사르 암살 모의에 관여해 결국 그를 찌른다. 카이사르가 남긴 마지막 말은 "아들아, 너마저καιστύ, τέκνον"로 알려져 있으며, 여기서 '아들child'은 데키무스 부르투스를 가리킨다.

20 John Gray, *Straw Dogs: Thoughts on Humans and Other Animals*, p. 155.

브라함과 위버멘쉬Übermensch, 초인는 완전히 다르면서도(니체에게는 '절대적 진리'라는 게 따로 있는 게 아니며 신의 음성에 대한 절대적 복종은 더더욱 아니다) 완전히 같다(모두가 싸구려 쾌락에 빠져 있을 때 이 둘은 모두 자신과의 싸움을 통해 한 발짝 전진한다). 니체와 키르케고르가 공유하는 이 고통스런 열정의 진리를 자본주의 시스템으로 값싸게 포섭하는 게 바로 후쿠야마임을 알 수 있다. 후쿠야마식 '최후의 인간'은 열정에 따르는 '고통'을 삭제하고, 동시에 그 열정이 필연적으로 향할 수밖에 없는 '역설적 상황'을 거세한 후 등장하는 것이다. 결국 남는 것은 작고 순간적인 쾌락 속에서 안정을 찾지만 (자본주의 비판과 새로운 세상을 향한) 진정한 열정은 회의와 냉소 속에 묻어버린 '최후의 인간'이다. 우리가 키르케고르를 통해 찾아낼 것은 바로 '역설' 속에서만 '열정'이 가능하다는 지혜다.

'즐거운 혁명'과 역설의 문화정치

키르케고르는 자신이 평생 사랑했던 여인 레기네 올센Regine Olsen이 다른 남자와 결혼한 직후 이 책을 썼다. 결혼이라는 제도 속에서 사랑을 유지할 자신이 없었던 그는 오직 그녀를 떠나보냄으로써만 그녀를 얻을 수 있다는 역설을 믿은 것 같다. 아브라함이 이삭을 얻었던 것은 그가 이삭을 '진짜 미워할 수 있었기' 때문이었다. 진짜 미워하지 않으면 진짜 사랑할 수 없다. 지젝은 말한다.

> 잔인함 없는 사랑은 무력하다. 사랑 없는 잔인함은 맹목적이며, 끈질긴 날카로움을 잃어버린 덧없는 열정일 뿐이다. 이 아래 놓인 역설인즉, 사랑을 성스럽게 만들고 사랑을 단지 불안정하고 측은한 감상感傷으로부터 고양시키는 것은 사랑의 잔인함 자체, 사랑과 얽혀 있는 폭력이라는 점이다. '인간의 자연적 한계를 넘어서고 능가하도록' 사랑을 들어 올리며, 따라서 사랑을 무조건적인 충동으로 변환시키는 것은 바로 이 고리다. (……) 때로 증오는 내가 너를 진정으로 사랑한

> 다는 유일한 증거가 된다. 여기서 사랑의 개념은 바울적인 무게를 지니게 된다. 곧 순수한 폭력의 영역, 즉 법(합법적 권력) 바깥의 영역, 법 정립적law-founding이지도 법 보존적law-sustaining이지도 않은 폭력의 영역이야말로 사랑의 영역인 것이다."[22]

이것은 곧 발터 벤야민이 '신화적 폭력die mythische Gewalt'과 대비해 규정하는 '신적 폭력die göttliche Gewalt'의 속뜻이기도 하다. "신화적 폭력이 법 정립적이라면 신적 폭력은 법 파괴적이고, 신화적 폭력이 경계를 설정한다면 신적 폭력은 경계가 없으며, 신화적 폭력이 죄를 부과하면서 동시에 속죄를 시킨다면 신적 폭력은 죄를 면해주고, 신화적 폭력이 위협적이라면 신적 폭력은 내리치는 폭력이고, 신화적 폭력이 피를 흘리게 한다면 신적 폭력은 피를 흘리지 않은 채 죽음을 가져온다."[23] 「역사철학테제」 8번에서 그가 말하는 "진정한 예외 상태의 도래" 역시 이 신적 폭력에 대한 벤야민의 기대일 것이다.[24] 소멸이 있어야 창조가 가능하고, 모든 것을 일거에 뒤엎는 폭력이 없이는 사랑도 해방도 가능하지 않다.

이렇게 볼 때 '최후의 인간'이 사는 현대의 문화가 가장 결핍하고 있는 것 역시 '두려움과 떨림의 역설'이라고 할 수 있지 않을까? 잉여 쾌락이 지배하는 후기 자본주의 시대의 문화논리 속에 '고통'이나 '두려움'이나 '떨림'은 오직 스크린 속에서만 찾아볼 수 있다. 전쟁마저도 텔레비전 속에 게임처럼 존재하고, 백화점보다 더 커진 교회는 포르노그래피보다 더 외설

21 '열정'을 뜻하는 독일어 단어 'Leidenschaft'는 고통 · 고뇌 · 괴로움을 뜻하는 'Leiden'을 '포함'하고 있으며, 영어 단어 'passion' 역시 고통과 수난을 동시에 의미한다는 점을 환기해본다.

22 Slavoj Žižek, *Violence: Six Sideways Reflections*, New York: Picador, 2008, pp. 204~205. 강조는 원문. 이 책은 『폭력이란 무엇인가』, 이현우외 옮김, 난장이, 2011으로 국내에 번역 소개되었다.

23 발터 벤야민, 「폭력비판을 위하여」, 『발터 벤야민 선집 5』, 최성만 옮김, 길, 2008, 111쪽.

적이다. 모든 곳에서 '개인'을 외치는 시대에 '개별자'가 사라지는 아이러니는 바로 이 문화에 키르케고르적 패러독스가 존재하지 않기 때문이다. 사실 '진리'는 있을 수도 있고 없을 수도 있다. 아브라함이 들은 '목소리'는 하느님에 미친 늙은 족장의 환각일 수도 있다. 그래서 아들을 죽이기 직전 그를 살리라는 또 다른 환각이 등장했던 것일 수도 있다. 왜? 그는 아들을 진짜 죽일 수 없었으니까. 진짜 중요한 건 '목소리'가 진리냐 허구냐가 아니라 역설 속에서 진짜 쾌락을 찾으려는 태도일 것이다. 고통 속에 쾌락을 찾았던 사드Marquis de Sade는 '변태'로 매도되지만, 사드는 어쨌든 자신만의 '진짜 쾌락'에 닿았다. 자본주의가 파는 쾌락은 그렇지 않다. 역설이 사라진 곳에 '교환가치'만이 남아 있는데, 교환가치를 매개로 하여 얻을 수 있는 것이 주는 쾌락은 절대로 오래가지 않는다. 그래서 '더 많은 요구'가 생기는 것이고, 자본주의는 바로 그것을 통해 생명을 유지한다. '진짜 쾌락'은 소녀시대 멤버들이나 소녀시대에 열광하는 삼촌 팬들이 느끼는 것이 아니라 소녀시대를 만들어낸 이수만만이('SM'을 통해서?) 느낄 수 있다. 영화 〈매트릭스The Matrix〉가 말하는 진실 역시 이것이다. 너는 매트릭스 안에서 쾌락을 느끼지만, 알 속에서 매트릭스를 꿈꾸는 너의 삶 에너지를 흡수하는 '기계-장치'야말로 '진짜 쾌락'을 향유한다.

그러면 자본주의를 없애거나 넘어서면 유토피아가 올까? 물론 그것은 모른다. 아무도 알 수 없다. 중요한 것은 자본주의의 허위를 넘어서 '두려움과 떨림'을 향해 나아가는 자세다. '날름한 쾌락'을 약속하는 모든 것은 가짜이고, 자본주의와 사회주의 기획 모두 이 점에서는 같다. 미야자키 하야오宮崎駿 감독의 〈센과 치히로의 행방불명千と千尋の神隠し〉이 보여주는 진리도 동일하다. 얼굴 없는 유령이 내게 건네는 사금을 믿어서는 안 된다. 그것이 필요 없을 때 "필요 없어요"라고 말하는 유일한 이가 치히로였음을 기억하라. 오늘의 자본주의가 필요 없음에도 불구하고 필요한 것처럼 보이게 만드는 가짜 욕망을 통해서만 유지됨을 생각할 때 "필요 없어요"라고 말할 수 있는 그 자세야말로 어쩌면 자본주의의 모터를 정지시킬 수 있는 가장 최소한의 요소임을 알 수 있다. 그런 행동을 통해 치히로는 '센'으

로 살았으면서도 '치히로'라는 이름을 기억할 수 있었다. "이름을 소중히 여겨야 해"라는 제니바의 말 속에서 '이름'이 의미하는 것은 쾌락과 즐거움에 쉽게 빠지지 말고 너라는 개별자를 지키라는 말이다. 그렇지 않았던 치히로의 부모는 돼지가 될 수밖에 없었다. 치히로가 자신의 이름을 지키고, 하쿠의 이름을 기억해주고, 부모를 사람으로 되돌렸던 힘은 바로 그녀가 두려움과 떨림을 마다하지 않은 채 자신의 개별자를 지켜냈기 때문이다. '아브라함'이라는 이름은 "많은 이들의 아버지"라는 뜻이다. 그는 아들 이삭을 죽이기로 결심함으로써 '아버지'라는 자신의 '이름'을 지킬 수 있었다. '신자유주의'는 무조건 '반反 신자유주의'를 외치거나 어떤 고정된 프로그램을 가진 '사회주의'를 주장하는 것이 아니라, 신자유주의가 가리고 있는 '진짜 자유'라는 '이름'을 찾으려는 열정을 통해서 없앨 수 있다. 마찬가지로 '민주주의'를 지킬 수 있는 것은 '진짜 민주'를 찾으려는 열정이다.

어떤 미래의 도상圖像이 정해져 있다고 말하는 것들은 가짜다. 미래는 어쩌면 바로 '가짜'를 인식하고 '진짜'를 찾기 위해 홀로 모리아 산으로 떠나 가장 소중한 아들을 바치는 아브라함의 그 3일간의 도정道程 자체라고 할 수 있다. "보편성은 개념 속이 아니라 과정에 있다"는 랑시에르Jacques Rancière의 테제가 가리키는 진리가 그것이다.[25] 랑시에르에 따르면 정치

24 "억압받는 자들의 전통은 우리가 살고 있는 '예외 상태'가 규칙임을 우리에게 가르친다. 우리는 이 통찰을 간직하고 있는 역사의 개념에 도달해야만 한다. 그 이후에 우리는 진정한 예외 상태를 도래시키는 것이야말로 우리의 사명임을 명확히 깨닫게 될 것이며, 이것이 파시즘에 대항하는 우리의 입장을 개선시킬 것이다. 파시즘이 기회를 갖게 된 한 가지 이유는 파시즘의 반대자들이 진보라는 이름을 역사적 규범으로 다룸으로써 파시즘과 맞닥뜨리고 있기 때문이다. 우리가 체험하고 있는 일들이 20세기에도 '여전히' 가능하다는 것에 대한 놀라움은 철학적이지 않다. 이 놀라움은 그것을 발생시킨 역사관이 유지될 수 없다는 인식이 아니라면 인식의 시작이 될 수 없다." Walter Benjamin, "Über den Begriff der Geschichte", 1940. 다음의 웹페이지에서 인용했다. http://www.mxks.de/files/phil/Benjamin.GeschichtsThesen.html

25 자크 랑시에르, 『정치적인 것의 가장자리에서』, 양창렬 옮김, 길, 2009, 138~139쪽.

politics란 이미 개념화된 틀로 고정되어 있는 치안police과 대결하는 과정 그 자체인 것이다. 이 과정 속에는 어떠한 고정된 틀도 보장된 미래도 없다. 그보다는 내게 알려지지 않은 것에 대한 두려움과 떨림만이 있을 뿐이다. 하지만 해방으로 나아가는 '정치'가 즐거울 수 있는 이유가 있다면, 그것은 바로 두려움과 떨림 속에서만 진짜 즐거움을 찾을 수 있다는 키르케고르적 역설에 있다.

현실의 허위성을 인식하고 해방으로 나아가는 정치를 막아내는 후쿠야마적 '최후의 인간'은 이 역설을 제거한 채 통치되는 것이야말로 즐거운 것이라는 판타지를 전해준다. '즐거운 혁명'이라는 단어가 가지고 있는 함정 역시 여기에서 찾을 수 있다. 마치 내게 즐거움을 주는 것 속에 혁명의 씨앗이 잠재해 있다는 식의 일차원적 해석 말이다. 바로 이 해석을 극대화하면서 이용하는 것이 포스트모던 문화 논리와 결합한 신자유주의 아니었던가? 이것이 '최후의 인간'을 만들어내는 신자유주의 사회가 가진 쾌락의 논리이자 새로운 사회에 대한 상상을 막는 냉소적 감성의 근원지 아니었던가? 쉽게 즐거움을 주는 것은 결코 혁명적 계기로 자동변환되지 않는다. 즐거움은 두려움과 떨림을 동반한 개별자의 지난한 고통을 통과함으로써 주어지는 것이고, 그렇게 얻은 즐거움은 그 자체로 곧 혁명이다. 이 지혜를 '뉴에이지 명상 훈련'식으로 빠지지 않게 만드는 것, 그리고 이 역설의 지혜를 통해 '즐거움'과 '혁명'을 새롭게 전유하는 방법을 사고하는 것이 오늘날 좌파 문화정치가 고민해야 할 과제다.

인정투쟁의 전선戰線

데이비드 핀처의 〈소셜 네트워크〉

데이비드 핀처David Fincher 감독의 영화 〈소셜 네트워크The Social Network〉(2010)는 하버드대학에 다니는 컴퓨터 천재 마크 주커버그와 보스턴대학에 다니는 그의 여자친구 에리카가 바에서 나누는 대화로 시작한다. 이 첫 장면의 대화에 담겨 있는 정보는 주커버그라는 인물의 특징을 모두 드러내주는 복선이다. 그는 두 개 이상의 주제를 동시에 이야기하고, 통계에 민감하며, 논쟁에서 지지 않으려 하고, 똑똑하면서도, (바로 그 때문에) 학벌로 사람을 판단하고, 여자친구를 의심하며, 자기중심적이다. 이 자리에서 절교를 선언한 여자친구의 말마따나 그는 "또라이asshole"가 될 자질이 농후하다. "잘 들어. 넌 성공할 거고 부자가 될 거야. 하지만 넌 네가 컴퓨터광이라 여자들이 널 좋아하지 않는다고 생각하며 살아갈 테지. 진심으로 말하자면 그건 절대 아니야. 여자들이 널 좋아하지 않는 이유는 네가 또라이이기 때문이야." 주커버그는 이처럼 여자친구와의 관계를 제대로 유지하지 못하고 하버드의 유명한 클럽들에서도 불러주지 않는 소외된 학생이다. 이 주커버그가 바로 후에 '페이스북Facebook'이라는 대표적인 소셜 네트워킹 사이트를 만들어 전 세계에 5억 명의 회원을 가지게 되는, 그 주커버그다. 세계 최대의 '소셜' 네트워크가 '소셜하지 못한unsocial' 너드nerd에게서 탄생하게 되는 아이러니가 이 영화의 주된 테마이다.

주커버그는 하버드의 유명한 클럽에서 자신을 불러줄 수 있는 방법을 찾으려 하고, 이 얘기 중에 여자친구와 헤어지게 되자 그녀에게 복수하기 위해 그날 밤 페이스북의 뿌리 격인 '페이스 매시Face Mash'를 만든다. 영화는 처음부터 주커버그의 욕망("하버드클럽에 들어가고 싶어"), 질투("너 어젯밤에 저놈이랑 잤지?"), 그리고 복수("내 여자친구는 가슴이 작대요")를 바로 보여주면서 그것이 인터넷에서 어떻게 삽시간에 퍼져나가게 되는지를 함께 그려낸다. 처음 15분이 말해주듯, 이 영화는 한국판 포스터의 어처구니없는 카피처럼 "5억 명의 온라인 친구, 전 세계 최연소 억만장자, 하버드 천재가 창조한 소셜 네트워크 혁명!"이 아니라, 정확히 이 '5억 명'과 '억만장자'와 '소셜 네트워크 혁명!'의 어두운 이면에 초점을 맞추고 있는 것이다. 영화의 메인 카피인 "5억 명의 친구를 확보하기 위해서는 약간의 적을 만들 수밖에 없다You don't get to 500 million friends without making a few enemies"가 말하는 것은 바로 이것이다.

빛은 그림자를 동반하게 마련이라는 이 영화의 자명한 (그러나 종종 잊히곤 하는) 진리는 영화 속 세 주요 인물인 주커버그, 왈도 세브린(주커버그의 유일한 친구이자 페이스북의 공동창립자), 숀 파커(냅스터 창립자), 윙클보스 형제('하버드 커넥션' 아이디어 제공자)를 통해 반복해서 묘사된다. 이 네 인물은 어쩌면 동일한 인물의 네 가지 다른 버전일지도 모른다. 이들은 모두 '소셜 클럽'에 열광하고 주목받고 싶어하며 서로를 질투하고 당한 만큼 복수하려 한다는 점에서 정확히 일치한다. 이들이 서로 대면하여 과거를 회상하게 되는 심리과정이 서사의 중심 구도가 되는 이유도 여기에 있다. 페이스북을 둘러싼 각자의 엇갈리는 입장 속에서 인물들은 자신이 가지고 있던 욕망과 질투와 복수의 감정들을 결국 드러내게 되는 것이다. 마치 프로이트Sigmund Freud의 문명론처럼 바로 이들의 '어두운' 감정들이 다른 방식으로 '승화'되면서 등장하는 것이 '페이스북'이다. '적'이 없이는 '친구'도 없다. 아직 혁신적 비즈니스에 대한 감이 없는 주커버그에게 션 파커가 해주는 조언은 위대한 아이디어들이 부끄러움('빅토리아 시크릿')이나 질투('냅스터')에서 나오게 됨을 잘 보여준다.

> 숀 파커:
> 스탠퍼드 MBA 출신인 로이 레이먼드는 아내에게 속옷을 선물하고 싶었지만, 백화점에서 쇼핑하기는 너무 부끄러웠어. 그는 (남자가 여

자 속옷을 사더라도) 변태처럼 느껴지지 않는 고급스런 장소에 대한 아이디어를 떠올렸지. 은행에서 4만 달러를 대출받고 장인에게 4만 달러를 빌려서 매장을 연 후, '빅토리아 시크릿Victoria's Secret'이라 이름 붙였어. 그리고 첫 해에 50만 달러를 벌었어. 그는 카탈로그를 만들고 매장 세 곳을 다시 오픈했지만, 5년 후에 4백만 달러를 받고 '레슬리 웩스너 앤 더 리미티드'에 회사를 매각했어. 해피엔딩이지? 하지만 매각 2년 후에 기업 가치는 5억 달러까지 올랐고, 로이 레이먼드는 금문교에서 뛰어내려 자살했지. 아내에게 스타킹 한 켤레 사주려고 했을 뿐인 불쌍한 사내였는데. 그렇지 않아?[1]

숀 파커:
내가 뭐 하나 말해주지. 내가 냅스터를 어떻게 만들게 됐는지 알고 있니?

마크 주커버그:
숀, 너에 대해서 알 수 있는 건 전부 다 알고 있어.

숀 파커:
제기랄, 위키피디아 같으니. 마크, 넌 다 아는 게 아니야. 나 고등학교 때 어떤 여자애를 사귀었어. 우린 잘 지냈어. 아니 적어도 나는 잘 지낸다고 생각했지. 그런데 우리가 함께 지내던 약 다섯 달 동안 그 애는 라크로스 팀 부주장 놈에게 블로우 잡을 해주고 있었던 거야. 그 사실을 알게 된 후에도 나는 그 애를 용서하려 했지만 그 애는 내게 그 부주장 놈을 사랑한다고 말했지. 그래서 난 꿈을 가지게 됐어. 10

1 Aaron Sorkin, *The Social Network: Screenplay*, Sony Pictures Edition, pp. 121~122. http://flash.sonypictures.com/video/movies/thesocialnetwork/awards/thesocialnetwork_screenplay. pdf.

> 억 달러짜리 회사를 세워야겠다, 누구나 할 수 있는 100만 달러짜리 회사가 아니라 10억 달러짜리 회사를 말이야. 그리고는 이런 문구가 새겨진 명함을 만들고 싶었어. "난 CEO란다. 나쁜 년."[2]

'사교적social'인 것, 즉 '관계network'를 맺는 것이 파생시키는 이 모든 질투와 욕망과 복수의 감정은 한마디로 '인정recognition에 대한 갈구'에서 유래한다고 할 수 있다. 위 장면에서 잘 드러나듯, 인정은 반드시 타자를 필요로 한다. 「창세기」에 나오는 인류 최초의 살인사건은 '인정에 대한 갈구'가 만들어낸 폭력이다. 신神-카인-아벨이라는 삼각형에서 신은 카인의 제사를 받지 않고 아벨의 제사만 받는다. 신에게서 '인정'받지 못한 카인은 아벨에 대한 질투심에 불타 그를 죽이고 만다. 신-카인의 쌍에서는 발생하지 않을 일이 아벨이라는 카인과 똑같은 인간(형제)이 있기 때문에 발생한다. 르네 지라르René Girard는 이 이야기를 통해서 인간의 인정에 대한 욕망은 원천적으로 '모방하는mimetic' 속성 때문에 발생하며, 모방욕망은 '타자'의 존재로 인해 생기는 것이고, 그 결과는 언제나 '폭력'이라고 말한다. 이 욕망은 객관적이거나 주관적인 어떤 것이 아니라 "그 대상을 가치 있게 만드는 타인", 즉 이웃에 근거한 것이다. 우리 욕망의 대상은 언제나 우리와 함께 사는 이웃이고, 이웃이 없다면 우리의 욕망도 아주 단순한 어떤 것이 되고 만다. 이웃을 욕망하기, 이웃이 가진 것을 갖기, 이웃처럼 되는 것 바로 이것이 욕망의 본질이다. 이 욕망의 모방적 속성은 사회적 동질성을 낳을 뿐만 아니라 동시에 경쟁과 적대와 폭력을 낳는 것이다.[3] 모방욕망을 통해 발생하는 이 폭력의 걷잡을 수 없는 확산을 지라르는 '모방위기mimetic crisis'라고 부른다. 욕망이 모방에서 발생하고, 그것이 폭력의 위기를 낳는 구조는 곧 '평등'의 논리구조이기도 하다. 모두가 서로 평등하다고 선포된 상황이라면 남이 갖고 있는 것을 왜 나는 가질 수 없는지, 남이 하는 것을 왜 나는 할 수 없는지, 남의 위치에 왜 나는 설 수 없는지에 대한 격렬한 불만이 터져 나오게 된다. 할 수 있는 것과 없는 것, 가질 수 있는 것과 없는 것이 엄격하게 규정된 신분제 사회에서는 불가능했던 위기는 평등이 선포된 민주주의에서 비로소 실제적 위기가 된다. 폭력으로 인한 사회의 파괴를 막기 위해 인간은 '희생양'을 만들어냄으로써 다시 질서를 유지하지만, 이 질서는 곧 폭력으로 흔들리고 다시 새로운 희생양을 요구한다. 고대 신화에 대한 지라르의 분석으로 우리는 '타자'와 '인정욕구'가 만들어내는 '폭력'과 그것이 희생양을 통해 재복원시키는 '질서' 혹은 '관계'의 그림을 그릴 수 있다. 마찬가지로 이 영화 속에서 '페이스북'이 표상하는 '타자와 관계맺기'의 이면에는 언제나 '인정욕구'와 '폭력', '희생양'이라는 개념들이 숨어 있다고 할 수 있다. 주커버그가 파크와 가까워지는 것은 세브린이 하버드 사교클럽의 러브콜을 받은 것과 관련이 있고, 세브린이 파크를 싫어하는 것은 주커버그와의 공동창립자 자리가 파크에 의해 흔들리는 것과 관련이 있으며, 파크가 세브린을 몰아내면서 주커버그를 조종하는 것은 자신이 이루지 못한 복수를 대신하는 것과 관련이 있고, 윙클보스 형제가 주커버그를 고소하는 것은 자신들의 아이디어가 도둑맞았다는 의심과 관련이 있다. 페이스북을 중심으로 한 이 모든 '관계' 속에 존재하는 것은 바로 인정욕구와 폭력과 희생양이라는 개념들이다.

그리스인들에게는 '인정에 대한 갈구'를 표현하는 단어가 존재했다. '티모스thymos'가 그것이다. 티모스는 자기 자신의 가치를 긍정적으로 평가하는 감정을 의미한다. 티모스의 영어 번역어는 그래서 'self-recognition'이다. 자기 자신을 '인정'하는 티모스는 그러나 언제나 타인의 인정으로부터만 나타난다. 하버드의 청문회에서 주커버그가 '페이스 매시'를 옹호하면

2 Aaron Sorkin, *The Social Network: Screenplay*(Original), p. 121. 오리지널 시나리오는 대사가 더 길고, 영화화(소니 영화사판) 과정에서 첨삭이 많이 이루어졌다. 숀 파커가 '빅토리아 시크릿' 이야기를 하는 장면은 오리지널 시나리오에는 등장하지 않는다. http://wiscreenwritersforum.org/wp-content/uploads/2010/01/Social-Network-The-by-Aaron-Sorkin-May-28-2009.pdf.

3 René Girard, *I See Satan Fall Like Lightning*, trans. James G. Williams, New York: Orbis Books, 2001, pp. 19~31.

서 하는 (어처구니없는) 말, "혐의들에 대해서, 저는 이 이사회로부터 얼마간의 인정을 받을 만하다고 믿습니다As for the charges I believe I deserve some recognition from this board"에 나오는 바로 그 '인정recognition'은 이와 관련되어 있다. 페이스북은 이 '인정에 대한 갈구'가 순화된 형태로 표현된 것이지만, 그 이면에는 인정받지 못하면 살아가기 힘든 현대인들의 엄청난 불안이 있다. 블로그를 쓰는 것, 댓글이 달리지 않을 때의 안절부절, 악플을 볼 때의 분노, 트위터의 팔로워 수에 대한 민감함, 블록과 언팔이 만들어내는 감정 변화. '관계'를 기반으로 하는 인터넷이 만들어내는 엄청난 속도와 파장은 그와 똑같은 강도로 '관계 끊김'에 대한 불안을 만들어낸다. 이것은 공포가 아니라 불안이다. '공포fear'가 자신이 인식할 수 있는 것에 대한 두려움이라면, '불안anxiety'은 자신이 인식할 수 없는 것에 대한 두려움이다.[4] 사회적 관계가 주체를 규정하고 인정받지 못하면 '루저'가 되는 시대에 내가 아직 다가오지 않은, 그래서 아직 인식이 불가능한 '관계 끊김'에 대한 두려움은 '불안'으로 나타난다. 이것은 옛사람들의 티모스가 만들어냈던 속도와 파장과는 근본적으로 차원이 다른 스피드다. 분명히 인터넷을 통해 재빨리 '증명'되는 인정과 그것이 만들어내는 불안의 강도는 '민주주의'와도 관련이 있다. 전근대의 신분사회가 사회 각 구성원들이 해야 할 일에 대한 명확한 구분을 통해 존재했다면, 근대의 민주주의는 '모두가 다 똑같은 시민'이라는 평등의 원칙을 핵심으로 한다. 전근대의 티모스는 신분에 의해 통제될 수 있었다. 아무것도 없는 평민은 그저 자기 집에서 아버지로서의 인정을 받으면 되었지, 자신이 전 국민의 인정을 받는 것에 대해서는 꿈꾸지 않았다. 오직 왕이나 귀족 같은 지배계급만이 자신의 티모스를 끝없이 펼칠 가능성을 가졌고, 따라서 지배계급의 티모스가 과잉을 향하지 않도록 통제하면 되었다. 플라톤이 '교육'을 그토록 중요하게 생각한 것은 이 때문이었다. 반면 근대 민주주의는 신분의 철폐를 통해 모두가 모두에게 동등한 사회를 천명한다. '모든 인간은 나면서부터 동등한 권리를 가진다'는 민주주의는 단순히 정치체제를 넘어서 모든 개인이 서로에게 심리적으로 '평등하다'고 규정하는 인간관계의 양식이다. 민주주의 대중사회의 인간은 그래서 이렇게 외친다. "산다는 것은 어떠한 한계도 경험하지 않는 것이고, 그 결과 자기 자신의 뜻에 조용히 따르는 것이다. 실질적으로 어떤 것도 불가능하지 않고, 어떤 것도 위험하지 않으며, 원칙적으로 누구도 다른 이보다 우월하지 않다."[5] 모두가 동등한 사회라면, 여기서 중요해지는 것은 '남들에게 무시당하지 않는 것', 곧 '나도 남들과 동일하다는 것을 입증하는 것'이 된다. 티모스, 곧 인정의 욕구가 민주주의 사회 속에서 폭발하는 이유다.

인터넷 기술의 발달은 이러한 티모스의 폭발을 배가倍加하는 원인이 될 수밖에 없다. 따라서 이런 사회에서는 '남들에게 인정받지 못하는 상황'에 대한 강력한 불안이 존재하게 된다. 현대인들은 어쩌면 모두가 이 인정과 불안의 극단 속에서 불안에 떠는 신경증자라고 할 수도 있다. 불안에 대한 글에서 레나타 살레클Renata Salecl은 '불안의 시대'는 사회적 위기와 격변 이후에 등장하며, 특히 전쟁 이후에 그렇다고 쓰고 있다. 제1 · 2차 세계대전 이후에 서구에서 발생한 불안이 대규모 전쟁으로 인해 과학, 진보, 이성과 같은 기존의 가치가 무너진 공허한 상황에서 나왔고, 냉전기 미국과 소련의 불안이 언제 어디서 적의 첩자가 등장하거나 인민의 반란이 일어날지 몰라 하는 상태를 낳았다면, 오늘날(특히 9 · 11 이후) 세계의 불안은 테러리즘이나 경제위기, 바이러스 등으로 인한 항구적 신경증 상태를 만들어낸다.[6] 테러리즘이나 경제위기는 특정한 적도 실체도 없는 것이기에 오늘날의 불안은 더욱 증폭된다는 것이다. 신자유주의 이후 일상 자체가 무한경쟁의 전쟁터, 인정투쟁의 전선戰線이 되었다면 그 '전쟁'이 무한한 불안을 불러오게 되는 것은 명약관화하다. 후쿠야마는 자유민주주의로 귀결된 '역

4 Renata Salecl, *On Anxiety*, London and New York: Routledge, 2004, p. 11.
5 José Ortega y Gasset, *The Revolt of the Masses*, New York and London: W. W. Norton, 1993, pp. 61~62.
6 Renata Salecl, *On Anxiety*, pp. 1~9.

사의 종말'은 권위주의 체제는 이겼으되 폭발하는 티모스에 의한 새로운 갈등의 불씨와 함께할 수밖에 없다고 쓰고 있으며, 페터 슬로터다이크Peter Sloterdijk는 이 티모스를 결집해 복수라는 형태의 사회변혁 운동(기독교와 마르크스주의)을 만들어낸 것이야말로 지금까지의 서양사라고 분석하기도 한다.

> (……) 이 은행(기독교와 마르크스주의) 속에는 축적된 수치의 감정, 고통의 기억과 분노의 충동이 저장되어 있으며, 이는 가치와 에너지가 활성화된 덩어리를 만들기 위해 결합된다. 게다가 이 대량의 혁명적 분노는 실제 세상에 재투자될 수 있도록 가공된다. 따라서 미래는 영리하게 투자된 분노와 수치가 귀환하는 것과 본질적으로 동일한 방식으로 도래하게 될 것이다.[7]

요컨대 인정의 욕구, 티모스의 분출은 인간의 역사가 시작된 이후 여전히 존재했던, 그러나 오늘날 더욱더 강력해지는 하나의 '인간의 조건'이다. 이 조건 속에서 언제나 불안과 폭력이라는 어두운 에너지가 용솟음친다고 할 수 있다.

〈소셜 네트워크〉는 이 어쩔 수 없는 티모스와 폭력, 인정욕구와 불안이라는 원초적 조건 속에서 발생하는 갈등을 그려내는 영화다. 영화가 이 원초적 갈등을 중재하고 해결하는 수단으로 삼고 있는 것은 무엇인가? '법'이다. 법은 영화의 내러티브를 끌고 가는 중심축이다. 희생양이 되었다고 느끼는 이도, 아이디어가 도난당했다고 느끼는 이도, 자신은 정당하다고 주장하는 이도 모두 법으로 호소하고 법 앞에서 만난다. 법이야말로 인간 사회가 티모스를 절제하기 위해 만들어낸 어쩌면 유일한 수단이라고 해도 틀린 말은 아니다. 인정욕구에 대한 이 영화가 법을 중심으로 돌아가는 것은 이 때문이다. 그리고 예상 가능하듯, 영화의 결말은 법의 중재가 외면적 '평화'를 불러오는 것으로 끝난다. 모두에게 조금씩 손해를 보게 하면서, 그 누구도 완전히 승리하게 하지 않으면서 변호사를 동반한 합리적 법의 언어는 가장 비합리적인 티모스의 폭력을 중재하고 판단하며 강제한다. 그리고 바로 이러한 상황이야말로 티모스의 폭발을 존재 조건으로 삼는 민주주의 사회가 가지는, 아니 가질 수밖에 없는 이상적 상황이다. 우리는 이를 '판타지'라고 부를 수도 있다. 국가가 법을 장악하고 법이 폭력을 독점함으로써 사회 속 모든 개인들의 관계가 만들어낸 갈등이 완전히는 아니더라도 그럭저럭 해결될 수 있다는 판타지. 이 판타지가 판타지라는 게 밝혀진다면 사회도 존재할 수 없다. 물론 우리는 법이 정의롭지 않다는 것을 안다('무전유죄 유전무죄'). 즉 이 구조가 판타지라는 것을 안다. 그러면서도 법의 바깥을 상정하지는 않는다/못한다. 그러한 사회가 주는 '공포'를 직간접적으로 알기 때문일 것이다.[8]

그렇다고 해서 이 판타지가 완벽하게 그 기능을 하지는 않는다. 폭동이 일어나는 데까지 가지는 않는다고 해도 티모스와 폭력의 분출은 법의 중재만으로는 완벽하게 통제되지 못한다. 그 간극에서 발생하는 잉여는 온전히 개인의 몫이다. 아마 그 몫의 이름은 다시, 불안일 것이다. 〈소셜 네트워크〉의 마지막 장면. 법의 중재에 대한 조언을 수긍하면서 홀로 남은 주커버그는 노트북을 켠다. 그는 페이스북에 접속하여 첫 장면에서 헤어졌던 그의 여자친구 에리카를 찾는다. 놀랍게도 그녀는 페이스북에 있다. 자, 어떻게 할 것인가? 잡지 못했던 그녀의 옷소매를 다시 잡으려는 듯 주커버그는 '친구 요청' 버튼을 누른다. 그리고는 계속해서 '새로 고침'을 클릭한다. 영화는 여기서 끝난다. 그렇다. '새로 고침', '리셋re-set'. 인정의 욕구, 티모스

7 Peter Sloterdijk, *Rage and Time: A Psychopolitical Investigation*, trans. Mario Wenning, New York and London: Columbia University Press, 2010, p. 135.

8 '판타지'는 '불안'을 이기기 위해 혹은 기피하기 위해 주체가 만들어내는 허구적 이야기 일반을 지칭한다(Renata Salecl, *On Anxiety*, p. 14). 류승완 감독의 〈부당거래〉(2010)가 잘 묘사하듯이, 법은 '국민의 불안'을 달래기 위해 국가권력장치에 의해 연출되는 하나의 픽션이자 판타지인 측면을 갖는다.

의 갈구는 결코 법에 의해 해결되지 않는다. 주커버그는 마지막 장면에서 다시 첫 장면으로 돌아와 여자친구의 인정을 욕망한다. 클릭, 클릭, 클릭, 클릭. 세계 최연소 억만장자는 그렇게 그 인정투쟁의 전선 속에서 빠져나오지 못한다. 그녀는 나의 요청을 받아들일까, 거절할까? 불안, 그것은 결국 여전히 남아 그의 영혼을 갉아먹을 것이다. 물론 이 상황은 우리 모두의 것이다.

5 아포칼립스 나우[1]

파국 시대의 윤리를 위하여

아포칼립스

일상 영어에서 '아포칼립스apocalypse'는 '파국적 사건catastrophic event'을 가리킨다. 그러나 성서적인 의미에서 아포칼립스는 그리스어 'apokalyptein'의 본뜻인 '계시', 곧 '감추어진 것이 드러나는 사건unveiling event'이다. 그것은 하늘의 미스터리가 세상의 끝에 이르러 만천하에 드러나는 사건이다. 대다수 인간에게 파국이 될 이 사건은 그러나 '선택된 이들'에게는 구원이 된다.

중세 말엽에 전 유럽을 강타했던 천년왕국운동은 이러한 성서적 의미의 아포칼립스가 곧 세상에 실현되리라 믿었던 수많은 민중이 있었기에 가능했다. 기아와 전염병, 끊임없는 종교전쟁, 부자들의 착취로 인해 만신창이가 된 중세 말엽의 민중에게 이처럼 참혹하고 부당한 세상이란 성서에서 말하는 '종말의 시간'과 다를 바 없었다. 실제로 민중 곁에서 살았던 하층 성직자들이 성서를 이런 방식으로 해석함으로써 민중들의 불만은 성서적 정당성을 획득했고, 이는 대개 부자들과 권력자들 그리고 이들의 뒤에 있는 교황에 대한 정치적 저항운동으로 변모했다.[2]

천년왕국운동은 그 이름이 가리키는 것처럼 성서에 기반을 둔 종교운동의 외양을 띠고 있지만, 그것을 저항과 혁명운동으로 이끈 실질적 힘은 경제적 불평등과 권력의 억압에 대한 정치적 자각에 있었다. 세상이 이렇게까지 된 데는 뭔가 종교적으로 설명할 수밖에 없는 이유가 있을 테고,

1 이 글은 같은 제목으로 계간 『자음과모음』 2010년 겨울호에 수록되었다.

2 여기서 말하는 '천년왕국운동'은 하나의 단일한 운동이 아니라 13세기에서 16세기에 이르는 오랜 기간 동안 독일, 프랑스, 영국, 체코, 헝가리 등에서 아포칼립스적 상상과 현실적 비참이 결합되어 일어난 갖가지 봉기와 저항운동을 아우르는 표현이다.

만약 '지금'이 성서에서 말하는 종말의 시간이라면, 그리고 부당하게 우리를 힘들게 하는 부자들과 그들의 뒤를 봐주는 왕과 교황이 분명 악마의 편이라면, 당장에 들고일어나서 세상을 엎어버리고 종말 뒤에 올 천년왕국의 평화를 염원하는 것이 왜 '미친 짓'이겠는가. 이들에게 파국을 예비하는 아포칼립스적 상상은 슬프고 비참한 일이 아니라 오히려 지금과는 완전히 다른 새로운 세상의 도래를 드러내는 기쁘고 복된 일이었을 것이다. 바로 그렇기 때문에 천년왕국운동에 생을 걸었던 민중들은 '세상이 완전히 뒤바뀌어 정화되기를' 바랐다. 이것이 바로 천년왕국운동 앞에 '혁명적'이라는 수식어가 붙는 이유다.

물론 중세 유럽의 천년왕국운동을 '어리석은 민중의 환상을 이용한 사기행각'이라고 부를 여지가 없지는 않다. 실제로 천년왕국운동에 해당하는 각종 봉기를 이끌었던 주축은 하층 계급 출신의 성직자가 많았다. 사회의 밑바닥 사정을 잘 알고, 동시에 성서에 대한 지식도 가지고 있으면서 설교 경험을 통해 민중과 접촉해보았던 계층이 바로 이들이었다. '예언자 propheta'라고 불렸던 봉기의 지도자들 중 많은 수가 종말의 환상을 경험했다는 이야기로 유명해졌고, 일부는 스스로를 부활한 예수라 칭하기도 했다. 당연히 이들의 주장은 모두 거짓이었고, 잡힌 이들은 모조리 화형대에 올랐다.[3] '예언자'를 따르며 천년왕국운동에 참여했던 대부분은 사회의 주변부에 형성된 이른바 '뿌리 뽑힌 빈자들'이었다. 천년왕국운동에 관한 가장 영향력 있는 연구를 남긴 역사가 노먼 콘은 그들에 대해 이렇게 쓰고 있다.

> 혁명적 천년왕국운동은 사회의 주변부에 살고 있는 사람들, 즉 땅이 아예 없거나 생존하기에는 너무나 땅이 적었던 소작농들, 끊임없는 실업의 위협 아래 살고 있던 기술자들과 잡부들, 거지들과 유랑자들에 의해 힘을 얻었다. 사실 이들은 단지 가난한 사람들이 아니라 사회의 어디에도 발붙일 곳을 찾을 수 없었던 조직되지 않은 대중들이었다.[4]

"사회의 어디에도 발붙일 곳을 찾을 수 없었던" 이들, 곧 그 어디에서도 희망을 찾을 수 없었던 '대지의 저주받은 자들'이 '세상은 잘못되었고, 곧 종말이 다가올 것이며, 종말 이후에는 천년의 평등과 평화가 온다'며 자신들은 읽을 수도 없는 성서의 구절을 인용해 외치는 성직자들에게 쉽게 현혹되리라는 점은 자명하다. 중요한 것은 이 뿌리 없는 이들이 수많은 천년왕국운동의 주도 세력이 될 만큼 지속적으로 양산되었다는 것이다. 그 계기는 빈번했던 기근, 홍수, 지진, 전염병 등 자연재해에도 있었지만 무엇보다 사회의 급격한 변동의 영향이 크다. 천년왕국운동은 시골 변두리가 아니라 도시에서 많이 발생했다. 중세 말엽에 장원제도가 붕괴하면서 도시를 중심으로 상업자본주의가 싹트기 시작했는데, 이 변동 과정에서 장원에서 쫓겨난 소작농들이 새로운 일거리를 찾아 도시로 몰려들었다. 각 도시마다 엄청난 수의 잉여 인구가 생겨났고, 이들을 흡수할 수 없게 되자 도시에는 '지하세계'가 형성되었다.

> 꿈도 못 꿀 정도의 번영이 꽃피면서도 동시에 엄청난 빈곤뿐 아니라 새로운 종류의 거대한 불안정이 함께 생겨났던 이 새로운 세상에서 가난한 자들의 저항의 목소리는 빈번했고, 또 우렁찼다.[5]

중세 말 유럽과 21세기의 세계화된 지구는 완전히 다른 세상이지만, 과연

3 그러나 노먼 콘의 해석처럼 이들을 '사기꾼'으로 뭉뚱그려 규정하는 것 역시 문제는 있다. 이들 중 다수는 민중의 결핍감을 결집하고, 거기에 의미를 부여하고, 이들을 조직화하여 사회의 실질적 모순을 드러내는 저항운동을 이끌었다. 토마스 뮌처와 얀 반 라이덴이 대표적이다. 엥겔스는 이들을 '코뮤니즘 조직가의 원형'으로 해석하기도 한다. Friedrich Engels, *The Peasant War in Germany*, New York: International Publishers, 2000 참조.

4 Norman Cohn, *The Pursuit of the Millennium: Revolutionary Millenarians and Mystical Anarchists of the Middle Ages*, p. 282.

5 Norman Cohn, *The Pursuit of the Millennium: Revolutionary Millenarians and Mystical Anarchists of the Middle Ages*, pp. 98~99.

그런가? 급격한 경제 번영과 위기, 그로 인한 사회적 변동, 탐욕에 사로잡힌 부자들의 화려한 삶, 그들과 손잡은 왕, 정신적 아편을 공급하며 사회적 갈등을 봉합하는 역할을 하는 기독교, 이 헤게모니에서 완전히 주변화되어 갈 곳이라고는 지하세계뿐인 "발붙일 곳 없는" 사람들, 위기와 경쟁과 변화와 생존과 승자와 패자와 죽음과 도태라는 단어의 성찬. 오늘 우리가 처한 세계의 현실은 중세 유럽의 민중들이 겪어야 했던 현실과 본질적으로 동일하다. 중세 말 유럽 민중의 아포칼립스적 상상을 가능하게 만든 이 파국의 기미는 여전히, 그리고 더욱더 분명히 우리와 함께하고 있다. 아포칼립스, 나우Apocalypse, Now.

중세의 천년왕국운동은 현실적으로는 실패로 끝난 '헛소동'이었지만, 이를 '현재화'하여 다시 사유할 여지는 찾을 수 있다. 즉 세상의 비참함과 불안정이라는 현실이 낳은 뿌리 없는 자들의 증가가 아포칼립스적인 상상으로 터져 나오고, 이것이 다시 이 모든 비참함이 사라진 세상이라는 유토피아적 열망으로 이어지는 과정 말이다. 천년왕국운동을 현재화하는 사유는 아포칼립스적인 절망과 유토피아적 열망의 이 변증법적 관계에서 기인한다. 사유의 방향은 양 갈래로 뻗어 있다. 하나는 아포칼립스적 상상과 결합한 유토피아적 열망이 인류에게는 언제나 치명적인 결과를 가져오는 '악'이 될 수밖에 없다는 것이다. 다른 하나는 아포칼립스와 유토피아의 변증법 속에 담긴 어떤 '열정'은 결코 역사가 누를 수 없는 힘이지 그것 자체가 새로움을 가능케 하는 유일한 요소가 된다는 것이다.

아포칼립스의 검은 미사: 유토피아와 현실주의

아포칼립스와 유토피아의 결합을 치명적 '신화'로 보는 입장을 취하는 대표적인 이는 존 그레이다. 그의 2007년 저서 『검은 미사*Black Mass*』는 아포칼립스 서사의 원류인 기독교를 비판함으로써 기독교와 서양 근대 정치 사이의 서사적 유사성을 파헤치는 책이다. '검은 미사'는 가톨릭 미사 형식을 취하나 신 대신 사탄을 숭배하는 신성모독의 의식이다. 이 제목을 정함으로써 그레이는 아마 두 가지를 의도했을 것이다. 하나는 '미사'가 표상하는 기독교가 그 원래 의도와는 달리 어떻게 현실에서 '검은 미사'로 작동하고 있는지에 관한 것이고, 다른 하나는 그레이 자신이 이 책을 통해 기독교를 정면 비판하는 '검은 미사'를 행하고 있다는 것이다. 그만큼 이 책의 핵심에는 종교, 특히 서양 정신의 기둥인 기독교에 대한 신랄한 비판이 자리 잡고 있다. 그 비판이 기독교에 대한 세세한 교리 논쟁이라든가, 최근 리처드 도킨스Richard Dawkins 등이 열을 올리는 무신론 논쟁을 향하고 있지는 않다. 물론 현실주의자로서의 그레이에게는 이미 무신론이 전제되어 있기는 하지만, 그가 이 책에서 집중하는 기독교 비판의 핵심 고리는 '유토피아'라는 한 단어로 정리할 수 있다. 즉 기독교가 서양의 정신에 새겨넣은 가장 분명한 세계관이 유토피아주의라는 것이고, 그 유토피아적 세계관이 기독교의 영향력 상실 이후에는 세속화한 종교secularized religion의 형태로 여러 정치적 기획들 속에 전이轉移되어서 근대를 만들었다는 것이다. 그레이가 해부하는 서양의 근대, 특히 지난 2세기 동안은 이 유토피아주의가 만들어낸 폭력으로 점철된 비극적인 역사로 자리매김한다. 하지만 이 책의 부제는 '아포칼립스 종교와 유토피아의 죽음Apocalyptic Religion and the Death of Utopia'이다. 즉 그레이에게 유토피아는 더 이상 생명력이 없는, 죽음에 이른 가치처럼 보인다.

그레이의 유토피아 비판 논리는 이렇게 정리할 수 있다. 그에게 근대 정치는 종교(기독교)의 부속물이며, 이 둘이 공유하는 속성은 신앙에 기반을 둔 유토피아주의다. 즉 종교(기독교)=정치=유토피아주의라는 등식이 성립하며, 그것의 결과는 폭력과 무질서, 비합리와 광기의 아수라장, 곧 '세계의 파괴'가 된다. 이 책의 첫 문단은 이런 그레이의 입장을 선명하게 표현하고 있다.

> 근대 정치는 종교 역사의 한 챕터다. 과거 2세기 역사의 많은 부분을 빚어냈던 혁명적 격동의 가장 큰 사건들은 신앙의 역사—기독교의 기나긴 해체와 근대적 정치종교의 부흥—속에 담긴 에피소드들이었

> 다. 새로운 천년의 시작점에서 우리가 발견하는 세계는 유토피아 기획들의 잔해물로 어지럽혀 있다. 그것들은 종교의 진리를 부정하는 세속적인 용어들로 틀 지어져 있었지만 사실은 종교적 신화들의 매개물이었던 것이다.[6]

그레이에게 기독교의 가장 큰 특징은 유토피아주의다. 세계의 시간을 선형적으로 바라보는 기독교 서사는 창조에서 종말, 심판과 구원이라는 방향으로 나아간다. 따라서 「요한계시록」에 선명하게 드러나듯, 세계의 끝에는 선과 악의 대결 이후 선의 편이 승리하여 천년왕국이 도래하고, 그 이후 심판의 날이 다가와 "새 하늘과 새 땅 (……) 새 예루살렘"이 등장한다(「요한계시록」 20~21장). 세상의 모든 죄와 더러움이 심판받고 새로운 세계가 열리는 것에 대한 열망을 좁은 의미에서의 '유토피아주의utopianism'라고 할 때 그것은 반드시 현재 세상의 종말, 즉 '아포칼립스주의apocalypticism'를 전제하게 된다. 그레이에 따르면 예수 당시의 사람들은 최후의 싸움과 종말과 새 세상이 곧 도래할 것이라 믿었던 것이다.[7]

이후 기독교의 영향력이 급격히 쇠락하고, 이른바 이성과 합리성을 중시하는 계몽주의가 17세기에 등장하지만 그레이는 이 계몽주의가 사실은 기독교의 영향을 깊이 받았으며, 신의 자리에 이성을 대체한 일종의 '이성의 종교religion of reason'가 되었다고 말한다. 계몽주의는 이성을 바탕으로 한 지식과 과학을 통해 세상을 유럽식으로 재편할 수 있다고 믿는 사상이며('근대화론'), 여기서 사회가 끊임없이 발전해나갈 수 있다고 믿는 사상인 '진보주의progressivism'가 등장했다. 이 진보주의가 빚어낸 최악의 사례가 18세기의 프랑스혁명(자코뱅주의), 20세기 중반의 나치즘(파시즘)과 스탈린주의(전체주의)다. 이 사건들은 모두 인간의 이성으로 지구상에 새로운 나라를 만들고 확장할 수 있다고 본 유토피아주의의 결과물이었으며, 그 과정에서 전대미문의 폭력이 행해졌다는 것이다. 그레이는 에릭 뵈겔린Eric Voegelin의 선구적 연구를 따라 유토피아주의의 정치적 변형태들을 '정치종교political religion'라고 부른다.[8] 유토피아주의가 종교에 머물지 않고 세속 정치의 형태를 띠기 시작하면 재난이 발생한다.

> 종교에서 완벽함이라는 생각은 개인적 구원의 필요성으로 나타난다. 정치에서 그것은 비슷한 열망으로 표현되지만, 다른 인간적 필요들과 맞부딪친다. 유토피아는 집단적 구원의 꿈이지만 그 꿈에서 깨어난 뒤의 삶은 악몽이다.[9]

중세의 천년왕국운동을 시발로 근대의 자코뱅주의, 나치즘, 스탈린주의에 이르기까지 지상에 '천국'을 건설하려 했던 시도들은 인간의 욕구와 필요에 대한 무지함으로 인해 모두 폭력, 그레이의 표현에 따르면 '테러'를 사용할 수밖에 없었다는 것이다. 종교에서도 정치에서도 유토피아주의는 자신들이 가진 신념을 과도하게 신봉함으로써 유토피아 건설의 장애물에 대해서는 거침없는 폭력으로 응대하게 된다. 1980년대 이후 이 정치종교의 목록에 또 하나가 추가되니 이것이 바로 '신자유주의neoliberalism'다. 그레이는 소련의 붕괴로 좌파에서의 유토피아주의가 몰락하자 세상을 다 가졌다고 생각했던 영미의 우파들을 중심으로 한 '신보수주의'의 흐름이 복음주의 기독교와의 밀접한 관계를 통해 새로운 우파 유토피아주의로 재탄생했다고 분석한다.

> 사소한 차이들은 있지만 하이에크와 프리드먼, 그리고 이들보다는 못한 많은 지성들이 이 믿음(자유시장 만능주의)을 따랐다. 이들 모두는 기본 신조들—비록 과학적 연구의 결과로 발전하긴 했으되—

6 John Gray, *Black Mass: Apocalyptic Religion and the Death of Utopia*, p. 1.
7 공생애 이후 예수의 첫 외침은 "때가 찼고 하나님 나라가 가까웠으니 회개하고 복음을 믿으라"였다. 「마가복음」 1장 15절.
8 Eric Voegelin, *The New Science of Politics: An Introduction*, Chicago and London: University of Chicago Press, 1987 참조.
9 John Gray, *Black Mass: Apocalyptic Religion and the Death of Utopia*, p. 17.

> 이 종교적 믿음에 뿌리를 둔 20세기 말의 계몽주의 이데올로기를 대변하고 있었다. 신자유주의자들은 집단적 사고에 의해 때 묻기 전의 자유주의라는 잃어버린 순수성을 회복하려 했지만, 다른 모든 근본주의자들과 마찬가지로 이들 역시 자신들이 되살리려고 했던 그 전통(계몽주의)의 우스꽝스런 캐리커처에 그치고 말았다.[10]

마르크스주의가 각기 상황과 환경이 다른 나라들에 뿌리 내릴 수 없듯 신자유주의 역시 마찬가지임에도 불구하고, 신자유주의자들은 시장주의와 자유무역이 모든 나라에 가장 잘 맞는 시스템이라고 믿었다. 이러한 잘못된 믿음이 호전적인 신보수주의와 맞물려 9·11과 아프가니스탄, 이라크 침공을 비롯한 전쟁 국면으로 접어들게 했다는 것이 그레이의 분석이다.[11] 이러한 패착敗着 역시 신자유주의의 계몽주의적 뿌리, 즉 유토피아주의에 바탕을 두고 있다는 것이다. 요컨대 서양의 근대 역사는 세속화된 종교, 곧 계몽주의와 그 후예들의 정치종교가 가진 유토피아주의의 폭력 속에 일그러져온 역사다. 그레이는 신자유주의의 실패가 확실시된 지금 이 유토피아의 믿음, 아포칼립스의 믿음은 죽었다고 선언한다.

> 지난 200년 동안의 정치 이데올로기들은 기독교가 인류에 준 가장 의심스러운 선물인 구원의 신화가 역사 속에 매개된 것이었다. 이 신화가 만들어낸 믿음에 기반을 둔 폭력은 고질적인 서양의 질병이다. 종말의 시간이 새로운 형태의 삶을 가져올 거라던 초기 기독교인들의 신앙은 중세의 천년왕국주의자들을 거쳐서 세속의 유토피아주의가 되었고, 또 한 번의 육화肉化를 거쳐 진보에 대한 믿음이 되었다. 유토피아의 시대는 근본주의 경쟁자들(이슬람과 미국)에 의해 파괴된 팔루자에서 끝났다. 세속의 시대는 자유주의적 인간주의자들이 믿듯 미래에 존재하지 않는다.[12]

유토피아의 죽음을 선언한 그레이는 이제 자신의 전망과 대안을 얘기해야 한다. 그것은 무엇일까? 지금까지 그의 주장을 읽었다면 간단히 예상할 수 있다. 유토피아적 세계관, 즉 목적론teleology적 역사관, 이성 또는 열정이라는 신념, 현실을 뒤엎는 새 세상의 도래, 인간 개조에 대한 믿음 등을 뒤집으면 된다. 따라서 그레이가 내세우는 '아포칼립스 이후post-apocalyptic'의 사유는 반-목적론적 역사관, 믿음과 신념에 근거하지 않는 사유, 현실과 인간의 개조가 거의 불가능에 가깝다는 체념으로 귀결된다. 그레이는 이를 '현실주의realism'라고 부른다.

> 유토피아의 추구는 현실을 다루려는 시도로 교체되어야만 한다. (……) 현실주의야말로 믿음에 근거하지 않고 폭군과 자유, 전쟁과 평화에 대해 사유할 수 있는 유일한 방식이고, 초도덕성에 대한 그것의(현실주의의) 명성에도 불구하고 윤리적으로 진지한 유일한 방식이다. (……) 위험이 가득한 시기에는 엄격한 결정론과 지적인 냉담함이 더욱 유용한 덕성이며, 그것들을 가장 잘 체화하고 있는 것이 현실주의다. (……) 현실주의자들은 일반적인 인간의 삶과 마찬가지로 국제관계 역시 해결 가능한 문제로 이루어져 있지 않다고 여긴다. (……) 현실주의는 악 사이에서 급진적 선택들을 최소화하려는 '오컴의 면도날'이다. 현실주의는 우리로 하여금 이 선택지들로부터 벗어나게 하지 않는데, 왜냐면 그 선택지들이야말로 인간적인 것들과 함께하는 것이기 때문이다. (……) 현실주의자들은 역사에 대한 목적론적 시각을 거부해야 한다. 정부의 성질을 둘러싼 갈등이 더 이상 없는 상태로 인류가 나아갈 수 있다는 그 믿음은 환상일 뿐 아니라 위험하다. (……) 만약 현실주의자들이 역사에서의 궁극적인 수렴에 대

10 John Gray, *Black Mass: Apocalyptic Religion and the Death of Utopia*, p. 85.

11 신자유주의에 대한 그레이의 비판은 그의 다른 책에서도 반복되지만, 특히 John Gray, *False Dawn: The Delusions of Global Capitalism* 참조.

12 John Gray, *Black Mass: Apocalyptic Religion and the Death of Utopia*, pp. 184~185.

> 한 어떤 믿음도 거부한다면, 그 이유 중 하나는 그들이 윤리적 조화라는 환영을 믿지 않기 때문이다. (……) 도덕적 딜레마들이 있고, 그것들 중 몇은 매우 규칙적으로 발생하는데, 거기에는 어떠한 해결책도 없다.[13]

이러한 것들이 그레이가 마키아벨리, 홉스, 스피노자를 경유하면서 오늘 새롭게 되살려야 한다고 말하는 현실주의적 사유의 핵심 내용들이다. 간략하게 말하면 그레이에게 현실주의란 미래에 대한 전망을 갖지 않으며, 인간과 역사의 여러 윤리적 딜레마들이 절대 해결될 수 없다고 보는 이념이다. 따라서 그는 각각의 상황이 가진 악들 중에 차악을 선택하는 것만이 우리가 할 수 있는 유일한 선택이라고 주장한다. 이는 어떤 면에서 전형적인 회의주의적 사유다. 그레이는 현실주의적 사유가 곧 '보수주의'는 아니라고 하는데, 그 이유는 보수주의는 '점진적 발전'을 말하는 데 반해 현실주의는 그런 식의 점진적 발전도 믿지 않기 때문이다. 따라서 인간의 자유에 대한 급진적 요구를 담는 자유주의는 더더욱 현실주의와 멀어지고, 혁명을 얘기하는 마르크스주의는 현실주의와 대척점에 있다고 할 수 있다.

어떤 선을 지향하는 목적론에서 탈피하여 현실을 엄격하고 냉담하게 관찰하는 그레이의 현실주의에서 역설적으로 미래가 아포칼립스적으로 그려진다는 사실은 흥미롭다. 그는 앞으로의 세계가 유토피아적 정치종교에 의해서가 아니라 희소한 자원을 둘러싼 갈등, 그리고 고통에 신음하는 가이아가 만들어내는 환경의 재앙으로 인한 인류의 위기에 의해 규정될 것이라고 본다. 물론 이러한 문제들은 '인간의 진보'에 대한 위대한 비전이 아니라 반복적으로 발생하는 악을 처리하는 용기, 즉 현실주의적 정치학에 따라 '그때그때' 풀어가야 한다는 것이다. "현실주의적 관점은 우리가 할 수 있는 최선이 재난을 막는다는 데 있다. 그것은 유토피아적 상상력이 아닌 냉정과 인내를 요구하는 과업"[14]이라고 그레이는 쓰고 있다. 인간의 본성은 결코 어떻게 할 수 없으니 이상을 믿고 정치를 통해 현실을 잿더미로 만들지 말고, 반복되는 재앙들을 막고 피하는 것stave off만이 최선의 '현실적' 관점이라는 것이다.

만약 현실주의적 사유가 의미를 가지고 있다면 그것은 거대한 비전의 실현이 간과하고 있는 '폭력'의 가능성에 집중한다는 것이다. 또 더 좋은 세상의 실현이라는 '윤리'가 절대로 '모두'에게 선하게 나타나지 않으며, 언제나 다른 많은 이들에게 고통을 안기는 형태로 등장하는 것에 주목함으로써 래디컬한 정치학이 말하는 혁명의 이면을 간과하지 않는 것이다. 이러한 조심스러운 회의주의는 폭력에 의해서만 유지되는 엘리트 사회를 음울하게 묘사하는 제임스 밸러드의 후기 소설, 아나키즘 원리로 이루어진 미래 행성의 불완전함을 그렸던 어슐러 르 귄, 유전자 조작을 통한 인간 개조 실험이 낳은 '인간 종말'에 대한 묵시록/창세기를 담아내는 마거릿 애트우드에게서도 나타난다.[15] 그것이 극단화하면 미셸 우엘벡식의 인물, 즉 성욕을 제외한 그 어떠한 인간/세계 변환의 욕망에도 갈급함을 느끼지 못하는 '완전히 말라버린' 인간의 날카로운 회의주의가 될 것이다. 어쩌면 우리는 그레이의 현실주의를 '현실주의적 아도르노'라고도 칭할 수 있지 않을까. 나치를 겪으면서 『계몽의 변증법*Dialektik der Aufklärung*』을 썼던 막스 호르크하이머와 테오도어 아도르노가 계몽주의 자체가 가진 이성의 도구화에 치를 떨었던 것처럼, 그레이 역시 근대 정치종교의 근원을 계몽주의에서 찾음으로써 그것의 종교화를 비판한다. 아도르노가 계몽의 변증법에서 헤어나오지 못하는 우리에게 끊임없는 부정, 모든 전체주의적인 것들에

13 John Gray, *Black Mass: Apocalyptic Religion and the Death of Utopia*, pp. 192~198. 인용문 중 '오컴의 면도날Ockham's Razor'은 14세기 영국의 프란체스코회 수사이자 논리학자이던 오컴 윌리엄William of Ockham이 강조한 논리학 원리로, 어떤 현상을 설명하는 데 있어서 불필요한 가정들을 면도날로 베어내듯 배제해야 한다는 주장이다. 오컴은 움베르토 에코Umberto Eco의 소설 『장미의 이름*Il Nome della Rosa*』에 등장하는 인물인 '윌리엄 수사William of Baskerville'의 실제 모델로 알려져 있다.

14 John Gray, *Heresies: Against Progress and Other Illusions*, London: Granta Books, 2004, p. 108.

15 J. G. Ballard, *Millennium People*, London: Harper Perennial, 2004; Ursula K. Le Guin, *The Dispossessed*, New York: Perennial, 1974; Margaret Atwood, *Oryx and Crake* 참조.

대한 부정을 요구함으로써 시스템에 종속되지 않는 래디컬한 개인이 되기를 요구한 것처럼, 그레이의 현실주의도 우리에게 모든 유토피아적 정치에 대한 부정을 요구한다. 하지만 그레이는 아도르노와는 달리 마키아벨리적 해법, 오컴의 면도날과 같은 현실적 해결책들을 신봉하고 있다. 마치 아도르노가 말한, 간지奸智를 발휘하여 세이렌에게서 벗어나는 오디세우스처럼 그레이는 유토피아에 빠지지 않으면서 현실의 악을 타개하는 정치를 지향하는 것이다. 다만 오디세우스에게 '이타카'라는 궁극적 지향이 있었던 데 반해 그레이에게는 그런 궁극적 지향 자체가 없다는 게 다르다. 바로 이 지점에서 그레이는 문제에 봉착한다.

즉 이런 질문이 가능하다. 마르크스주의와 신자유주의라는 20세기 이후의 거대한 정치적 기획이 '유토피아주의'라는 그레이의 주장에 동의한다 해도 그레이가 말하는 '현실주의'는 '유토피아주의'에서 얼마나 벗어나 있을까? 목적론적 역사관과 새로운 세상의 실현이라는 열망을 완전히 버린, 윤리 자체의 선악 판단에 종속되지 않은 채 완전히 냉정한 지성으로 현실을 사고하여 판단하는 '그레이적 인간Grayan man' 역시 매우 유토피아적인 희망이 아닐까 하는 것이다. 이 책보다 전에 나온 『지푸라기 개*Straw Dogs*』[16]에서 그레이는 '기독교'와 '인간주의' 전체를 쓰레기통에 버리면서 가이아의 시점과 같이 인간을 '지푸라기 개'로 보는 회의주의를 펼친다. 그레이가 말하는 '지푸라기 개'로서의 인간이 과연 가능한가, 또 그런 인간과 그런 정치로의 전환을 선언하는 그레이의 현실주의가 실현 가능한가 하는 의문이 생긴다. 어쩌면 그것은 레닌과 마오쩌둥과 체 게바라가 염원했던 '새로운 인간'에 대한 욕망이 보수주의적으로 전복된 것이 아닌가 하는 것이다. 그레이가 말하는 마키아벨리적 '현실주의'는 모든 진보주의의 반대편에서 '바뀌기 힘든 인간의 딜레마'를 감싸 안은 채 변혁적 기획 전체를 비판함으로써 결국 보수주의의 편에 서는 정치학과 다를 바 없지 않을까. 오히려 '점진적 진보'조차 인정하지 않음으로써 보수주의보다 못한 보수주의가 될 가능성이 높다.

이렇게 볼 때 그레이의 현실주의는 아이러니컬하게도 매우 '비현실적'

이라고도 할 수 있다. 그는 유토피아주의가 간과하는 인간의 복잡한 딜레마를 주목하기는 하지만, 사실 그 어떤 인간도 역사적·윤리적 지향을 갖지 않은 채로는 살아갈 수 없다는 데서 파생하는 딜레마에는 눈을 감는다. 역사history는 이야기story이고, 이 이야기story=mythos를 어원으로 삼는 것이 신화myth다. 인간의 이야기, 곧 역사는 사실 신화와는 뗄 수 없는 것이다. 이 모든 신화를 벗겨내고 완전히 명징한 눈으로 현실을 보자는 그레이의 주장이 급진적 계몽주의자들의 '이성의 종교'와 어떻게 다를까. 그레이는 계몽주의가 기독교의 영향을 강하게 받은 유토피아주의라고 비판하지만, 근본적으로 그레이의 현실주의는 합리주의에 대한 믿음에 바탕을 두고 있다. 그레이식으로 현실을 판별하는 냉철한 지성은 이성과 합리성에 그 뿌리를 두고 있기 때문이다.

그가 현실주의의 '조상'으로 여기는 마키아벨리의 '현실정치'야말로 중세적 정치에서 탈피한 합리적 이성 중심의 근대 정치 아닌가. 그레이가 모든 변혁적 정치를 '정치종교'라고 치환해버리는 데도 문제가 있다. 그가 '정치종교'라고 부르는 것은 그것이 '유토피아주의'에 기반을 두었기 때문이고, 유토피아주의는 '비합리적 열정'에 사로잡힌 것이기에 '위험'하다. 이 논리는 곧 모든 종교가 '비합리적'이라는 말이기도 하다. 여기서 완전히 사라진 것이 바로 '역사'다. 그레이의 논리에 따르면 중세 말의 천년왕국운동, 프랑스혁명, 볼셰비키혁명, 문화혁명, 나치즘 등이 모두 그저 '비합리적 열정'에서 나온 역사의 아이러니 같은 것[17]일 텐데, 과연 그런가.

천년왕국운동은 가톨릭의 타락과 봉건 영주들의 잔혹한 통치, 사회에 만연한 불평등에 대한 민중들의 매우 현실적인 불만이 천년왕국이라는 이념과 결합한 것이고, 프랑스혁명이나 볼셰비키혁명 또한 당시 사회체제의 모순이 폭발한 것이며, 심지어 나치즘까지도 히틀러가 독일인 다수의 표를 얻게 된 사회경제적 배경을 갖고 있다. 이 '배경'이라는 것은 사실 매

16 John Gray, *Straw Dogs: Thoughts on Humans and Other Animals*, New York: Farrar, Straus and Giroux, 2002.

우 합리적이라고 볼 수 있다. 억압과 압제와 불만이 쌓일 때 그것을 만들어낸 원인을 제거하려는 행위는 지극히 합리적인 행동양식이다. 그것이 열정에 의해 불 지펴졌다고 해서 사건 전체를 비합리적 광기로 판단하는 것은 단편적인 고찰이다. 이렇게 본다면 그레이식 현실주의가 가진 한계 가운데 하나는 어떤 역사적 사건을 떼어내어 그것을 추상화함으로써 그 사건의 역사적 · 사회적 · 정치경제적 배경을 소거한 다음 그 사건에 담긴 '유토피아적' 주장들만을 사건의 핵심이라고 강변하는 데 있다. 간단히 말해 '모든 열정은 비합리적이고, 모든 비합리적인 것은 악하다'는 식의 매우 단순하고 안일한 주장이 되어버리는 것이다.

광신의 정치학

아포칼립스와 유토피아의 변증법에 담긴 '열정'의 계기를 강조하는 입장은 그레이의 바싹 마른 현실주의의 반대편에서 등장한다. 광신狂信, fanaticism에 대한 알베르토 토스카노Alberto Toscano의 재해석이 대표적이다. '광신'의 어원은 로마어 'fanum'인데, 이는 '성스러운 장소'를 의미한다. 현재 터키 카파토키아 지역의 여신인 코마나Comana가 로마로 수입되면서 벨로나Bellona라는 이름으로 바뀌었는데, 이 벨로나 여신을 추종하는 이들이 미친 사람들처럼 제의를 벌이는 것을 본 로마인들은 이들을 '광신도fanatici, fanatic'라 불렀다. 이와 같은 뜻으로 '열성 당원'이라는 뜻의 'zealot'이란 말도 생겨났는데, 이는 특히 로마에 저항하는 열혈 유대교도들을 의미했다.

이 두 사례에서 보듯 애초에 광신은 종교에서 탄생했다. 이들의 공통점은 자신이 가진 신념을 다른 모든 가치 위에 놓음으로써 그 어떤 반대도 수용하지 않으면서 앞을 향해 달려나간다는 점이다. 자신이 있는 곳이 '성스러운 장소'일 때 거칠 것이 있겠는가? 그럼으로써 광신자는 이 신념을 다른 모든 이들의 것으로 만들기 위해 어떤 일이라도 한다. 바로 여기에 '광신'의 핵심적인 특징이 있다. 헤겔이 정의하듯, 광신은 '추상에 대한 열정enthusiasm for the abstract'이다. 자신의 종교적 신념 또는 자유, 평등 등의 정치적 신념이라는 '추상적' 가치를 '구체적'인 현실에 대한 합리적 계산 없이 실현하려는 자세다. 이 추상적인 신념 앞에서 모든 인간은 내가 믿는 가치를 따라야 할 자들이 되며 이것이 곧 '보편성'이다. 신념의 실현을 방해하는 적들을 모두 제거하면 그 신념 앞에 똘똘 뭉친 한 무리의 신도만 남는다. 그 속에서 모두는 평등하다. 이처럼 광신은 대개 추상abstraction과 보편universality, 그리고 평등egalitarianism을 그 요소로 갖는다. 따라서 광신의 집단 속에서는 모두가 '형제자매'가 된다.

이러한 광신의 성격을 우리는 '위험하다'고 느낀다. 미친 사람의 눈에서 보이는 그 불같은 열정을 대면해본 적이 있는 사람은 알 수 있을 것이다. 광신이 갖는 저 '추상에 대한 열정'과 그로 인한 저돌성은 기존의 '정상성'을 무너뜨리는 힘이다. 만약 광신의 추상, 보편, 평등이라는 요소가 정치적 불만과 결합한다면 어떻게 될까? 그때 그것은 '혁명'을 만들어낸다. 토마스 뮌처가 해석하는 기독교가 농노의 불만과 결합했을 때, 자유-평등-박애라는 이념이 굶주린 민중과 결합했을 때, '사람이 곧 하늘'이라는 동학사상이 부패에 신음하는 민초들의 귀에 들어갔을 때, 봉기와 혁명이 등장한다. 그리고 누군가가 불만을 느끼던 현실을 '정상'이라 여기는 지배계급은 이들을 '미친놈'으로 취급한다. 미치지 않고서야 어떻게 노예가 주인에게, 아들이 아버지에게 대든단 말인가? 그래서 지배계급에게 바로 이 '미친 힘', 광신의 힘은 언제나 가장 두려운 공포다.

17 이러한 입장을 보이는 최근의 대표적인 이가 독일 철학자 페터 슬로터다이크일 것이다. 슬로터다이크는 지금까지의 서양사를 분노의 집적과 분출의 과정으로 파악하여 정리한다. 그에 따르면 기독교와 마르크스주의로 대표되는 양대 축은 일종의 '분노 은행rage bank' 역할을 하면서 개인과 집단의 다양한 분노를 모으고, 이를 불려서 거대한 미래의 '혁명'을 만들어냄으로써 '고객'들이 예치한 분노의 이자를 쳐서 '새 세상'으로 되돌려주겠다고 약속하는 시스템이라는 것이다. 슬로터다이크는 포스트-이데올로기 시대가 된 오늘날 이제 더 이상 이러한 '분노 은행' 시스템은 발을 붙일 수 없다고 말한다. Peter Sloterdijk, *Rage and Time: A Psychopolitical Investigation*, trans. Mario Wenning, New York and London: Columbia University Press, 2010.

> (……) 추상, 보편 그리고 당파성의 정치로서의 광신. 이러한 (광신의) 선택은 이제는 우리가 철학의 기나긴 냉전이 만든 영향력, 즉 무조건적인 신념과 원칙적인 평등주의를 공포나 혐오의 눈으로 바라보는—버크식의 반혁명적 수사修辭라는 무기고에서 자유롭게 빌린—반전체주의적 담론의 영향력을 떨쳐버려야 한다는 믿음에서다.[18]

광신은 그저 정신병자들의 준동이자 사유능력이 없는 민중들의 위험천만한 테러이며, 이를 받아주기 시작하면 문명은 일거에 종말을 맞게 되리라는 것이 반-광신주의자들의 주장이다. 광신에 대한 반대는 천년왕국주의 비판, 유토피아주의 비판에서 절정을 맞는다. 19세기 이후에는 '정치적 종교'로서의 마르크스주의에 대한 비판으로, 나치즘과 스탈린주의 비판으로, 현재는 이슬람 비판으로 이어진다. 이 모든 사건이야말로 추상적 신념에 의거해서 세상을 한꺼번에 바꾸려는 광신적 태도가 낳은 문명사적 비극이라는 것이 합리주의자들과 현실주의자들의 주장이다.

토스카노는 광신이 갖는 "추상, 보편 그리고 당파성의 정치"가 가진 '가능성'에 주목한다. 로마인들에서 계몽주의 철학자를 지나 합리적 현대인들에 이르기까지 광신은 언제나 '미친 짓'으로 비난받아왔다. 진정한 사유는 '뜨거운 가슴'이 아니라 '차가운 머리'로 가능하다고 보는 관념이 광신이 가진 혁명적 수사를 거부하고 이를 '전체주의 담론'으로 치환해버림으로써 정치를 대화와 타협과 점진적 변화와 계산이라는 자유주의적 프레임 속에 가둬버렸다는 것이 토스카노의 주장이다. 그는 프랑스혁명의 '테러'를 광신의 대표적 사례로 비판한 에드먼드 버크Edmund Burke를 따라 이를 "버크식 반혁명적 수사"라 부른다. 이것은 현재 자유주의적 인간주의의 승리라는 정치적 상태와도 무관하지 않다. 신자유주의적 자본주의가 모든 정치적·경제적 가능성을 장악할 때 신자유주의 이외의 다른 모든 변혁운동들은 광신의 카테고리 안으로 들어간다. 그래서 이 시대에서는 '핫'하지 않고 '쿨'해야만 살아남는다. 사랑도 쿨하게, 정치도 '간지' 나게. '핫'한 것은 오직 섹스에서나 긍정적인 의미로 사용되며, 정치적이거나 종교적인

'핫'함은 바로 광신주의로 여겨진다. 쾌락이나 돈이나 성공에 관한 '열정'을 제외한 모든 열정을 위험하게 여기는 이 시대에는 그래서 독재마저도 웃으면서 합리적으로 자행된다. 이명박이나 오세훈이 상징하는 정치가 그런 '쿨'한 정치다. 이들에게 '용산'이나 '촛불'의 '열정'은 과잉이고 나라 살림에 아무런 도움도 되지 않는 것이다. 경제적 신자유주의와 정치적 보수주의는 이렇게 결합한다.

토스카노는 '광신' 개념의 여러 측면을 분석하면서 '광신'이 가진 정치적 가능성을 끌어내려고 한다. 가령 그는 초기 계몽주의 철학자들 또한 '이성의 광신자'로 매도당했다는 사실과 함께 칸트Immanuel Kant와 루소Jean-Jacques Rousseau가 자신들의 철학을 정립하는 데 '광신'의 사촌 격인 '열정passion'에 힘입었음을, 그리고 '광신'의 어떤 측면들을 긍정적으로 평가했음을 보여준다. 광신에 비판적이었으면서 동시에 정치에도 희망을 걸지 않았던 볼테르Voltaire와는 달리 열정을 믿었던 칸트와 루소가 프랑스혁명을 지지했다는 사실을 통해 토스카노는 열정/광신과 정치적 변혁 사이에 밀접한 관계가 있다고 말한다. 계몽주의와 프랑스혁명이 열어젖힌 '근대 정치'야말로 사실은 유토피아주의적인 광신이 탄생시킨 것이라고 토스카노는 주장한다.

혁명의 공포에 사로잡힌 지식인과 지배계급이 '합리'의 이름으로 '광신'을 비판하는 것은 마르크스주의, 볼셰비키주의를 '정치적 종교'로 비판했던 논리에서도 똑같이 반복된다. 러셀Bertrand Russell은 볼셰비키를 "프랑스혁명과 이슬람의 부흥이 합쳐진 것"이라고 비판했고, 케인즈John Maynard Keynes는 레닌주의를 "열정과 불관용으로 특징지을 수 있는 새로운 종교"라고 했으며, 카를 바르트Karl Barth는 국가사회주의(나치즘) 속에서 새로운 이슬람을 보았다. 극우 파시즘과 극좌 코뮤니즘 모두를 싸잡아서 '광신적 종교'로, 근대적인 편견을 따라 '새로운 이슬람'으로 바라보는 이 태도

18 Alberto Toscano, *Fanaticism: On the Uses of an Idea*, London: Verso, 2010, p. 250.

는 또한 새로운 버크주의이기도이다. 따라서 모든 급진적 · 변혁적 정치운동을 반대하면서 결국 보수주의적 자유주의만을 지지하는 것으로 귀결된다. 한편 20세기 초중반에는 전체주의, 사회주의뿐 아니라 자유주의마저도 부정하는 사상이 등장한다. '현실주의'는 아예 정치 자체가 갖는 근본적인 '(더 나은 미래에 대한) 믿음'으로서의 성격 역시 '종교적'인 것이라고 비판하며, 끝내 그레이와 같은 과격한 회의주의자를 탄생시킨다.

그레이의 현실주의가 이성과 합리성을 바탕으로 해서 모든 '비합리적 열정'을 정치와 역사에서 제거하려는 시도라면, 토스카노는 바로 그레이처럼 모든 열정을 위험한 것으로 생각하는 시각 자체가 '정치의 죽음'이자 아포칼립스적 현실의 막다른 골목impasse이 배태한 사유라고 보면서 모든 정치적 시도는 열정과 광신에서 나오지 않는 게 없음을 증명한다. 어쩌면 그레이와 토스카노의 접근 모두 신자유주의적 자본주의가 다른 정치적 가능성을 막고 헤게모니를 잡고 있는 현실에서 출구를 만들어내려는 이론적 시도이기도 하다. 그레이가 현실주의라는 이름의 합리로 돌아가는 데 반해 토스카노는 광신이라는 이름의 열정을 되살리려는 것이라고 볼 수 있다. 또 그레이가 '모든' 열정을 종교적인 것으로 위험하게 바라본다면, 토스카노는 열정을 구분한다는 점에서 다르다. 그레이를 따르다 보면 계몽주의 이후의 모든 정치적 기획들은 광신 놀음에 불과하며, 거기서 얻는 교훈은 오직 '유토피아는 결국 폭력이다'라는 단순 논리뿐이다.

하지만 토스카노가 말하는 광신 개념은 그보다 정교하다. 그에게 진정 의미 있는 광신(열정)은 '보편성'으로 나아갈 때, 그것을 목적으로 할 때다. 즉 나치즘과 같은 아리안 민족주의는 토스카노가 재정립하려는 진정한 광신이 아니다. 반면 인류 전체를 자유, 평등, 박애의 사상으로 해방시키는 것을 목적으로 삼았던 프랑스혁명이나, (그가 말하진 않았지만) 프랑스혁명의 한계를 극복하려 했던 아이티혁명, 자본주의의 모순을 극복해 전 세계 노동자들의 해방을 염원했던 마르크스주의 등은 비록 그것이 실패했다손 치더라도 의미 있는 사건이 된다. 그 사건들이야말로 기독교 이후 처음으로 국가와 계급, 민족을 극복의 대상으로 삼으면서 온 인류에게 공통으로 해당되는 조건들과 대면하려 한 보편적 운동이었기 때문이다.[19] 그 과정에서 발생한 폭력과 테러가 문제라고 주장할 수는 있지만, 그러한 주장은 첫째로 사건의 일면을 과장하는 것이고, 둘째로 마치 보편적 변혁 운동을 제외하면 폭력과 테러가 없다는 식으로 호도하는 것이나 마찬가지다. 이러한 사건의 저변에 깔려 있는 '유토피아적 열정'이야말로 그레이가 가장 저주하는 것이지만, 현실의 모순이 살아 있는 한 그 열정을 없앨 수 있는 해독제는 없다. 그레이의 '현실주의'가 전 인류를 열정에서 해방된 차가운 지성으로 만들지 않는 한.

하지만 그런 상황이야말로 앞에서 말했듯 변혁적 기획들보다 훨씬 비현실적이고 불가능하다. 그렇다면 모든 정치적 기획들을 유토피아주의로 단순화함으로써 실제로는 보수적인 현실주의를 강조하기보다는 보편을 지향하는 열정과 광신의 정치적 기획들이 가진 유토피아적 성격을 긍정하면서 이것들을 때론 유연하게, 때론 강하게 실천함으로써 조금씩 더 나은 세상을 만들어가기 위해 다양하게 궁리하는 것이 더 중요하고 '현실적'이다. 유토피아적 열정을 실현하기 위해 노력하면서 그레이의 현실주의적 접근을 보조적 사유로 사용한다면 그 열정의 과정을 적절하고 유의미하게 성찰할 수 있을 터이다. 그 역으로, 즉 열정을 거세한 그레이의 현실주의가 세상의 딜레마를 푸는 방식으로 전유된다면 오히려 유토피아는 불가능해질 것이다. 그것은 그레이가 그토록 강조하는바, 우리 모두가 이성과 열정을 동시에 가진 '인간'이기 때문이지 다른 이유 때문은 아니다.

딜레마: 쓰레기-되기, 쥐-되기

아포칼립스와 유토피아의 변증법은 그러나, 그럼에도 불구하고 그레이의

19 바로 이것이 지젝이나 이글턴으로 하여금 그들의 마르크스주의적 입장에서는 일면 모순으로 보일 만큼 기독교의 철학적·정치적 의미를 적극적으로 재평가하게 만드는 이유가 된다.

'현실주의'가 가진 보수주의 정치학의 속성에 대한 무조건적 비판과 토스카노의 '광신의 정치'가 가진 급진적 정치학에 대한 무조건적 긍정으로 귀결될 수만은 없다. 파국의 시대를 사는 이들이 대면하는, 대면해야 하는 딜레마가 이것이다. 아포칼립스의 시간 속에 놓여 있다는 자각이 들었다고 해서 아무 일도 하지 않은 채 무기력하게 사는 자세를 취할 수도, 현실의 자원에 대한 정교한 분석 없이 보편성과 평등에 대한 '열정'과 '광신'의 정치를 외칠 수도 없는 것이다. 우리는 그레이와 토스카노가 신자유주의와 그것이 만들어낸 현실을 비판하면서도 서로 완전히 다른 입장을 취한 이유를 곰곰이 생각해볼 필요가 있다. 이 딜레마에 대한 고민이야말로 우리로 하여금 다시 '정치politics'를 사유할 것을 요청한다. 정치란 무엇보다도 현실이 본래적으로 가질 수밖에 없는 딜레마의 상황 속에서 결단을 내리고 그에 대해 책임을 지는 일련의 행위를 의미하는 것이기 때문이다.

가령 우리는 드니 디드로Denis Diderot의 『라모의 조카*Le Neveu de Rameau ou La Satire seconde*』를 통해 '현실'과 '열정'이 어떻게 요상한 '정치'로 귀결되는지를 먼저 살펴볼 필요가 있다. 라모는 18세기 프랑스의 유명한 작곡가 장-필리프 라모Jean-Philippe Rameau의 조카로, 자신이 지닌 음악적 재능과 화술 등을 이용해 귀족과 부르주아의 집에 하루하루 저녁 식사를 초대받아 살아가는 일종의 '한량閑良'이다. 작중 화자인 디드로가 정직이나 성실과 같은 윤리를 그대로 체현하는 철학자인 데 반해 라모라는 청년은 이 모든 덕목이 실제 삶과는 완전히 유리되어 있음을 '삶을 통해 깨달은' 인물이다. 하루 벌어 하루 먹는 그에게 세상은 서로가 서로의 피를 빨아먹고 사는 관계의 집적일 뿐이다.

> 자연의 모든 종들은 다른 종을 먹이로 삼지요. 사회에서는 모든 계급이 같은 일을 해요. 법의 도움 없이 우리는 서로에게 정의를 할당하지요. 오늘날 라 기마르가 그렇게 하듯, 과거에 라 드샴은 세금 징수인을 속임으로써 왕에게 복수를 했어요. 동시에 재단사, 보석상, 가구업자, 청소부, 사기꾼, 하녀, 요리사, 마구馬具업자가 라 드샴을 속

> 임으로써 세금 징수인에게 복수를 했지요. 이 가운데 오직 바보나 게으름뱅이만이 다른 사람에게서 돈을 뺏지 못한 채 손해를 보지요.[20]

'모두가 모두에게 늑대인' 이 홉스적 세상이라는 '현실'에서 라모는 도피하지 않으며, 오히려 그 현실에 가장 잘 어울리는 윤리적 '열정'을 갖고 살아간다. 그 열정이란 곧 기존의 윤리 자체를 뒤집어버리는 것이다.

> 세상은 덕을 찬양하지만 동시에 그것을 혐오하며 그로부터 달아나지요. 덕은 추위 속에 남겨져 있는데 세상 사람은 자기 발을 따뜻하게 해야 하는 법이지요. 확실히 이렇게 말하면 기분이 언짢은 사람처럼 보이겠지만, 왜 경건한 사람은 우리에게 그렇게나 딱딱하고, 어렵고, 비사회적일까요? 왜냐면 그런 사람들은 자신들과 자연스럽게 어울리지 않는 일을 하고 있기 때문이에요. 그들은 고통당하지요. 고통당하는 사람은 남들도 고통스럽게 한답니다. 그건 나랑 맞지 않고, 나를 불러주는 이들과도 안 맞아요. 나는 가벼워야 하고, 적응해야 하고, 재밌게 해줘야 하고, 광대처럼 굴어야 하고, 웃겨야 해요. 덕은 존중을 요구하지만 존중은 불편한 일이죠. 덕은 칭찬을 요구하지만 칭찬은 재밌지 않아요. 나는 지루해진 사람들과 시간을 보내야 하고, 내 일은 그들을 웃기는 거예요. 요상스럽고 바보스러운 짓이 그들을 웃게 한다면 나는 요상한 바보가 되어야 해요. 만약 자연이 내게 그러한 자질을 주지 않았다면 가장 간단한 해결책은 그런 자질을 가지고 있는 것처럼 행동하는 거예요.[21]

20 Denis Diderot, *Rameau's Nephew and First Satire*, trans. Margaret Mauldon, Oxford: Oxford University Press, 2006, p. 31. 드니 드디로, 『라모의 조카』, 황현산 옮김, 고려대학교 출판부, 2006으로 국내에 소개되어 있다.

21 Denis Diderot, *Rameau's Nephew and First Satire*, p. 36.

우리 시대의 '셀레브리티'들을 연상케 하는 이 구절에도 드러나듯, 라모는 결코 나이 든 철학자 디드로의 덕목에 동의하지 않으며 자기 현실에 가장 적합한 행동을 열정적으로 행함으로써 자신의 삶을 지탱한다. 라모의 '정치'는 이런 것이다. 즉 세상이 요구하는 덕목과 그 덕목이 먹히지 않는 현실이라는 자신이 처한 딜레마 속에서 철저히 현실의 삶에 도움이 되는 선택을 함으로써 자신의 행동이 담고 있는 의미 자체에 대한 성찰을 벗어나는 것. 세상의 덕목은 그것대로 상관하지 않되, 대신 자기는 자신의 배를 불릴 수 있는 그 어떠한 선택이라도 마다하지 않겠다는 태도. 그렇기 때문에 라모는 딜레마에 처해 있는 것처럼 보이지만 실제로는 어떤 딜레마로부터도 '자유'롭다. 그는 현실적이면서 동시에 열정적이지만, 이 둘의 결합이 낳은 '정치'는 결국 홉스적 세상에 자발적으로 복종하는 것으로 귀결된다. 이러한 '라모의 정치'는 사실 신자유주의가 지배하는 이 '늑대의 시간'에 가장 적합한 삶의 방식이다. 라모는 디드로에게도 이해받지 못하고 당시만 해도 매우 독특한 인물형으로 등장하긴 하지만, 이는 오늘날 생존이 지상의 과제가 된 이 시대에 지배적인 정치적 태도라고 할 수 있다. '살아남는 게 이기는 것'이라는 생각이 다른 모든 덕목 위에 서 있는 세상에서는 어쩌면 자연스러운 현상이라고도 할 수 있다. 이러한 정치적 태도는 그레이의 현실주의가 가진 철저한 냉정함도, 토스카노의 광신적 급진 정치가 가진 보편과 평등을 향한 열정도 슬며시 비껴가면서 그 어떠한 입상도 무화해버리는 기능을 한다. 오직 의미가 있는 것은 살아남는다는 것, 그것 하나다.

이러한 '라모의 정치'가 아포칼립스의 시대에 극단화되어 나타난다면 어떻게 될까? 우리는 편혜영의 소설 『재와 빨강』에서 그 형상을 발견할 수 있다. 편혜영은 그 시대를 "전염병이 들불처럼 번졌다가 (……) 이내 곧 또 다른 전염병의 위협이 예고되는" 상태에서 단 한 발자국도 진전되지 않는, 꽉 막힌 세상으로 그리고 있다.[22] 이 세상은 어떠한 구원의 그림자도 발견할 수 없는, 언제나 오고 가는 위험이 만성화된 곳이고 그렇기에 종말이 일상이 된 곳이다. 소설의 주인공인 '그'는 세상 속에서 자신이 통제할 수 없는 상태로 이리저리 부유하는 인간이다. 그는 전염병의 공포에 사로잡힌 C국에 발령받자마자 영문도 모른 채 공항 검역대에 감금되고, 통제구역이 된 아파트에 갇히며, 자신이 기억할 수 없는 전처 살인 피의자로 수배된다. 자신의 목을 조여오는 위기의 상황에서 그가 선택할 수 있는 일은 그저 자기 앞에 놓인 현실과 하나가 되어 생존을 도모하는 일이다. 형사를 피해 도망친 그는 쓰레기더미 속의 부랑자로 살며 '쓰레기-되기'를 실천하고, 우연히 들어간 하수구 속의 쥐를 잡으면서 '쥐-되기'를 실행한다. 쓰레기와 쥐로 넘쳐나는 공간 속에서 그는 그것들과 하나가 됨으로써만 '생존'할 수 있다. 다가오는 것은 아포칼립스적인 종말의 사건들뿐이고 유토피아적인 가능성 자체를 생각할 틈도 없을 때 '그', 곧 극단화된 '라모'는 아예 쓰레기와 쥐 사이에서 그것들과 함께 살기를 택한다.

디드로의 '라모'와 편혜영의 '그'가 살아가는 방식, 혹은 이들이 자신에게 닥친 딜레마적 상황에서 내리는 생존의 선택은 아포칼립스적인 상황이 만들어내는 최악의 정치가 무엇일 수 있는지를 보여준다. 자신이 하는 선택이 어떤 것이든 생존을 가능하게 한다면 그 선택 아래에 깔려 있는 의미 자체를 생존이라는 절대적 명령 앞에 복속시킴으로써 궁극적으로는 자신이 살고 있는 세상의 비참한 딜레마를 더욱 강화하는 정치가 그것이다.

우리 대부분은 아마도 '라모'와 '그'처럼 세상을 살아갈 것이다. 무한경쟁과 생존의 논리가 지배하는 신자유주의가 만들어내는 브레이크 없는 질주, 자원의 고갈, 기후 격변이 만들어내는 재해로 하루하루의 뉴스가 채워지고 있는 이 세상에서 힘없는 내가 도대체 무엇을 '선택'할 수 있단 말인가. 그렇다고 가만히 앉아서 죽을 수도 없다면 나는 어떻게든 지금 내게 주어진 과업을 수행하고, 결국 세상이 원하는 것들과 아예 하나 되어가면서 살아남는 길을 모색할 수밖에 없지 않은가. 오늘날 '정치'란 나의 이런 선택에 대고 '우리 모두가 그렇게 산다. 좀 더 노력하자. 당신이 생존하

22 편혜영, 『재와 빨강』, 창비, 2010, 235쪽.

고 성공할 수 있는 방법이 무엇인지 우리가 만들어보겠다'고 약속하는 모든 말 그 자체다. 이 세상을 이렇게 만든 그 원인에 대한 근본적인 처방을 말하는 정치는 이미 죽어버렸다. '포스트-정치', '포스트-이데올로기' 또는 '역사의 종말'이라는 테제들이 바로 이 상황을 지칭한다. 세상의 비참이라는 아포칼립스적 상황에서 오늘 우리 시대를 지배하는 이른바 '정치'의 모습은 이것이다. 성공적인 쓰레기-되기와 성공적인 쥐-되기를 도와줄 테니 우리를 찍으라고 말하는 직업 정치인과 자신이 살아남는 방법은 쓰레기-되기와 쥐-되기밖에 없으니 그렇게 할 수밖에 없다며 그것이 인생이라고 말하는 대중들의 정치. 그래서 세상은 갈수록 '진짜' 쓰레기와 쥐의 천국이 되어가는지도 모른다.[23]

과잉의 몸짓: 파국 시대의 윤리

2010년 9월 은퇴를 발표한 불나방스타쏘세지클럽의 노래 〈알앤비〉는 파국의 시대를 사는 이들에게서 드러나는 어떤 정조鼎俎를 포착하고 있다.

오랜 세월 유지했던 나의 긴 머리를 짧게 자르고
목숨 같은 나의 기타를 헐값에 팔아버렸지
미안해 멤버들아 나는 더 이상 인디밴드를 하지 않을 거야
함께 울며 웃으며 연주한 추억은 가슴속에 남길게
돌이켜 생각해보니 나는 쓸데없는 개멋에 취해
미련하게 청춘을 소모하고 있었던 것 같아
하지만 이제야 깨달았다네
이런 비호감적인 음악을 해봤자
더 이상 여자들이 좋아하지 않는다는 것을
늦지 않았어, 그 기타를 팔아버리고 옷 한 벌을 더 사
그리고 노래방에서 연습한 알앤비를 그녀에게 들려줘
다시는 홍대 앞에서 기타 메고 폼 잡지 않을 거야

함께 불러 알앤비, 리듬 앤 블루스
아직도 홍대 앞 지하실 구석에서 피땀 흘려 연습하고 있을
이 시대의 인디밴드 여러분에게 이 노래를 바칩니다.
세이 알앤비, 세이 알앤비, 소리 질러 워워워
돌이켜 생각해보니 그동안 지켜왔던 신념만 믿고
다른 음악은 철저한 자본주의의 상술이라 믿었지
하지만 이제야 깨달았다네 모두 부질없는 짓이었다는 것을
나는 설리에게 빠져 있기 때문에(……)[24]

홍대 앞에서 "오랜 세월" 주류 소비대중문화의 상업성을 거스르는 음악을 하던 인디밴드의 멤버인 이 노래의 화자는 어느 날 자신이 "쓸데없는 개멋에 취해" 있었음을 깨닫는다. 그 이유는 두 가지다. 하나는 자신이 하는 "비호감적인 음악"이 "여자들"에게는 인기가 없다는 것이고, 다른 하나는 자신 역시 아이돌 스타 "설리에게 빠져 있"다는 사실을 알아버렸기 때문이다. 그래서 그는 "기타를 팔아버리고 옷 한 벌을 더 사"라고, 반자본주의적인 비주류 음악 대신 "알앤비"를 노래하라고 후배들에게 충고한다. 이 노래는 대형 기획사에서 찍어내는 틀에 박힌 아이돌 그룹과 알앤비 가수들에 밀려 설 자리를 잃은 인디밴드 가수가 자신이 저항하려 했던 거대한 물결에 '투항'하는 이야기로 들리지만, 사실은 짙은 아이러니를 가지고 현실을 '유머러스'하게 고발하는 노래이기도 하다. 무엇보다 인디밴드 가수인 자신 '역시' 설리에게 빠질 수밖에 없었던 현실이야말로 그를 절망하게 하는 이유처럼 보인다. 자본주의는 자금과 물량뿐만이 아니라 도저히 어찌할 수 없게 만드는 마력으로, 독자적으로 살아가려는 이들의 목을 꺾어놓는다. 목이 꺾였으니 그는 결국 알앤비의 '꺾는' 창법을 구사할 수밖에 없

23 2010년 11월, 대한민국 정부가 갖가지 무리수를 둬가며 '쥐G20'이라는 행사를 그토록 열심히 준비한 것은 다 이런 맥락일지도 모르겠다.
24 불나방스타쏘세지클럽, 〈알앤비〉, 앨범 《석연치 않은 결말》, 2010.

을지도 모르겠다.

경쟁의 격화, 자원의 절멸, 기후변화의 원인을 제공하며 세계를 파국으로 몰아가는 자본주의는 마르크스와 엥겔스가 『공산당 선언*Manifest der Kommunistischen Partei*』에서 묘사했듯, 사회의 기존 가치를 급격히 파괴하면서 세상의 다양한 관계들을 모조리 교환가치의 관계로 변화시킨다. 자본주의는 뭔가를 끊임없이 생산하는 것처럼 보이지만, 이런 점에서 본질적으로 니힐리즘의 속성을 가진다. 깨부수어서 이익이 남는다면 자본주의는 지구마저도 없애버릴 수 있다. 마르크스는 이러한 자본주의의 니힐리즘이 결국은 생산을 직접적으로 담당하는 이들(프롤레타리아)의 요구를 해결할 수 없기 때문에 발생하는 모순에 의해 새로운 생산양식(코뮤니즘)으로 전환될 것이라고 예상했다. 그러나 자본주의는 민주주의를 적극적으로 이용하면서 자신의 생명을 꾸준히 연장해왔다. 자본주의가 만들어내는 니힐리즘은 민주주의가 가진 '평등'의 가치를 보조재로 사용함으로써 끝없는 경쟁과 욕망을 정당화한다.

민주주의의 문화적 힘은 바로 '모두가 평등하다'는 가치인데, 이미 모두가 평등하다고 규정된 곳에서는 자신이 열등하지 않음을 증명하기 위한 엄청난 투쟁이 벌어진다. 르네 지라르가 말하듯 욕망은 언제나 '모방욕망mimetic desire'의 형태로 작동한다. 욕망은 '이웃'이라는 이름의 타자의 것이기 때문에 민주주의 사회에서는 '내 이웃이 가진 것을 나도 가지기 위한' 또는 '나도 내 이웃이 되기 위한' 격렬한 투쟁이 발생하고, 이것은 곧 경쟁과 적대와 폭력으로 귀결된다.[25] 자본주의의 광고가 '모방'과 '질투'를 핵심 테마로 하는 것은 이 때문이다. 민주주의가 만들어낸 평등의 가치는 모방욕망의 확산을 통해 폭력의 심화를 낳고, 이 폭력은 자본주의에 의해 '시장에서의 경쟁'으로 엄격히 제한된다. 시장에서의 경쟁 이외의 폭력은 범죄행위로 다스려진다. 국가가 하는 일이 바로 이것이다. 요컨대 자본주의와 민주주의의 결합은 평등, 욕망, 폭력, 경쟁을 스스로의 동인으로 삼으면서 이를 '진보'라고 일컫는 독특한 근대적 체제다. 아포칼립스에 대한 현실적 상상이 가능한 것은 이 자본주의-민주주의 결합체가 결코 영원할 수 없기 때문이다.

이러한 민주주의의 속성을 간파한 것이 플라톤이었다. 그는 『국가』에서 소크라테스의 페르소나를 빌려 '민주주의의 실패'를 예견한다. 모두의 평등, 모두의 자유를 약속하는 민주주의는 "마치 다양한 색상에 무한한 꽃 장식을 가진 코트처럼 무한한 도덕의 장식으로 사람들의 눈을 끌게"[26] 되지만, 다른 모든 정치체제와 마찬가지로 시간이 흐르면서 민주주의의 '과잉'이 나타나고, 결국 이 완벽한 자유와 평등의 체제가 불가피하게 내부 갈등을 유발하다가 혹독한 질서 유지를 약속하는 이의 승리로 귀결됨으로써 독재정으로 전환될 것이라고 예측한다.[27] 그가 보았던 것은 곧 모든 것을 파국으로 몰고 가는 시간의 힘이었다.

> 이런 방식으로 세워진 도시는 변질되기가 쉽지 않지. 그러나 파괴는 존재하는 모든 것을 기다리고 있기에, 이런 종류의 기반조차도 영원히 살아남을 수 없다네. 도시는 무너질 것이고, 그것이 무너지는 방식은 다음과 같을 것이네.[28]

자본주의와 민주주의의 '행복한' 결합은 소비와 욕망과 폭력의 과잉을 낳고, 이 과잉은 언젠가는 무너지게 되어 있다. 아니, 이미 무너지고 있다. 빈부의 격차, 경쟁과 생활고로 인한 자살, 실업률, 증오 범죄, 무차별 범죄의 급증은 이 '과잉'의 증거다. 인디밴드 가수로 하여금 기타를 팔고 그 돈으로 옷 한 벌을 더 사게 만드는 이 힘은 '설리'와 같은 판타지를 필요로 하지만, 이 판타지 또한 이미 과잉상태에 접어들었다. 신용카드 빚과 대중문화

25 René Girard, *I See Satan Fall Like Lightning*, trans. James G. Williams, New York: Orbis Books, 2001, pp. 19~31.

26 Plato, *The Republic*, trans. Tom Griffith, Cambridge: Cambridge University Press, 2000, p. 269(Book 8, Line 556c).

27 Plato, *The Republic*, p. 277(Book 8, Line 564a).

28 Plato, *The Republic*, p. 255(Book 8, Line 546a).

의 판타지가 억누르고 있는 이 과잉은 반드시 어떤 모양으로라도 되돌아오게 되어 있다.

가즈오 이시구로Kazuo Ishiguro의 『나를 보내지 마*Never Let Me Go*』[29]는 파국의 시간 속에서도 '되돌아오는 과잉'에 대한 이야기다. 이 소설은 의학의 급격한 발달로 인간과 똑같은 클론을 만들어냄으로써 이들을 장기 공급 대상으로 사용하는 가상의 현실을 배경으로 한다. 클론들인 주인공 케씨와 토미는 어린 시절부터 헤일샴이라는 학교에서 교육받으면서 서서히 자신들이 클론이라는 사실을 알게 된다. 클론의 장기는 가장 건강할 때 적출해야 하기 때문에 이들의 '수명'은 길어야 30대다. 다시 말해 이들 클론은 죽음의 시간을 이미 알고 사는 것, 우리의 논의에 따르면 아포칼립스적 시간을 사는 것이다. 소설 속의 어떤 클론도 자신의 존재 자체를 뒤엎을 수 없으며, 누구도 그 시간을 넘어설 수 없다. 사랑하는 사이인 토미와 케씨 역시 마찬가지다. 그러나 둘은 헤일샴 출신 중 정말 사랑하는 사이임을 증명하면 죽음의 시간을 늦추고 둘만의 시간을 갖게 해준다는 소문을 믿고, 어린 시절 자신들을 가르쳤던 선생에게 찾아간다. 어린 시절 미술에 전혀 재능이 없었던 토미는 그 소문을 믿으며 자기 안에 있었던 진짜 재능을 찾아내 여러 장의 그림을 그려왔다. 자신의 그림이 케씨에 대한 사랑의 진정성을 증명해주리라고 생각했던 것이다. 케씨와 토미의 이러한 믿음, 그리고 사랑을 증명하기 위해 선생을 찾아갔던 행위, 바로 이것이 이시구로가 그려낸 잔혹한 가상현실 속에서 그 촘촘한 시스템을 뚫고 나타나는 '과잉'이다. 클론에게 오히려 인간보다 더 진실한 영혼과 사랑과 창조적 능력이 존재한다는 것을 케씨와 토미는 어떤 방식으로든 증명해낸 셈이고, 이것이야말로 생명 연장의 대가로 영혼을 팔아버린 소설 속 가상현실의 인간들이 결코 제어하지 못하는, 언제나 다시 돌아옴으로써 결국 자신이 했던 행위를 되새기도록 강요하는 '과잉'의 힘이다. 이것이 알랭 바디우가 말하는 자신의 현실을 넘어서려는 '인간'의 윤리이며,[30] 자크 랑시에르가 말하는 '모두와 아무나'의 자리를 주장하면서 통치의 체제를 언제나 불안하게 하는 과잉으로서의 '정치' 그 자체다.[31] 이것이 불나방스타쏘세지클럽의 '아이러니'가 달성하지 못하는 영역이고, 『재와 빨강』의 '그'가 쓰레기와 쥐 속에서 발견할 수 없는 진실이며, 라모의 윤리로는 절대 파악하지 못하는 윤리다. 이것은 다시 중세 말 유럽의 뿌리 없는 민중들이 천년왕국운동을 통해 표현했던 제어할 수 없는 힘이다.

아포칼립스 나우. 파국의 시간은 이미 우리와 함께하고 있다. 그것은 플라톤의 지혜처럼, 곧 가장 튼튼해 보이는 도시마저도 예외로 두지 않는 시간의 파괴력이기도 하다. 파국의 지형은 끝, 종말, 깨짐, 무의미, 욕망, 적대, 경쟁, 폭력의 이미지로 가득하다. 그 속에서 사는 모든 주체에게 이 현실은 철저한 현실로도 철저한 열정으로도 회귀할 수 없는 딜레마적 상황을 부과한다. 누군가는 투항하고, 누군가는 자살하며, 누군가는 망가지고, 누군가는 이용하며, 누군가는 흘러간다. 이 모든 누군가들 사이에서 또 다른 누군가는 그림을 그리고, 글을 쓰고, 자신의 사랑을 증명하려 애쓴다. 이 그림과 글과 사랑은 자신들이 처한 운명의 시간을 바꿀 수 없었지만, 적어도 이들은 모든 것을 파괴하는 시간에 작은 생채기를 내며 자신들을 둘러싼 시스템이 결코 뿌리 뽑을 수 없는 기억을 간직한다. 파국의 시간 앞에서도 냉소하지 않고 자신의 사랑을 증명하려는 저 '클론'의 움직임, 이것이 '인간'이다. 어쩌면 '아포칼립스'의 시간이 진정으로 '드러내는' 유일한 미래의 비밀은 바로 저 '과잉'의 몸짓일 것이다.

29 Kazuo Ishiguro, *Never Let Me Go*, New York: Vintage, 2005.

30 Alain Badiou, *Ethics: An Essay on the Understanding of Evil*. 특히 1장 참조.

31 Jacques Rancière, *Hatred of Democracy*, trans. Steve Corcoran, London and New York: Verso, 2006, pp. 40~41.

보유 5

사랑이라는 사건

미조구치 겐지의 〈치카마츠 이야기〉와 소포클레스의 『안티고네』

'치카마츠 이야기近松物語'라는 원제만 가지고는 영화의 내용을 미루어 짐작하기 힘들다. 오히려 영어 제목인 'The Crucified Lovers'가 영화에는 더 잘 어울리는 제목 같다. '십자가에 매달린 연인들'이라는 영어 제목이 말하고 있듯이, 미조구치 겐지溝口健二의 이 영화는 '금지된 사랑'에 의해 처벌당하는 연인들의 이야기다. 줄거리는 간단하다. 부유하지만 구두쇠인 늙은 상인 이슌에게는 젊은 처 오산이 있는데, 그녀는 남편에게 철없는 오빠의 빚을 갚아달라는 청을 했다가 타박만 받는다. 궁지에 몰린 오산은 이슌의 착하고 촉망받는 직원인 모헤이에게 사정을 이야기하고, 모헤이는 오산을 위해 이슌의 인감을 사용해 돈을 빌리려다 발각된다. 모헤이는 이슌의 명에 의해 감금되는데, 같은 날 오산은 모헤이를 사모하는 하녀 타미를 통해 남편 이슌이 밤마다 타미의 방에 들러 그녀를 범한다는 사실을 듣게 된다. 남편에게 정이 떨어진 오산은 집을 나오고, 역시 감금된 곳에서 빠져나와 도망친 모헤이와 우연히 만난다. 동시에 사라진 둘이 '불륜'이라는 소문이 돌자, 이슌은 이로 인해 사업에 차질이 빚어질까 두려워 이들을 찾아나선다. 오산과 모헤이는 자신들을 쫓는 이들을 피해 도망 다니다 죽기로 결심하고 강으로 간다. 죽기 직전 모헤이는 오산에게 자신이 예전부터 그녀를 사모해왔음을 고백한다. 오산은 다시 살기로 마음먹고 모헤이와 함께 도피하지만 결국 친정어머니의 고발로 둘은 잡히고 만다. 근대화 이전 일본의 교토에는 불륜을 일으킨 연인들이 붙잡히면 말 등에 둘을 결박한 채 저잣거리의 구경거리가 되게 한 다음, 둘을 나란히 십자가에 매달아 죽이는 법이 있었다(고 한다). 이슌은 '아내 관리'를 소홀히 한 죄로 추방되고, 상점은 문을 닫는다. 끝으로 영화는 오산과 모헤이가 등을 맞대고 결박당한 채 말 위에 앉아 저잣거리를 거쳐 십자가를 향해 떠나는 장면으로 마무리

되는데, 이때 카메라에 잡힌 오산과 모헤이의 얼굴에는 희미한 미소가 떠올라 있다. 구경나온 군중들 중 이슌의 하인들은 얼마나 두려울까 걱정하며 눈물을 흘리지만, 그들 중 하나는 오산과 모헤이의 얼굴을 보면서 이렇게 말한다. "마님께서 저렇게 행복한 얼굴을 하시다니. 모헤이 씨도 얼굴이 밝아. 정말 죽으러 가는 게 맞는 걸까?"

영화는 제목처럼 '십자가에 매달린 연인'을 그리고 있지만, 실로 이들은 "정말 죽으러 가는 게" 아닐지도 모른다. 죽음을 향해 떠나는 둘의 얼굴이 밝고 행복한 이유는 이들이 드디어 영원히 함께 있을 수 있게 되었기 때문일 것이다. 이들이 죽어야 하는 것은 '법'의 힘 때문이다. 영화의 초반부에는 오산과 모헤이의 미래를 예고하듯 정을 통하다 붙잡힌 마님과 하인이 결박당한 채 저잣거리의 구경감이 되는 장면이 등장하고, 하인들과 상인들은 서로 정을 통해 도망간 불륜 남녀가 붙잡힌 사건들에 대해 이야기하곤 한다(하지만 처벌당하는 것은 오직 '마님-하인' 쌍이다. 이슌과 같은 남자 주인은 하녀와 정을 통해도 처벌받지 않는다. '법'은 '남성'이다). 이 이야기들이 갖는 기능은 무엇인가? 교토의 법은 '불륜'을 사형으로 다스리지만, '불륜의 사랑'은 이전에도 또 앞으로도 끊임없이 발생할 것이라는 점을 예고하는 것이다. 그래서 이 영화의 서사를 끌고 나가는 두 개의 힘은 '법과 사랑'이라고 할 수 있다. 법은 법을 뒤흔드는 사랑을 금지하지만, 사랑은 언제나 그 법을 위반한다. 법은 사랑의 범주를 구획 지은 후 그 경계를 넘어선 사랑을 처벌하지만, 사랑은 범주와 경계를 언제나 뛰어넘는 힘을 가진다.[1] 법은 사랑해서 도망친 마님과 하인을 십자가에 매달지만, 죽음의 길을 향해 가는 마님과 하인은 오히려 처음으로 행복해한다. 여기에 '사랑의 힘'이라는 게 있다. 사랑은 '마님과 하인'으로 나뉜 신분과 계급을 뛰어넘고, 법의 금지를 무시하며, 결국은 죽음 속에서도 미소 지을 줄 안다.

소포클레스Sophocles의 '테베 3부작' 중 첫 번째 작품인 『안티고네*Antigone*』는 '법과 사랑' 사이의 갈등을 보여주는 또 다른 텍스트다.[2] 핵심적 갈등은 안티고네와 크레온 사이의 대립에서 나오는데, 이 두 인물의 대립을 '성문법'(크레온) 대 '자연법/신법'(안티고네) 사이의 대립이라고 할 수도 있겠지만, 더 본질적으로 이것은 '법과 사랑' 사이의 대립이다. 테베의 왕 크레온이 법과 그것에 기반을 둔 도시국가를 상징하는 데 반해 안티고네는 국가와 법을 뛰어넘은 사랑을 상징한다. 극은 테베와 아르고 사이의 전쟁이 테베의 승리로 끝난 후, 아르고 군대를 이끌었던 오이디푸스의 장자이자 안티고네의 오빠인 폴리니케스의 시체를 절대 장사지내지 말라는 크레온 왕의 선포에서 시작한다. 극을 여는 안티고네의 첫 대사는 왕의 선포가 가족의 비극을 연장시키고 있음을 한탄하는 내용이다. 그녀는 선포를 어기고 폴리니케스를 몰래 장사지내자고 동생 이스메네에게 말하지만, 이스메네는 권력과 법을 어길 수 없다며 이를 거부한다. "저는 홀로 죽은 이들에게 용서를 구하겠어요. / 강요받았지만 선택의 여지는 없어요. / 저는 권력을 쥔 사람에게 복종해야만 해요. 왜 극단으로 치닫는 거죠? / 그건 미친 짓이에요, 미친 짓."(78~81) 이스메네가 안티고네의 제안을 "미친 짓"이라고 한 이유는 그것이 정치적 성격을 띠고 있기 때문이다. 오빠의 시체는 테베라는 국가의 법과 대척점에 있는 것이고, 선포를 어기는 일은 국가를 배반하는 일이기 때문이다. 이것은 국가를 상징하는 크레온 왕의 신념이기도 하다. "자기 나라의 이익보다 친구를 위에 두는 자는 아무것도 아닌 자이다."(203~204) 오이디푸스가 자주 내뱉는 이 말 "아무 것도 아닌 자"는 죽음보다 못한 "살아 있는 시체"(1285)와도 같은 상태를 의미한다. 이 극이 상연되었던 5세기의 그리스 도시국가에서 국가의 위치는 가족과 친구를 넘어서는 신성한 권위를 가진 것이었다. 따라서 당시 관객들에게 이스메네와 크레온의 입장은 '상식'과도 같은 것이었다고 할 수 있다.

이렇게 보면 안티고네의 행동은 "미친 짓"이 맞고, 이스메네의 표현을 쓰자면 "불가능과 사랑에 빠진in love with impossibility"(104) 상태, 즉 불가능한 것을 알면서도 시도하는 이해할 수 없는 행동이다. 이스메네, 크레온 그리고 코러스가 모두 안티고네를 지칭하여 '성급한', '열정적인', '도가 지나친' 등의 표현을 쓰는 이유 역시 여기에서 찾을 수 있다. 그녀는 법과 이성의 영역이 아닌 사랑과 열정의 영역에 있기 때문이다. 붙잡혀온 안티고네와 그녀를 심문하는 크레온 사이의 짧은 대화가 이어지는 장면은 이 극의 압권이다. 다음과 같은 대화는 이 둘의 입장을 잘 보여준다.

> 안티고네:
> 상관없어요. 죽음은 모든 이가 동등한 의식을 치르기를 바라니까요.
>
> 크레온:
> 애국자와 반역자에게 동등하다는 것은 있을 수 없어.
>
> 안티고네:
> 크레온 왕이여, 도대체 지하의 누가 이 행동이 순수하고 정결하다는 것을 모를 수 있겠나요?

1 그러나 법이 나누는 범주와 한계와 경계가 '분명'한 것은 아니다. 오히려 한스 켈젠Hans Kelsen이나 자크 데리다와 같은 이론가들은 법의 명령의 근거를 계속 소급해 올라가게 되면 거기에는 합리성이나 자연법칙이 아닌, '허구fiction'만이 남아 있을 뿐이라고 말한다. '국민'이라는 개념이 '상상의' 소산인 것과 마찬가지로 '법'에게도 그 최종 근거의 자리는 비어 있다. 가령 본질적으로는 나누어져 있지 않은 문학작품의 구분법인 장르를 규정하는 법칙은 장르 밖에 있다. 밖에 있으면서 안을 규정하고 보이지 않는 곳에서 보이는 것을 나타내기에, 그것은 오직 일종의 흔적trace으로만 존재한다. 법도 장르의 규칙과 마찬가지다. 데리다가 그 무엇보다 순수함을 주장하는 법은 근본적으로 불순하고 부패해 있으며 오염되어 있다고 말하는 것은 이 때문이다. Jacques Derrida, "The Law of Genre", trans. Avital Ronell, *Critical Inquiry*, Vol. 7, No. 1(Autumn, 1980), pp. 55~81; Margaret Davies, "Derrida and Law: Legitimate Fictions", *Jacques Derrida and the Humanities: A Critical Reader*, ed. Tom Cohen, Cambridge: Cambridge University Press, 2002, pp. 213~237 참조.

2 Sophocles, *The Three Theban Plays: Antigone, Oedipus the King, Oedipus at Colonus*, 이후 본문에 등장하는 대사의 인용은 괄호 안에 행行을 표기하는 것으로 한다.

크레온:
절대 모르지. 한번 적은 친구가 될 수 없어.
심지어 죽음 이후에라도.

안티고네:
저는 사랑의 편이지, 증오의 편이 아니에요.
그것이 제 본성이랍니다.

크레온:
그렇게 네가 사랑해야 한다면,
저 밑에 내려가서(죽어서) 사랑하거라. 죽은 자들을 사랑해!
내가 살아 있는 한, 어떤 여자도 내 주인처럼 굴 수는 없다.(584~594)

국가를 최상위에 놓는 크레온의 법 혹은 상식은 죽음마저도 "애국자와 반역자"에게 동등한 것이 아니고, "사랑의 편"인 안티고네는 그 법을 넘어선다. 법이 분리하는 그 경계를 넘는 이 행위야말로 안티고네가 죽어야만 하는 이유다. 법은 경계를 설정하는 기능을 하고, 경계가 없이는 인간 사회의 질서가 존재할 수 없다. 크레온이 "아나키, 땅 위에서 그보다 더 큰 죄악을 내게 보여달라!"(751~752)고 말하는 이유는 여기에 있다. 다시 말해 안티고네의 초월은 인간 사회의 근간을 위협하는 행위이고, 인간 사회를 넘어선 곳은 오직 "지하", 곧 죽은 자들의 세계뿐이다. 가족의 비극을 끝까지 지켜봤던 안티고네에게 죽음이 낯설지 않듯, 그녀가 초월의 세계를 지향하는 것 역시 자연스럽다. 즉 크레온이 국가와 법이 표상하는 '상징의 세계the Symbolic'에 있다면, 안티고네는 그 법을 다 무화無化시켜버리는 상징 너머의 세계를 가리킨다고 할 수 있다. "언어만을 사랑하는 친구를 나는 사랑하지 않는다"(612)라는 안티고네의 대사는 자신이 "언어" 너머를 지향하고 있음을 드러낸다. 그녀는 크레온이 그토록 두려워하는 "아나키"의 현현이고, 크레온이 그토록 숭상하는 국가의 질서를 무화시키는 '초월자'다.

이런 그녀가 "사랑의 편"에 서 있다고 말하고 있다. 이미 아버지 오이디푸스의 운명을 통해 '왕' 역시도 한번 몰락하면 '아무것도 아님'을 알아버린 안티고네이기에 이런 말을 할 수 있다. 거기에다 "사랑"이라는 말은 오이디푸스가 죽으면서 자신들에게 남긴 마지막 말이었다. "힘들다는 걸 난 안단다, 내 아이들아. 그러나 너희들 삶의 고통을 갚아주는 유일한 단어가 있으니, 내 아이들아, 그건 사랑이다"(1830~1833). 그녀에게 사랑은 법뿐 아니라 모든 것을 초월하는 가장 강력한 힘이다. 크레온의 공포는 국가와 권력과 법은 사랑의 힘 앞에서 초라해질 수밖에 없음을 자인하는 것이다. 예수의 '사랑'이 바리새인을 동요시킨 이유 역시 그것이다. 사랑은 법을 흔들고 무너뜨린다. 자본주의 국가에서 사랑을 하나의 형식과 제도 속에 묶어놓는 이유 역시 같다. 사랑에 빠진 사람은 일상을 규정하는 법을 넘어설 수 있기 때문이다. 사랑의 힘이 풀리면 일상이 뒤바뀌고, 일상의 변동은 질서를 흔든다. 법과 질서의 수호자들이 가장 무서워하는 힘이 사랑이고, 그래서 사랑은 반역적이다.

사랑하는 모든 이들의 죽음 뒤에 삶에 대한 의욕을 놓아버린 안티고네와는 달리, 오산과 모헤이는 자신들의 사랑을 가로막는 법이 강요하는 궁극적인 죽음을 달게 받지 않는다. 오히려 이들은 죽음보다는 언제나 '삶'을 택한다. 영화에서 가장 아름다운 장면은 여기에 있다. 힘겨운 도망 끝에 오산과 모헤이는 자살을 택하기 위해 배를 타고 강으로 나오고, 모헤이는 먼저 오산의 발을 끈으로 묶는다. 죽음을 앞둔 모헤이는 처음으로 오산에게 사랑을 고백하면서 눈물을 흘린다. 이 고백을 듣자 오산은 "죽지 않고 살겠다"라고 선언한다. 『논어』가 말하는 '사랑'의 정의가 여기에 닿아 있을 것이다. "愛者, 欲其生(사랑하면 그가 살기를 바라는 것이다)." '사랑'은 '삶'이고 '살림'이다. 카메라는 까만 강물 위에서 법에 포위당한 나룻배 한 척을 잡고 있고, 그 배 위의 둘은 법과 죽음에 맞서기로 결심하고 있다. 이 장면은 이들이 더 이상 도망갈 곳 없는 신세임을 잘 보여주는 이미지(강물, 나룻배, 칠흑 같은 밤)로 구성되어 있지만 사실 바로 그곳이야말로 세상의 법과 윤리가 침범할 수 없는 '사랑의 공간', '삶의 공간'으로 변했음을 동시에 전하고 있다.

오산과 모헤이의 '금지된 사랑'이 보여주는 것은 사랑이 쓰고 없애버리는 '소비consumption'가 아니라 전에 없었던 무엇을 만들어내는 '생성becoming'이라는 점이다. 사랑은 '새로운 주체'를 만들어내는 힘이다. 이를 형상화하는 것이 모헤이다. 모헤이는 소작농 아버지 밑에서 자란 하층민이다. 그는 가난 속에서도 언젠가 교토에 가서 출세하겠다는 꿈을 꾸어왔다. 그리고 마침내 상인 이슌 밑에서 뛰어난 기술을 가진 장인이 되어 독립하기 직전 사건이 터진 것이다. 만약 모헤이가 출세를 선택했다면 그는 오산의 처지를 위해 이슌의 인감을 도용할 생각을 아예 하지 않았을 것이다. 그는 사랑을 위해 무모한 짓을 했고, 그 때문에 결국 모든 것을 잃게 되었다. 하지만 그는 오히려 오산과의 사랑을 금지하는 법과 가족(친아버지와 오산의 어머니)을 거슬러 죽더라도 그녀와 함께 있는 길을 택한다. 사랑은 충실한 하인이자 뛰어난 장인, 그리고 법을 지키는 신민이었던 모헤이의 존재 자체를 뒤흔들어 전복시킨다. 모헤이는 사랑을 통해 새롭게 다시 태어나는 것이다. '죽어도 다시 살겠고' 존재를 전복시켜 새로운 존재를 만들어내지 못한다면 그것은 사랑이 아니라는 것. 오산과 모헤이는 이 진실을 보여준다.

안토니오 네그리와 마이클 하트Michael Hardt는 『공통체*Commonwealth*』 3부에서 사랑에 관해 이야기한다. 네그리와 하트에게 '사랑'은 다른 어떤 개념보다 핵심적인 역할을 한다. "사랑은 지금껏 우리가 발전시켜온 이 기획의 진정 살아 있는 심장이며, 이것이 없다면 나머지는 죽어버린 덩어리에 불과할 것이다."[3] 왜? 사랑은 오늘날 비물질화非物質化되고 정동화情動化된 생산과 노동 과정의 핵심에 있으며, 살아 있는 관계의 구성으로 정의되는 '존재'를 만들어내는 사건이기 때문이다. 생산하고 구성하는 '존재론적 사건'으로서의 사랑은 따라서 기존의 존재 형식들과 끊임없이 부딪힌다. "모든 사랑의 행위는 그것이 기존의 존재와 충돌하면서 새로운 존재를 창조해낸다는 점에서 존재론적 사건이라고 할 수 있다."[4]

하지만 사랑은 쉽게 부패하기도 한다. '부패한 사랑love corrupted'은 차이와 특이성이 확장되는 생산적 사랑이 아니라 '동일자same'의 결합으로 축소되는 사랑이다. 남녀 간의 '결혼'으로, 또 '가족'으로만 귀결되는 사랑은 '동일자'를 만들어내는 사랑이다. 이 사랑은 확대되거나 확장되지 않고 계속 축소되어 '내 가족', '내 아내'라는 범주 속으로 환원된다. 결국 이러한 '동일자'의 사랑에서 우리가 목격하는 것은 끝없는 질투와 소유욕, 탐욕이다. 내 아내 외의 다른 모든 여자에 대해서는 무심할 것을, 내 남편 외의 다른 모든 남자에 대해서는 선을 그을 것을, 내 가족 외의 타자에 대해서는 상관하지 말 것을 요청하는 이 '동일자'의 사랑은, 네그리와 하트에게는 '부패한 사랑'이다. 직장에 대한 사랑이나 나라에 대한 사랑, 인종에 대한 사랑 역시 마찬가지다. 파시즘과 인종주의, 쇼비니즘은 원한이 폭발하는 형태가 아니라 '사랑'이 동일자로 귀착되면서 생기는 병리적 형태다. '윤리를 어기는 사랑', 곧 '불륜'은 그래서 언제나 '죽일 죄'로 다스려진다. '아내를 배신한 남편', '가족을 떠난 어머니', '나라를 팔아먹은 매국노'에 대한 저주 역시 '사랑에 대한 배반'을 이유로 처벌받지만, 그 사랑은 결국 다시 윤리와 법으로 환원되고야 만다.

그런데 사실 우리가 '아름답다'고 예찬하는 것은 윤리와 법을 벗어나지 않는 사랑이다. 〈일요일 일요일밤에〉의 '우리 아버지'(2009)는 매주, 자기들끼리 모여 술 마시는 아버지들을 찾은 후(어머니들은 늦은 밤까지 모여서 술 마시면 안 된다!) 자식들에게 전화해서 "제일 존경하고 사랑하는 사람은 아버지"라는 말을 받아낸다. 그러고는 아버지들의 가족 사랑과 가족들의 아버지 사랑을 감동적으로 그려낸다. 이렇게 열심히 일하는 아버지들의

3 Antonio Negri and Michael Hardt, *Commonwealth*, MA : Harvard University Press, 2009, p. 180.

4 Antonio Negri and Michael Hardt, *Commonwealth*, p. 181.

사랑이 있어서 우리는 아직 희망이 있다는 것이다. 이 서사가 수행하는 역할 중 하나는 바로 '사랑=가족'을 유일한 카테고리로 만들어내는 일이다. 신동엽과 김구라가 혼자 술을 마시는 아버지를 찾아내서 인터뷰를 하는데, 그 아버지가 사실은 아내가 아닌 사랑하는 다른 여자 때문에 고민하며 술을 마시고 있다면? 아버지가 방송을 통해 집에 전화를 했는데 그 순간 아내 옆에는 다른 '아버지'가 있다면? 전화를 받은 아들이 "아버지는 매일 우리를 때려요. 나는 아버지를 증오해요"라고 대답한다면? 물론 이런 장면들은 '절대' 방송에 나가지 않을 것이다.

하지만 중요한 것은 사랑이 '아버지와 가족'의 바깥을 넘나들며 존재한다는 점이다. 〈치카마츠 이야기〉에서 오산과 모헤이를 십자가로 향하게 하는 그 '법'은 사실 '우리 아버지'가 현상하고 있는 그 '윤리'와 사실 동일한 것이다. 그것은 '윤리와 법의 바깥'을 인정하지 않는, '동일자에 대한 사랑'만을 유일하게 허용하고 있기 때문이다. 미조구치 겐지의 이 영화가 급진적이라면 그것은 그가 오산과 모헤이의 '불륜'을 법의 눈으로 보지 않으며 정반대의 편에서 '사랑'으로 그려내고 있어서다. 실은 예수의 '새로운 약속新約'의 핵심인 '사랑' 역시 이런 급진적인 부분을 지녔다. 예수의 사랑은 구약이 받들고 있는 '율법'을 정면으로 위반하는 것이기 때문이다. 예수는 안식일을 어기면서 병자를 고치고, 불륜녀를 돌로 쳐 죽이라는 율법을 어기면서 여자를 보호하며, 거룩한 성전의 앞마당을 난장판으로 만든다. 예수의 사랑은 '선택받은 이스라엘 민족'이라는 구약식 '동일자'의 사랑이 아니라 '나를 믿는 자는 모두 하나님의 자녀들'이라는 '확장하는' 사랑이다. 오히려 그가 타파하려고 했던 것은 '율법에 대한 사랑', '민족에 대한 사랑', 곧 '부패한 사랑'이었다. 오산과 모헤이가 법을 거슬러 '십자가'로 향했듯이, 예수 역시 구약의 법을 위반한 죄로 '십자가'로 향한다. '십자가에 매달린crucified' 사람들은 그래서 '사랑하는 사람들lovers'이다.

알랭 바디우는 『현재의 철학*Philosophy in the Present*』[5]에서 '철학이란 무엇인가'에 대해 설명하면서 〈치카마츠 이야기〉를 꺼낸다. 바디우가 이 영화에서 그려진 '사랑'에 주목하는 이유는 바로 오산과 모헤이의 사랑이 법을 거스르고 존재를 뒤집음으로써 결국은 '새로운 사건'을 만들어내기 때문이다. 바디우는 바로 이 '사랑'이 '철학'이라고 말한다. 사랑과 철학은 공히 기존의 질서에 동조하지 않으며, 그 속에 균열을 만들고, 궁극적으로는 아무도 본 적이 없는 '새로움'을 만들어내는 '사건'이다. 기존의 질서를 유지하고 집행하는 것을 돕는 철학은 그래서 바디우에게는 '사상'일 수는 있어도 '철학'은 아니다. 기존의 질서 속에 있을 때만 축복받는 사랑은 마찬가지로 '정'이나 '의리'나 '본능'일 수는 있으되 '사랑'은 아니다. 바디우에게 철학적 상황이란 사랑하는 이 두 연인이 기존의 틀에서 벗어나 완전히 새로운 존재로 변모해가는 바로 그 생성 자체다.

> 사랑이라는 사건(존재의 전복)과 삶의 일상적 규범들(도시의 법칙, 결혼의 법칙) 사이에는 공통적인 잣대가 존재하지 않는다. 철학은 우리에게 무엇을 말하는가? 그것은 '우리가 사건을 생각해야만 한다'고 말한다. 우리는 예외를 생각해야만 한다. 우리는 일상적이지 않은 것에 대해 말해야만 한다는 사실을 알아야 한다. 우리는 삶의 변환에 대해 사유해야만 한다.[6]

안티고네가 '미친 짓'을 하고, 오산과 모헤이가 질서 잡힌 삶에서 벗어나는 '도망'을 행하는 것처럼, "아마도 철학은 무엇보다 비정상성일 것"이라고 지젝은 말한다.[7] 미치거나 비정상적이 되지 않고, 남들에게 그런 소리를 듣지 않은 채로 '사건'을 만들어낼 수 있을까? 무엇보다 '사건'은 "기존 상황, 의견들, 제도화된 지식이 아닌 '어떤 다른 것'을 발생시키는 것"이고, 따라

5 Alain Badiou and Slavoj Žižek, *Philosophy in the Present*, ed. Peter Engelmann, trans. Peter Thomas and Alberto Toscano, Cambridge and Malden, MA: Polity, 2009.

6 Alain Badiou and Slavoj Žižek, *Philosophy in the Present*, p. 12.

7 Alain Badiou and Slavoj Žižek, *Philosophy in the Present*, p. 69.

서 기존 질서와 상식에는 "위험한, 예상치 못한 잔여"이기 때문이다.[8]

오산과 모헤이의 사랑이 하나의 '사건'이라는 점은 이 둘의 변화에서도 알 수 있을 뿐 아니라 마지막 장면에서 군중의 반응을 통해 잘 드러난다. 군중은 놀란다. 어떻게 죽음을 향해 가는 사람들의 얼굴이 저토록 행복할 수가 있는지 이해할 수 없는 것이다. 이 둘의 죽음은 곧 집행되겠지만, 오산과 모헤이의 미소를 보며 충격 받은 사람들의 '감각'은 금방 사라지지 않는다. 그 감각은 곧 '사랑은 죽음 앞에서도 행복할 수 있으며, 그것은 마님과 하인의 사랑이라도 마찬가지'라는 말을 하고 있는 셈이다. 바로 이것이 '사건'이다. 오산과 모헤이의 사정을 알고, 사람됨을 알고, 이들을 진심으로 동정했던 사람들이 오산과 모헤이의 '미소'를 통해 새롭게 얻는 그 '감각'이야말로 이 영화가 그려낸, 사랑이 만들어낸 사건이다. 그것은 쉽게 잊히지 않을 것이며, 바로 그 속에서 다시 법과 윤리라는 질서를 거스르고 위반하는 '사랑의 사건'은 태어날 것이다. 새로운 '감각sense'을 만들어내는 이 사랑의 '사건event'은, 그래서 언제나 '놀라운 사건sensational event'일 수밖에 없다.

8 Alain Badiou, *Ethics: An Essay on the Understanding of Evil*, trans. Peter Hallward, London and New York: Verso, 2002, p. 67.

6 허무를 허물기[1]

파국 시대의 정념에 대하여

> 내가 말해야 하는 것은 다음 두 세기의 역사다.
> 나는 다가오는 것, 다르게 다가올 수는 없는 어떤 것을 묘사하려 한다.
> 그것은 '허무주의의 도래'다.
> / 프리드리히 니체, 『권력에의 의지』 중에서

파국의 시대

우리 시대를 규정하는 하나의 단어가 있다면, 아마 그것은 '파국'일 것이다. 이 단어가 의미하는 '깨어지는[破] 판[局]'에 대한 생생한 이미지는 얼마 전 발생한 일본의 대지진에서 볼 수 있다. 말 그대로 땅이 갈라지고, 판이 깨어지는 지진의 강도強度, 그 여파로 해안 도시를 강타하는 거대한 쓰나미의 영화 같은 장면, 그리고 녹아버린 원자로와 유출된 방사능이 자아낸 공포를 다시 기억해보라. 일본 대지진보다 약 1년 먼저 발생했던 아이티의 대지진은 30만 명이 넘는 이들의 목숨을 앗아갔고 160만 명을 '집 없는 자들'로 만들었으며, 이것이 다시 콜레라의 창궐을 일으키자 국가 전체가 거대한 무질서 상태로 돌아갔다. 2008년에는 미국에서 부동산 거품으로 인한 경제위기가 터졌다. 미래에 대한 예측speculation을 통해 부동산을 비롯한 수많은 파생상품을 만들었던 투기자본speculative capital이 한계를 넘어서자 붕괴가 찾아왔다. 신용을 담보로 집을 사기 위해 대출했던 평범한 이들부터 은행, 투기자본회사까지 줄줄이 도산하면서 미국 경제가 휘청거렸고, 이것이 다시 세계화된 자본주의 경제 전체의 위기로 이어졌다. 하나가 흔들리

1 이 글은 같은 제목으로 계간 『문학동네』 2011년 여름호에 수록되었다.

면 다른 하나가 무너지고, 그로 인해 다른 하나가 녹아내리는, 그래서 결국 모든 것이 일시에 정지되거나 혼란 상태가 도래하는 이 충격의 연쇄는 '파국'이라는 단어가 환기하는 주된 이미지다.

오늘날 '글로벌'화된 위기와 파국의 상황에 대한 담론들은 크게 세 가지 내용을 담고 있다. '자본주의의 위기', '기후변동의 위기', '자원 고갈의 위기'가 그것이다. '자본주의 위기론'은 산업자본주의의 한계를 자각한 이후 등장한 투기와 신용 중심의 금융자본주의 형태와 개인을 포함한 사회 전체를 시장화하려는 시도인 신자유주의적 자본주의 형태가 결합된 것으로, 세계시장 전체가 스스로를 움직이는 그 과도한 욕망으로 인해 (2008년 경제위기가 보여주듯) 한꺼번에 붕괴할 수 있는 심각한 위험의 경향들을 주기적으로 보여준다는 주장을 편다.[2] '기후변동 위기론'은 인류의 자기중심적 삶의 방식이 지구(혹은 '가이아')의 생태계 균형을 파괴함으로써 생겨나고 있는 기후변동이 지구로 하여금 다시 재균형을 유지하도록 강제하고 있으며, 이 재균형은 현생인류의 대부분을 말살할 수 있는 거대한 기후변동으로 나타날 것이라는 예측이다.[3] '자원 고갈 위기론'은 인류의 핵심적 에너지원으로 전체 에너지원의 86.4퍼센트를 차지하고 있는 화석연료(석탄, 석유, 천연가스 등)가 곧 동이 날 것이고, 그로 인해 화석연료의 값싼 상용화를 기반으로 해서 이루어진 인류 문명 전체가 커다란 혼돈에 빠져들 수밖에 없을 것이라는 주장이다.[4]

자본주의, 기후변동, 자원 고갈이라는 파국의 세 카테고리를 뜯어보면 하나(자본주의)가 나머지 둘(기후변동, 자원 고갈)의 주요한 원인임을 알 수 있다. 기후변동과 자원 고갈 모두 일종의 '탐욕greed'—더 빠른 성장, 더 많은 축적—으로 인해 발생하는데, 이 탐욕을 추동력으로 삼는 체제가 바로 오늘날의 극단화된 형태의 자본주의이기 때문이다. 기후변동은 '요한계시록'을 실현하려는 신의 의지로 일어나는 것이 아니라 자연을 과도하게 훼손하면서 생태계의 균형을 깨고 자정 능력을 파괴하면서까지 자신의 풍요를 유지하려는 인류의 탐욕 때문에 일어난다. 자원 고갈은 한정되어 있는 화석연료를 마치 무한대로 존재하는 듯 여기며 소비해온 인류의 탐욕 때문에 발생한다. 그런데 이 두 위기 뒤에는 200년이 살짝 넘은 근대 산업 자본주의가 자원을 낭비하고 자연을 훼손함으로써, 오직 그렇게 함으로써만 생산력의 발전을 유지할 수밖에 없었던 하나의 사실이 존재한다. 요컨대 자본주의가 기후변동과 자원 고갈을 낳았다면 이 둘은 자본주의를 넘어 인류 전체를 위협하게 될 것이다. 자본주의는 또 자본주의대로 경쟁의 격화와 사회적 배제의 폭발적 심화로 인해 자신이 착취할 사회 자체의 파멸을 추동하고 있는 중이다.[5] 오늘날 플라톤까지 거슬러 올라가는,[6] 그리고 마르크스에서 절정을 맞이하는 저 익숙한 '과잉excess'의 서사, 곧 시스템이 가장 풍요로운 발전의 지점에서 '이미' 자신의 몰락을 예비하고 있다는 서사는 그저 고대 철학자의 우아한 '논증'으로 제쳐두기에는 너무나 '현실적'이다.

2 David Harvey, *The Enigma of Capital and the Crises of Capitalism*, Oxford: Oxford University Press, 2010, 그리고 Slavoj Žižek, *First as Tragedy, Then as Farce*, London and New York: Verso, 2009. 한편 노르베르트 트렌클레Norbert Trenkle의 경우는 오늘날 자본의 위기는 이미 제2차 세계대전 이후부터 이어져 온 것으로, 생산의 위기를 금융으로 덮고 있는 형국이라고 말한다. www.krisis.org의 논문들 중 특히 Norbert Trenkle, "Tremors on the Global Market: On the Underlying Causes of the Current Financial Crisis", trans. Josh Robinson, 2009 참조.

3 대표적으로 James Lovelock, *The Vanishing Face of Gaia: A Final Warning*, New York: Basic, 2009 참조. Juliet B. Shor, *Plenitude: The New Economics of True Wealth*, New York: Penguin, 2010, 2장은 기후변동과 자원 고갈에 대한 경제학적 접근의 한 사례를 보여준다.

4 특히 석유의 고갈이 불러올 자본주의 문명의 미래에 대해서 Imre Szeman, "System Failure: Oil, Futurity, and the Anticipation of Disaster", *South Atlantic Quarterly*, Vol. 106, No. 4(2007 Fall), pp. 805~823; James Howard Kunstler, *The Long Emergency: Surviving the Converging Catastrophes of the Twenty-First Century*, New York: Atlantic Monthly Press, 2005 참조.

5 지젝은 생태 위기, 유전공학 혁명의 결과물들, 자본주의 시스템 내부의 불균형(자원 확보를 위한 전쟁, 경쟁의 파괴력 등), 그리고 사회적 분할과 배제의 폭발을 지구적 자본주의 시스템의 끝을 가져올 '묵시록의 네 기사'로 설정한다. Slavoj Žižek, *Living in the End Times*, London and New York: Verso, 2010, x.

6 Plato, *The Republic*(Book 8)

어슐러 르 귄의 『빼앗긴 자들*The Dispossessed*』에는 우리가 현재 '지구'라고 부르는 행성인 '테라'에서 은하계의 대표 기구가 모여 있는 우라스로 파견 온 대사大使가 등장한다. 테라 대사관으로 피신 온 아나레스의 물리학자 쉐벡에게 대사는 다음과 같이 테라의 역사를 말한다.

> 나의 세계, 나의 지구는 폐허입니다. 인간이라는 종이 망가뜨린 행성이죠. 우리는 아무것도 남지 않을 때까지 번식하고 게걸스럽게 먹어치우고 싸워댔고 죽었어요. 식욕도 폭력도 통제하지 않았죠. 적응하지 않았어요. 우리 자신을 파괴한 겁니다. 하지만 그전에 세상을 먼저 파괴했죠. 나의 지구에는 숲이 남아 있지 않아요. 공기는 회색이고 하늘도 회색, 언제나 뜨겁죠. 살 수는 있습니다. 아직까지도 살 수는 있지만, 이 행성 같지는 않죠. 이곳이 살아 있는 세계요 화음이라면, 우리 행성은 불협화음입니다. 당신네 오도니안은 사막을 선택했고, 우리 테라인은 사막을 만들었어요.[7]

테라/지구 역사의 핵심은 '통제하지 않음'에 있다. 번식하고 먹고 싸우고 죽이는 지구인의 이미지는 끝을 모르는 탐욕의 그것이며, 그 끝에는 "불협화음"만 남는다. 삶 자체가 무한경쟁의 연속이 된 오늘의 자본주의, 파낼 수 있는 모든 에너지원이 생산과 소비의 동력이 되는 자원의 메커니즘, 그로 인해 균형을 잃어버린 지구가 가하는 다양한 복수들. 중세 기독교의 아포칼립스가 세상의 '불협화음'을 '협화음'으로 만드는 최후의 심판에 대한 유토피아적 열망이었다면, 르 귄의 포스트-아포칼립스 속에서 테라/지구에 남은 것은 오직 "사막"이라는 이름의 "폐허"뿐이다.

파국-장치

파국은 아감벤적인 의미에서 이 시대를 살아가는 이들에게 영향을 미치는 하나의 '장치dispositif, apparatus'로 기능한다. 주지하다시피 미셸 푸코의 장치론은 그가 파악하려고 했던 (근대적) 권력의 작동방식 속에 위치한다. 푸코는 장치를 "담론, 기구, 건축 형태, 규율적 결정, 법, 행정 조처, 학문적 진술, 정치적 · 도덕적 · 박애주의적 명제들로 구성된 완전히 이질적인 조합"으로 정의하면서 그것의 주요한 기능이 권력의 "긴급한 필요에 응하는 일", 곧 "지배적인 전략적 기능"을 담당하는 것으로 바라보았다.[8] 푸코의 장치론을 재전유하는 아감벤은 '장치'를 "살아 있는 존재들의 몸짓, 행동, 의견 혹은 담론 행위를 어떤 방식으로든 포획하고, 방향을 규정하고, 결정하고, 간섭하고, 모델화하고, 조정하고, 안정화시키는 능력을 가진 문자 그대로의 모든 것"으로 정의함으로써 개념을 확장한다. 즉 장치란 '자연적 존재'를 특정한 '주체'로 만드는 데 사용되는 모든 것으로 감옥, 정신병원, 학교와 같은 푸코적 장치뿐 아니라 펜, 문학, 철학, 언어, 심지어 담배와 휴대폰까지 이에 포함된다.[9] 아감벤은 그것이 굳이 '권력장치'와 결합되지 않더라도 어떤 방식으로든 존재를 '주체화'하는 기능을 수행하는 모든 사물, 관계, 담론 등을 장치로 명명하고 있다. '파국'이라는 하나의 (이미 도래한, 혹은 곧 도래할) '상태' 역시 그것을 감지하느냐의 여부에 따라 세상을 달리 보게 하고, 그로 인해 사유와 행동을 "관리하고, 통치하고, 조절하고, 방향 짓는",[10] 즉 자연적 존재를 파국을 감지한 존재로 주체화하는 역할을 수행하는 하나의 '장치'라고 볼 수 있다.

파국-장치는 다양하고 이질적인 요소들의 네트워크다. 이 안에는 철

7 어슐러 르 귄, 『빼앗긴 자들』, 이수현 옮김, 황금가지, 2002, 478~479쪽.

8 Michel Foucault, *Power/Knowledge: Selected Interviews and Other Writings, 1972~1977*, ed. Colin Gordon, trans. Colin Gordon, et al., New York: Pantheon, 1980, pp. 194~195.

9 Giorgio Agamben, *"What Is an Apparatus?" and Other Essays*, trans. David Kishik and Stefan Pedatella, Stanford, CA: Stanford University Press, 2009, p. 14.

10 아감벤에 따르면 '장치dispositif'라는 단어가 파생하는 라틴어 어원은 고대 신학자들이 사용한 '오이코노미아oikonomia', 곧 오늘날 사용되는 '경제'이다. 이 용어는 인간의 행동과 생각을 '관리하고, 통치하고, 조절하고, 방향 짓는' 일을 의미했다. Giorgio Agamben, *"What Is an Apparatus?" and Other Essays*, pp. 8~12.

학, 정치학, 경제학, 물리학, 기상학과 같은 분과 학문이 있고,[11] 문학, 영화, 음악, 그래픽노블, 엔터테인먼트 등의 (대중)문화가 있으며,[12] 심지어 노스트라다무스나 2012년 지구종말설 등과 같은 비과학적 언술 혹은 유언비어, 일상적 언표("만약 내일 세상이 끝난다면 당신은 무엇을 하겠습니까?"), 아포칼립스를 강조하는 종교 집단, 종말에 집착하는 망상증자들까지도 포함될 수 있다.[13] 파국 시대의 텍스트, 혹은 파국-장치 내의 텍스트는 위에 예시한, 오늘날 전 지구적 위기에 관한 주된 담론들을 직간접적으로 문제 삼거나 그 바탕 위에서 사건을 전개한다. '세계의 끝'[14]이라는 위기의 상황이 있고, 그 위에 펼쳐지는 서사 속에서 특정한 질문이 제기되며, 마침내 그 질문에 대한 해결이 도모된다.[15]

예컨대 애트우드의 『인간 종말 리포트』의 시공간적 배경은 인류의 유전공학이 각종 혼종체混種體를 만들어내기 시작하는 파국의 과정과 그로 인해 퍼진 바이러스가 주인공 스노우맨이 아는 한 인류 전체를 멸절시킨 이후다(상황). 작가는 신의 영역을 넘나들고 생명까지도 자본주의의 상품으로 만드는 행위들을 오릭스와 크레이크의 서사를 통해 그려내며(질문), 이러한 파국의 상황에서 홀로 남은 스노우맨의 내면과 창조된 새 인류인 '크레이크의 아이들'을 통해 현생인류의 종말 자체에 대한 무조건적 감상주의에 빠지지 않고, 동시에 모든 공격성을 제거한 채 '긍정성'만을 통해 '제조된' 인류에 대한 한계를 냉정하게 인식하는 새로운 인식의 공간을 연다(해결). 파국-장치 내의 텍스트 안에서 '파국'은 상황과 질문과 해결의 과정을 구현하고, 그 속에서 파국과 위기는 '흥밋거리'로 여겨지기보다는 (물론 그런 텍스트들도 많지만) 과감한 정치적 · 윤리적 질문을 던지는 진지한 장소가 된다. 뿐만 아니라 파국-장치의 네트워크는 파국 시대를 살아가는 이들이 느끼는 기미幾微에 관한 감각, 느낌, 파토스 혹은 정념情念 역시 품고 있다. 만약 이 시대를 파국이라는 단어로 규정한다면 우리는 파국-장치 내 여러 구성요소들을 통과하고 분석함으로써 파국 시대의 지배적 정념, 곧 우리 시대의 주체들이 품는 느낌을 희미하게나마 파악해볼 수 있을 것이다.

자본과 허무

파국-장치를 가동하는 세 가지 위기 담론(자본주의, 기후변동, 자원 고갈) 중 자본주의는 다른 두 위기를 촉발하고 심화하는 원인이자 세 위기 담론 중 핵심적 위치를 차지한다. 필립 리브Philip Reeve의 『모털 엔진*Mortal Engines*』 시리즈에 등장하는 거대한 '견인 도시'처럼[16] 자본주의는 자기 주위에 놓인 모든 것들을 흡수하여 이를 자기 성장의 동력으로 사용하는 시스템이다. 그것은 시작부터 마르크스와 엥겔스가 묘사했듯 역사상 가장 창조적

11 분과 학문별로 파국에 대한 주제들을 다루는 글들은 산포되어 있으나 크게 보아 아직 '미개척지' 상태라고 할 수 있다. 다만 파국을 주제로 철학, 정치학, 문학을 아우르는 접근을 시도하는 최근의 저작으로는 Peter Y. Paik, *From Utopia to Apocalypse: Science Fiction and the Politics of Catastrophe*, Minneapolis: University of Minnesota Press, 2010 참조.

12 문학 영역에서는 대개 '포스트-아포칼립스' 소설이라 불리는 사이언스 픽션 장르의 소설들, 발라드와 우엘벡의 후기 자본주의 문명에 관한 소설들, '순수문학'에서도 애트우드, 이시구로, 레싱Doris Lessing 등이 최근 발표했던 사이언스 픽션들을 포함할 수 있다. 영화에서는 알폰소 쿠아론Alfonso Cuarón 감독의 〈칠드런 오브 맨Children of Men〉과 같은 디스토피아 SF 장르나 할리우드 재난 영화들을, 그래픽노블에서는 대표적으로 앨런 무어의 『왓치맨』 등을 비롯한 '슈퍼 히어로물'을 꼽을 수 있다. '리얼리즘' 계열이더라도 자본주의의 위기, 자원 고갈, 기후변화 등을 직간접적으로 다루면서 현재를 재사유하게 만드는 텍스트는 파국-장치에 포함시킬 수 있다. 장준환 감독의 〈지구를 지켜라!〉가 떠오른다.

13 특히 '종말론'에 집착하는 여러 현상들과 관련하여, 마치 한때 벤야민의 역사철학이나 블로흐의 유토피아론이 (특히 '과학적' 마르크스주의자들에 의해) '유대 신비주의' 철학으로 오해되거나 경시되었듯, 또 아직까지도 파국의 상상력을 다루는 사이언스 픽션 텍스트들이 '싸구려 장르문학'으로 여겨져 '진지한' 문학평론의 대상이 되고 있지 못하듯, 이질적 요소들로 구성된 파국-장치 역시 오늘날 그러한 대접을 받을 가능성이 높아 보인다. 이것이 '예감'인 이유는 아직 한국에서 파국-장치에 관한 총체적 담론이 '등장'한 적이 없기 때문이다.

14 '세계의 끝'은 말 그대로의 '종말'을 의미하기도 하지만 동시에 자본주의적 모순의 극대화, 기후의 격변, 자원의 고갈 등이 진행되는 과정 혹은 '세계의 끝' 이후 문명의 모습 등을 광범위하게 포함한다.

15 신형철은 소설과 현실의 관계를 살피기 위한 세 가지 층위로 '세계의 현실성, 문제의 현실성, 해결의 현실성'을 구별할 것을 제안한 바 있다. 신형철, 『몰락의 에티카』, 문학동네, 2008, 23~24쪽.

16 필립 리브, 『모털 엔진』, 김희정 옮김, 부키, 2010.

이면서도 동시에 견고한 모든 것들을 공기 중에 사라지게 만들고, 조지프 슘페터Joseph Schumpeter가 경탄했듯 끝없이 파괴하면서 창조해나가는 속성을 가지고 있었다. "'세계시장'을 만들어내려는 경향은 자본 자체에 직접적으로 주어져 있다. 자본에게 모든 한계는 극복해야 할 장벽으로만 나타난다."[17] 마르크스 시기에 상품의 제조와 순환에 머물러 있던 자본은 20세기 들어 문화산업으로 확장되었고, 21세기에 들면 인간의 정신, 인지, 감정 등 비물질적 영역까지도 포획하기 시작한다. 네그리와 하트에 따르면 20세기 후반 이래 물건을 생산하는 산업 노동('물질 노동')은 지식, 정보, 커뮤니케이션, 관계, 감정 등 비물질적 생산물을 창조하는 노동, 즉 '비물질 노동immaterial labor'에 헤게모니를 내어주게 되었다. 지식, 정보, 관계, 감정 등의 생산은 결국 사회적 삶 자체의 생산이며, 이를 위해서는 신체와 정신 그리고 여기에서 나오는 갖가지 정념을 의미하는 정동affects이 모두 투입되어야만 한다. 그래서 비물질 노동은 궁극적으로 자신의 삶 전체가 모두 노동에 바쳐지는 '삶정치적 노동biopolitical labor'의 형태를 띠게 되는데, 이러한 노동은 경제, 정치, 사회, 문화의 영역을 모두 아우르며 혼합하는 총체적인 형태다.[18] 노동 시간의 의미가 사라지고 일상 전체, 즉 24시간이 모두 노동 시간이 되는 이 삶정치적 노동의 헤게모니는 삼성의 기획팀 직원과 백숙집 아주머니를 가리지 않으며, 〈무한도전〉의 연예인들과 대형 기획사의 연습생들을 '차별'하지 않는다. 편차가 다를 뿐 이제 모든 노동은 자신의 '몸과 마음을 다 바치는' 형태를 취한다.[19] 자본은 이 삶정치적 노동, 곧 삶 전체를 장악하고 통제하려 한다. 노동의 변화와 함께 바뀌는 이러한 자본의 형태를 네그리와 하트는 '삶권력biopower'이라고 부른다. 이로써 삶을 통제하는 자본은 오늘날 인간의 삶과 세계 곳곳에, 마치 신이 그러하듯 편재遍在한다.

순수한 외부를 발견할 수 없는 자본의 편재성 앞에서(아니 속에서) 존재가 느끼는 지배적 정념은 '허무虛無'다. 삶은 완전히 개방되어 있지만 바로 그만큼 절대적으로 폐쇄되어 있다. 모든 것을 할 수 있는 자유 앞에서 아무것도 할 수 없는 아이러니, 모두가 자유를 부르짖으면서도 모두가 어떤 강박에 사로잡혀 있는 형국, 꽉 차 있는 만큼 공허함도 커지는 이 절망적 상황이야말로 파국 시대의 아포리아aporia인 것이다. 지젝이 말하는 '카페인 없는 커피'의 예는 이 꽉 참과 텅 빔의 관계를 잘 보여준다. "오늘날 상점에서 우리는 유해한 성질들이 제거된 끝없는 일련의 상품들을 발견한다. 카페인 없는 커피, 지방 없는 크림, 알코올 없는 맥주." 커피와 크림과 맥주는 차고 넘치나 그것을 커피이고 크림이고 맥주이게 하는 요소들은 모조리 제거된 상황. "목록은 계속된다. 섹스 없는 가상 섹스, 사상자(물론 우리 편 말이다) 없는 전쟁이라는 콜린 파월Colin Powell의 원칙이 보여주는 전쟁 없는 전쟁, 전문가들의 관리 기술로 재정의된 오늘날의 정치, 곧 정치 없는 정치에서부터 타자성이 제거된 타자를 경험하는 오늘날의 관용적이고 자유주의적인 다문화주의,"[20] 혁명 없는 마르크스주의, 노조 없는 노동자, 쥐 그래피티 없는 G20에 이르기까지 포스트-정치와 포스트-이데올로기 시대의 존재방식은 핵심을 제거해야만 비로소 존재가 용인되는 그런 '허무한' 형태를 취한다. 물론 이러한 존재방식의 정점은 '자유(신자유?)'를 통해서 '지배'하는 신자유주의적 자본의 전 지구화일 터이다.

그것이 어떤 방식으로든 불편함과 유해함을 초래할 경우 요체要諦를 제거한 텅 빈 상태로 만들어버리는 이 시대의 지배적 존재론은 기실 유구한 니힐리즘의 형식이기도 하다. 니힐리즘의 형식을 통할 때 허무의 정념은 그 존재방식을 더욱 구체적으로 드러낼 수 있다. 니힐리즘의 원형적 의

17 Karl Marx, *Grundrisse*, trans. Martin Nicolaus, London: Penguin, 1993, p. 408.

18 Antonio Negri and Michael Hardt, *Multitude: War and Democracy in the Age of Empire*, New York: Penguin, 2004, pp. 103~115; André Gorz, *The Immaterial: Knowledge, Value, Capital*, trans. Chris Turner, London: Seagull Books, 2010.

19 김이설, 『환영』, 자음과모음, 2011에서 백숙집에서의 노동이 어떻게 주인공 서윤영의 삶 전체를 요구하는지 보라.

20 Slavoj Žižek, *Welcome to the Desert of the Real: Five Essays on September 11 and Related Dates*, London and New York: Verso, 2002, pp. 10~11.

21 Bülent Diken, *Nihilism*, London and New York: Routledge, 2009, p. 15. 이하 니힐리즘의 형식에 관한 틀은 디켄의 분류를 따랐음을 밝혀둔다.

미는 "세계가 목표, 통합성 혹은 의미를 상실했다는 사실에 분노하면서 세계를 있는 그대로 받아들이는 데 실패하는 것"에 있다.[21] 니힐리스트는 원래 지고한 이상주의자로 자신이 신봉하는 이상과 가치와 의미가 세계 속에 존재하지 않거나 실현되지 못한다는 사실로 인해 세계 자체를 거부하는 존재다. 니힐리스트가 바라보는 세계는 '이상이 사라져버린, 그래서 텅 빈 세계'다. 거꾸로 니힐리스트 역시 세계의 구체적 물질성에 역겨워하면서 그 세계 속에서 살아가야만 하는 텅 빈 존재가 된다. 파국 시대의 정념인 '허무'는 이러한 니힐리즘의 형식과 조응照應한다. 니체를 따라 니힐리즘의 형식을 살핌으로써 우리는 '허무'의 정념이 이 시대의 문화 텍스트들을 통해 어떤 식으로 변주되고 변형되어 나타나는지, 대강의 지형도를 그려볼 수 있다.

니힐리즘의 세 형태: 원한 품은 노예

니힐리즘의 첫 번째이자 원형적 형태는 월등하게 높은 가치를 설정함으로써 그 높은 가치의 이름으로 삶을 부정하는 방식이다('부정적 니힐리즘'). 부정적 니힐리스트에게 세상은 더럽고 냄새나는 구덩이와도 같은 것이다. 플라톤의 이데아와 기독교의 천국이 이 땅이 아닌 저 천상에 존재하듯, 부정적 니힐리스트의 가치 역시 세상과 삶의 영역 밖에 있다. 니체에게 있어 부정적 니힐리즘은 '원한Ressentiment'을 가진 인간이 만드는 '도덕'으로 표상된다.

> 도덕에서의 노예 반란의 시작은 원한 자체가 창조하는 힘이 되어 가치를 낳게 될 때 발생한다. 행위에 대한 응당한 반응이 거부된 자들이 가지게 되는 원한은 오직 상상 속의 복수에 의해 보상받는다. 모든 고귀한 도덕이 승리에 겨워 자신에게 '예'라고 말하는 데에서 싹트는 것에 반해 노예의 도덕은 자신의 '바깥', '타자', '자신이 아닌' 모든 원칙에 대해 '아니오'라고 말하는 데서 싹튼다. 이 '아니오'가 그것(노예의 도덕)의 창조적 행위다. 이러한 평가기준의 역전—자기 안으로

> 들어가는 대신 필연적으로 자기 밖을 지향하는 것—은 원한의 특징이다. 즉 터져 나오기 위해서 노예의 도덕은 우선 적대적인 바깥세상을 필요로 하고, 생리학적으로 말하자면 그것은 어떻게든 행위를 하기 위해서 반드시 외부의 자극을 요구한다. 그것의 행위란 기본적으로 반작용이다.[22]

니체에게 있어 강한 자는 자신이 이룰 목표를 위해 적극적으로 행동하는 자인 데 반해 노예/약자는 행동하지 못하는 자다. 그는 자신의 수동성이 강자가 가하는 억압 때문이라고 생각하면서 원한을 품는다. 언젠가 강자의 지배를 뒤집고 자신들이 강자를 지배하는 세상을 꿈꾸지만 그렇게 할 능력이 없는 이들은 원한의 상태를 악에 의해 고통당하는 선인善人의 이미지로 변환한다. 강자에게 가하지 못하는 복수는 자신에 대한 고행苦行으로 전이된다. 자신을 학대하는 행위를 통해, 즉 더욱 약해지고 더욱 비참해짐으로써 그는 삶의 이유를 찾는다. 죽음과 구별할 수 없는 삶을 살아야 하기에 행복으로 넘칠 '죽음 이후의 삶'을 상상하게 된다. 행동하지 못하는 이 약자들은 도덕과 종교를 만들고 악이 무너질 그 심판의 날을 기다린다.

오늘날 한국에서 부정적 니힐리스트는 하루 12시간씩 일하고 착취당하면서도 죽어서는 천국에 갈 희망을 잃지 않는 수많은 착한 '노예'들의 형태로 나타난다. 김이설의 『환영』을 보자. 가난한 집의 딸로 태어나 공무원 시험 준비를 하는 무능한 남편과 살면서 갓 태어난 아이를 위해 교외 백숙집에 일을 나가는 주인공 윤영은 돈이면 모든 것이 가능한 한국 사회의 온갖 더러운 꼴을 겪는다. "희망이 있다는 사실이 희망이었다"라고 믿는 윤영은 처음 보는 남자들에게 몸을 팔면서까지 일해도 삶이 나아지지 않는, "밤하늘에 별 같은 건 하나도 보이지 않"는 절망의 상황 속에서 "일당 사만 원이 채 못 되"는 돈을 받고 "하루 열한 시간을 왕백숙집에서 일"한다.

22 Friedrich Nietzsche, *On the Genealogy of Morality*, ed. Keith-Ansell Pierson, trans. Carol Diethe, Cambridge: Cambridge University Press, 2006, p. 20.

백숙집 사장과 사장의 고등학생 아들한테까지 돈을 받고 성을 팔면서 그들에 대한 원한을 마음속으로만 간직한 채 어떠한 저항의 행동도 시도하지 않는, 그녀는 '노예'다. 그녀는 열심히 일하지만 절망에 허덕이고, 자신의 자존심 따위는 돈 몇 푼에 팔아넘기면서도 그것이 가족을 위하는 '최선'이라고 믿는다.

> 피식 웃음이 났다. 최악을 생각해보니 지금의 상황이 그리 나쁜 것 같지 않았다. 여하튼 뱃속 아이는 지우면 그만이었다. 남편이 문제라면 같이 안 살면 되었다. 아이는 빚을 내서라도 고쳐주면 되지 않나. 빚을 낼 수 없다면, 그래서 아이를 저대로 살게 둬야 한다면…… 그 꼴을 어떻게 보나. 죽어버리지 뭐. 아니다. 아이와 함께 죽는 것이 더 나을지도 몰랐다. 그래, 아이를 세상에 혼자 두느니 같이 죽는 게 낫겠다. 어떻게든 해결 방법은 있었다. 그렇게 생각하니 홀가분했다. 한 번 터진 웃음이 멈춰지질 않았다.[23]

> 남편은 갑자기 퇴원 수속을 밟는 내게 왜 그러느냐 묻지 못했다. 내내 죄인처럼 내 눈을 쳐다보지 못했다. 그러지 말라고 하지 않았다. 멀쩡한 몸 축나 돈 들게 하는 것, 그게 죄였다. 돈도 못 버는 주제에 병원비까지 축내는 가장은 죄인이었다. 남편의 어깨를 부축해 걷는데 진땀이 흘렀다. 그래도 길거리에 버려두고 나 혼자 집으로 돌아갈 수는 없었다. 아이 씨. 업혀.[24]

부정적 니힐리스트가 강자 앞에서 행동하지 못하면서 품는 원한을 성직자를 통해 도덕으로 승화시키듯, 윤영은 백숙집에서 겪는 (성)노동의 고통을 아이와 남편을 통해서 묻는다. 걷지 못하는 아이는 "빚을 내서라도 고쳐"야 할 어떤 희망이고, 남편은 죄인이지만 업고 가야 할 존재다. '원한'을 도덕으로 승화하는 인간이 동시에 스스로에게 고통을 가함으로써 자신을 더 나은 존재로 고양시키는 '판타지'로 사는 것처럼, 윤영도 그렇게 산다. 원한을 가진 이가 복수를 실현할 수 없을 때, 그 에너지는 자신에게 향한다. 윤영이 몸을 팔기 시작할 무렵부터 남편에게 화를 내고, 자신의 불우했던 과거를 회상하는 것은 이 때문이다. 이 세상의 많은 다른 착한 노예들처럼 그녀는 자신에 대한 착취에 과도하게 몸을 던져 남편("죄인")을 대신해 '가장'의 의무를 수행하는 자신의 어떤 '도덕성'을 다른 모든 가족들 위에 위치시킨다. 윤영은 신혼 시절 품었던 이상과 희망을 (성)노동의 형태를 띤 자기 학대로 대체함으로써, 그럼으로써만 살아갈 수 있다. 자신을 노예로 만들어낸 모순에 대해 그녀는 절대 질문하거나 행동하지 않으며, 오로지 조금 더 나아질 거라는 어떤 환상적 미래幻影만을 바라며 산다. 물론 그 '미래'는 오지 않을 공산이 크다.

니힐리즘의 세 형태: 냉소하는 잉여

니힐리즘의 두 번째 형태는 원한을 가진 이들이 자신을 구원할 신의 존재(지고의 도덕)를 더 이상 믿지 못하게 될 때 생겨난다. 여전히 행동하지 못하는 이 니힐리스트들은 '신의 죽음' 이후 자신들이 믿는 가치를 추구하는 것 자체를 포기한다. 어차피 세상은 더러운 것이니, 그저 생존하는 데 만족하면서 죽음을 기다린다('수동적 니힐리즘'). 원한은 사라지고, 오직 흘러가는 삶만 남는다. 수동적 니힐리스트는 존재와 세계에 대한 성찰 대신 오직 '생존'을 위해 역설적으로 모든 것을 '바친다.' 분노할 줄 모르고, 싸울 줄 모르고, 그 어떠한 이상理想도 '먹고사니즘'을 위해 내던지는 주체들은 니체가 세기말에 보았던 '최후의 인간'이다.

> 그러나 어느 날 이 (비옥한) 토양은 척박해지고 길들어서 어떤 키 큰 나무도 그 위에서 자라지 못하게 될 것이다. 아, 인간이 인간을 넘어

23 김이설, 『환영』, 154쪽.
24 김이설, 『환영』, 187쪽.

> 서는 동경의 화살을 더 이상 쏘지 못하는, 그의 활 끈이 소리내기를 잊게 될 시간이 다가오고 있다. 아, 인간이 더 이상 별을 낳지 못하는 시간이 오고 있다. 아, 가장 혐오스러운 인간, 즉 더 이상 자신을 혐오하지 못하는 인간이 오고 있다. 보라, 내가 그 '최후의 인간'을 너희에게 보여주겠다. (……) 인간은 여전히 일을 하지만, 그것은 일이 오락의 형태이기 때문이다. 그러나 인간은 그 오락이 너무나 비참해지지는 않도록 주의한다. 인간은 더 이상 가난해지지도 부유해지지도 않는다. 둘 모두 과도한 노력을 필요로 하기 때문이다. 누가 여전히 지배하려 하는가? 누가 복종하려 하는가? 둘 모두 과도한 노력을 요하는데. 목자는 없고 양떼만 남았다! 모두가 같아지기를 원하고, 모두가 같도다.[25]

'최후의 인간'은 자신 안에 혼돈이 없는, 분노하지 못하고 자신을 혐오하지 못하는, 그래서 성찰 대신 편안함과 안락함만을 추구하는 인간형이다. 그는 투쟁하고 희생함으로써 자신이 본능에만 매달려 있는 동물보다 더 고귀한 존재라는 것을 보여주는 플라톤적 '티모스'를 상실한 인간이다.[26] 생존만을 추구하는 동물보다 더 고귀하지 못하다면 인간은 동물과 다를 바 없고, 이러한 '최후의 인간'은 코제브가 20세기 중반 미국에서 목격했던 역사의 종말 이후의 동물화된 인간형이기도 하나.[27] 그의 삶은 동물적 생존에 만족하는 영도zero degree의 삶이자, 그 어떤 목표도 없이 '벌거벗은 삶' 자체에 만족하는 삶이다. 노예의 정념이 '원한'이라면 최후의 인간의 정념은 '냉소'다.

오늘날 최후의 인간의 냉소를 극명히 보여주는 사례는 아마 우엘벡 소설의 인물들일 것이다. 삶도 예술도 육체도 이미지도 모두 하나의 상품 혹은 물질이 되어 교환되고 팔리는 우엘벡의 세상 속 인물들은 그 어떠한 가치도 이상도 상실한 채 부유浮游한다. 『소립자』의 미셸과 브루노는 각각 지식과 섹스 속에서 삶의 이유를 찾으려 하지만, 소설이 진행되는 내내 이들은 그 이유를 찾지 못해 방황한다. 방황이 깊어질수록 집착도 깊어진다.

미셸은 욕망이 과소화되어 거의 컴퓨터 같은 존재가 되어가고, 브루노는 욕망이 과잉되어 섹스중독자 상태에 이른다. 이 소설에서는 두 주인공의 허무와 집착, 즉 없음(허무)을 견딜 수 없어 있음을 찾아 헤매는(집착) 과정이 끝없이 반복된다.

'카페인 없는 커피'와 같이 텅 빈 우엘벡식 인물들은 윤이형의 「큰 늑대 파랑」에 등장하는 세 여자와 한 남자에게서도 발견할 수 있다. 학교 교정에서의 데모에 "특별한 이유는 없"이 섰다가 누군가 쿠엔틴 타란티노의 이름을 생각해내자 망설임 없이 이화예술극장에서 하는 〈저수지의 개들〉을 보러 가는, 현실의 피보다 스크린 위의 피에 더 짜릿해하는 이 네 대학생들의 10년 후의 모습은 하나같이 '최후의 인간'에 값한다. 그중 한 명인 프리랜서 작가 사라에게 인생은 무언가? "사람들이 흔히 하는 말처럼 삶은 별게 아니었다. 훌륭한 드립커피나 적절한 순간에 흘러나오는 펫숍 보이스의 노래, 닥터 하우스의 귀여운 미소, 좋은 책의 한 구절 같은 것들이면 충분할 때가 많았다."[28] 그녀의 삶에는 텔로스telos가 없으며, 그 빈 공간엔 "적절한 순간"을 채워줄 작은 쾌락들이 자리 잡는다. '충분한 삶'에 대한 생각 직후(!) 그녀는 좀비에게 공격당하고, 자신의 '아들'인 늑대 파랑에게 골을 뜯긴다. 사유와 성찰을 그친 최후의 인간은 이제 자신의 극단화된 형태인 '좀비(살아 있는 시체)'에게, 그리고 '늑대(동물)'에게 자리를 내어줄 수

25 Friedrich Nietzsche, *Thus Spoke Zarathustra: A Book for All and None*, trans. Walter Kaufmann, New York: Modern Library, 1995, pp. 17~18.

26 Francis Fukuyama, *The End of History and the Last Man*, p. 304.

27 코제브에게 역사의 종말에서의 인간이란 자신에게 주어진 상황을 부정하면서 행동하지 못하는 인간, 생활의 안락으로 인한 '행복함'에 젖어 세상의 모순에 맞서 투쟁하지 못하는 인간, 그리하여 '동물화'된 인간이다. 그는 물질문명의 안락함에 젖어 사는 미국인들의 모습에서 그 '동물'의 모습을 발견하고, 역사를 만들어가는 헤겔-마르크스적 역사의 종말이 지금 여기에 이미 도래해 있다고 말한다. Alexandre Kojève, *Introduction to the Reading of Hegel: Lectures on the Phenomenology of Spirit*, pp. 158~161.

28 윤이형, 「큰 늑대 파랑」, 『창작과비평』, 2007년 겨울호, 296쪽.

밖에 없는 것. 그러나 니힐리스트에게 죽음은 오히려 구원이다. "언젠가 우리가 우리를 잃고 세상에 휩쓸려 더러워지면 파랑이 달려와 우리를 구해줄 것이다."

'좀비'가 여전히 상상이라면, 자칭 '잉여'와 '폐인'은 현실이다. '최후의 인간'이 성찰하는 인간이기를 포기한 '인간 이후의 인간' 혹은 '동물'인 것과 마찬가지로, '잉여剩餘'와 '폐인廢人' 역시 인간의 영역 밖으로 밀려난 이미지를 단어 속에 품고 있다. '노예'가 자본에 매여 착취당하면서 원한을 속으로만 삭이는 것과는 달리, '잉여'는 직접적으로 자본의 노예가 되어 살지는 않으나 여전히 자본의 자장磁場에서 벗어나지 못한다(그는 주로 '알바'를 한다). 이 틈을 채우는 정념이 냉소다. '현실' 세계의 질서에서 즐거움을 찾지 못하는 그가 '가상virtual'세계를 주된 활동무대로 삼는 것은 이 때문이다.

니힐리즘의 세 형태: 분노하는 테러리스트

수동적 니힐리스트가 이상과 가치에 안녕을 고하고 안락한 생존에만 매달리는 존재라면, '급진적 니힐리스트'는 거꾸로 선 수동적 니힐리스트, 곧 이상과 가치를 위해서라면 자신과 세계 전체를 파멸로 몰아넣는 존재다. 수동적 니힐리스트가 가치 없는 삶/세상을 영위한다면, 급진적 니힐리스트는 삶/세상 없는 가치를 추구한다. 수동적 니힐리스트가 '냉소'에 절어 있다면, 급진적 니힐리스트는 '분노'에 지배당한다.[29] 만약 드높은 가치가 이 세상에서 자신의 장소를 찾지 못한다면 그 세상은, 나와 함께, 파괴되어도 좋다. 니체는 말한다. "니힐리즘은 '헛되도다!'만을 되뇌는 것도, 단지 모든 것이 몰락할 만하다는 믿음만도 아니다. 그는 파괴하려 한다."[30]

급진적 니힐리스트는 충혈된 눈으로 지하철에 올라타 독가스를 살포하는 '테러리스트'이자 남녀노소 가리지 않고 죽이는 '연쇄살인범'이다. 김사과의 「움직이면 움직일수록 이상한 일이 벌어지는 오늘은 참으로 신기한 날이다」의 주인공 '나'는 "나름대로 열심히 살아왔다고 생각"하는 중산층 회사원이지만, 자신의 "의지로 뭘 해본 적이 한 번도 없"는 "셀로판지" 같은 "투명한 인간이다."[31] 열심히 살았던 이유, 존재의 목적을 이제 와 돌이켜보지만 그는 역시 텅 비어 있다. 그 이유와 목적을 찾아봐도 보이는 것은 (자신과 동일한 삶을 사는) 타인의 눈에 서린, 그리고 자신의 내면에 있는 공포뿐이다. 상실해버린, 아니 한 번도 가져본 적이 없는 가치를 떠올리기 시작하는 순간, 그는 분노한다. 좀비와 늑대는 이제 '악마'가 된다. 주위의 사람들을 죽임으로써, 자신의 삶을 파괴함으로써만 그는 절망에 가득 찬 삶을 끝장낼 수 있다.

박민규의 「루디」에 등장하는 루디 역시 마찬가지다.[32] 끝없는 길이 이어져 있는 알래스카의 지평선 위에 서서 자신이 청소부로 12년간 일했던 회사의 사장 차를 향해 정면으로 총을 겨누는 루디의 첫 모습은 이미 어떤 질서나 논리를 넘어서 있다. 아이에서 노인까지 만나는 모든 사람을 죽이는 루디가 사장에게 방아쇠를 당기기 직전 마지막으로 남긴 살인의 이유는 놀랍게도 이것이다. "너희를 평등하게 미워할 뿐이야. (……) 너도 평등하게 우릴 괴롭혀왔으니까." 평등한 미움을 달성하기 위해 서슴없이 휘두르는 이 눈먼 폭력(뉴욕의 그라운드 제로에서부터 '묻지마 범죄'에 이르기까지 오늘 우리가 이미 충분히 목격하고 있는)은 우리 시대의 허무가 당도한 최후의 아포리아라 할 만하다.

분노하는 테러리스트는 니체가 묘사했던 시장 바닥의 한 장면, 곧

29 니체를 이어받은 슬로터다이크에게 분노는 서양 역사의 핵심 정념이다. 니체에게 '노예'였던 주체는 슬로터다이크에게서 '루저loser'로 바뀐다. 그에 따르면 마르크스주의와 기독교는 루저들의 분노를 자극하고 취합하여('분노 은행') 혁명이라는 성과물로 되돌려주는 유구한 방식, 곧 '분노 투자'의 전통을 대표하는 두 기둥이다. Peter Sloterdijk, *Rage and Time: A Psychopolitical Investigation*, trans. Mario Wenning, New York: Columbia University Press, 2010.

30 Friedrich Nietzsche, *The Will to Power*, trans. Walter Kaufmann · R. J. Hollingdale, New York: Vintage, 1967, p. 18.

31 김사과, 「움직이면 움직일수록 이상한 일이 벌어지는 오늘은 참으로 신기한 날이다」, 계간 『자음과모음』, 2010년 봄호.

32 박민규, 「루디」, 『창작과비평』, 2010년 봄호.

줄타기 곡예사에게로 달려가 그를 떨어뜨려 죽게 만드는 광기 어린 광대를 환기시킨다.[33] 그는 타자를 파괴함으로써 웃음 짓는 광대이고, 생명 있는 것을 시체로 만들어야 비로소 만족하는 네크로필necrophile이다. 중요한 점은 이 광대의 살인극이 "우리에게 최후의 인간을 달라"고 외치던 사람들이 지켜보던 줄타기 곡예의 무대 위에서 벌어졌다는 점이다. 즉 극단적 니힐리스트는 수동적 니힐리스트와 떨어질 수 없고, 테러리스트는 최후의 인간들이 점령한 공간을 필요로 한다. 냉소를 일삼으며 모든 진지한 것들을 거부하는 최후의 인간의 세계가 필연적으로 만들어내는 존재는 그 세계를 파괴함으로써만 존재감을 찾을 수 있는 분노하는 테러리스트다. 이 둘은 허무라는 하나의 몸통에서 뻗어나간 샴쌍둥이다. '카페인 없는 커피'로 상징되는, 혹은 '쿨'하고 세련된 정치인들이 엔터테인먼트에 빠진 대중과 함께 만들어가는 이 포스트-정치의 시대가 강박적일수록 '테러 방지'에 집착하는 것은 이 때문이다. 파헤쳐진 4대강만큼 정치가 공허해질수록 그것은 독도를, 북한 잠수함을, 그도 아니면 용산의 '테러리스트'를 요청한다. 에셔M. C. Escher의 〈그림 그리는 손〉처럼 최후의 인간과 테러리스트는, 냉소와 분노는, 포스트-정치와 근본주의는, 이명박과 김정일은, 서로가 서로의 존재를 갈구한다. 정치 없는 정치의 시대에 진정한 적대敵對의 가능성은 폐제廢除되고, 그럴수록 유일한 '정치적' 행동은 대상을 상실한 폭력이 된다. 엔터테인먼트가 가장 만개한 곳에서 공포와 폭력 또한 가장 난무하며, 자유가 가장 찬미되는 곳에서 노예는 가장 긴 시간 일을 한다. 원한과 냉소와 분노가 서로를 떠받치는 이 도저한 모순들의 핵심에 허무의 정념이 있다.

별과 지진

파국은 이 허무의 시스템, 허무의 정념, 허무의 주체들을 아우르는 하나의 개념, 하나의 이미지다. 판 전체가 깨어져버리는, 창세기가 시작되기 전의 혼돈으로 되돌아가는 묵시록의 시간으로서의 파국은 '세계의 끝'에 대한 매우 실제적인 개념이면서 동시에 아직 오지 않은 (듯 보이는), 그리고 영원히 오지 않을 것 같은 픽션 속의 이미지다. 파국은 끝을 지독히도 환기하지만, 동시에 그 끝을 막기 위한 사유의 출발을 부단히도 요청하는 개념이다. 간단히 말해 파국을 이야기하고 파국을 상상하는 것은 오로지 이 파국적 시대의 가치를 넘어선 새로운 가치를 만들어내기 위한 것일 때 의미를 가진다. 그래서 이것은 마치 독이 되기도 하고 약이 되기도 하는 파르마콘pharmakon과도 같이 언제나 이중적인 작업이다.

허무의 정념 역시 그러한 이중성을 가진다. 니힐리즘이 하늘을 향하는 지극한 이상주의의 자식이었다면, 니힐리즘의 극복은 다시 세상, 곧 땅을 향함으로써만 가능할 수 있다. 허무를 넘어서는 일은 저 높은 곳으로 초월하는 어떤 '실재의 윤리'를 찾아가는 것에서가 아니라 현존하는 지배적 가치를 재배치하고 재평가하며 재가공함으로써 새로운 가치를 창조하는 데 있다. 그것은 '허무'를 다시 '허무는' 작업이고, 따라서 결국 니힐리즘의 그 파괴성을 재전유하는 일, 독을 통해 약을 만드는 일, 파국-장치의 상상력을 경유해 지극히 현실적인 모순을 다시 사유하는 일이다. "춤추는 별을 낳기 위해서 인간은 자신 안에 여전히 혼돈을 품고 있어야만 한다."[34] 모든 것이 완벽한 천상의 가치는 역설적으로 "몰락하는 것Untergehende"으로서만, 혼돈으로 가득한 땅으로 떨어짐으로써만 가능하다. 땅은 바로 '세상'이 있는 곳이고, 그 땅을 배제한 채 만들어지는 천상의 가치는 아무런 의미가 없는 것이다. 니체의 '초인'이 하늘의 사람이 아니라 철저히 땅의 사람인 이유다. 땅이 있는 현실의 가치를 부단히 뒤집는 일은 허무를 극복하고, 가장 작은 데서부터 새로운 가치를 벼려내는 일이다. 오늘날 텍스트에서 창궐하는 살인자와 늑대와 좀비가 안내하는 곳은 지금 우리가 서 있는 이곳의 현실이다. 판이 깨어지는 세계에 대한 파국의 상상력은 이렇게 다시, 갈라지는 땅이라는 지진의 이미지로 회귀한다.

33 Friedrich Nietzsche, *Thus Spoke Zarathustra: A Book for All and None*, p. 19.
34 Friedrich Nietzsche, *Thus Spoke Zarathustra: A Book for All and None*, p. 17.

참고문헌

김사과, 「움직이면 움직일수록 이상한 일이 벌어지는 오늘은 참으로 신기한 날이다」, 『자음과모음』(2010년 봄호).

김이설, 『환영』, 자음과모음, 2011.

박민규, 「루디」, 『더블』, 창비, 2010.

서동진, 『자유의 의지, 자기계발의 의지: 신자유주의 한국사회에서 자기계발하는 주체의 탄생』, 돌베개, 2009.

신형철, 『몰락의 에티카』. 문학동네, 2008.

윤이형, 「큰 늑대 파랑」, 『큰 늑대 파랑』, 창비, 2011.

이택광, 『무례한 복음: 이택광의 쾌도난마 한국문화 2008-2009』, 난장, 2009.

편혜영, 『재와 빨강』, 창비, 2010.

들뢰즈, 질, 펠릭스 가타리, 『천 개의 고원: 자본주의와 분열증 2』, 김재인 옮김. 새물결, 2001.

랑시에르, 자크, 『정치적인 것의 가장자리에서』. 양창렬 옮김, 길, 2009.

르 귄, 어슐러, 『빼앗긴 자들』, 이수현 옮김, 황금가지, 2002.

리브, 필립, 『모털 엔진』, 김희정 옮김, 부키, 2010.

바디우, 알랭 외, 『레닌 재장전: 진리의 정치를 향하여』, 이현우 외 옮김, 마티, 2010.

벤야민, 발터, 「폭력비판을 위하여」, 『발터 벤야민 선집 5』, 최성만 옮김, 길, 2008.

보드리야르, 장, 『소비의 사회』, 이상률 옮김. 문예출판사, 1991.

아감벤, 조르조, 『목적 없는 수단: 정치에 관한 11개의 노트』, 김상운 · 양창렬 옮김, 난장, 2009.

오비디우스, 『변신이야기』, 이윤기 옮김, 민음사, 1998.

주판치치, 알렌카, 「바틀비의 장소」, 황혜령 · 차동호 옮김, 『자음과 모음』(2009년 가을호).

하인라인, 로버트 A, 『달은 무자비한 밤의 여왕』, 안정희 옮김, 황금가지, 2009.

Adorno, T. W. and Max Horkheimer, *Dialectic of Enlightenment: Philosophical Fragments*, Ed. Gunzelin Schmid Noerr, Trans. Edmund Jephcott, Stanford, CA: Stanford University Press, 2002.

Agamben, Giorgio, *Homo Sacer: Sovereign Power and Bare Life*, Trans. Daniel Heller-Roazen, Stanford, CA : Stanford University Press, 1998.

— , *Profanations*. Trans. Jeff Fort. New York: Zone Books, 2007.

— , *"What Is an Apparatus?" and Other Essays*, Trans. David Kishik and Stefan Pedatella, Stanford, CA: Stanford University Press, 2009.

Arendt, Hannah, *The Origins of Totalitarianism*, New York: Schocken Books, 2004.

Atwood, Margaret, *Oryx and Crake*, New York: Doubleday, 2003.

Badiou, Alain, *Ethics: An Essay on the Understanding of Evil*, Trans. Peter Hallward, London and New York: Verso, 2002.

Badiou, Alain and Slavoj Žižek, *Philosophy in the Present*, Ed. Peter Engelmann, Trans. Peter Thomas and Alberto Toscano, Cambridge and Malden, MA: Polity, 2009.

Ballard, J. G., *Cocaine Nights*. Washington, DC : Counterpoint, 1996.

— , *Millennium People*. London: Harper Perennial, 2004.

— , *Kingdom Come*. London: Fourth Estate, 2006.

Barr, Marleen S., "Textism: An Emancipation Proclamation", *PMLA*, Vol.119, No.3 (May, 2004): 429~441.

Barthes, Roland, *Camera Lucida: Reflections on Photography*, Trans. Richard Howard, New York: Hill and Wang, 1981.

Baudrillard, Jean, *Impossible Exchange*, Trans. Chris Turner, London and New York: Verso, 2001.

Bauman, Zygmunt, *Liquid Times: Living in an Age of Uncertainty*, Cambridge: Polity, 2007.

Baxter, Jeannette, "J. G. Ballard and the Contemporary", *J. G. Ballard*, Ed. Jeannette Baxter, London: Continuum, 2008.

Becker, Gary S., *Human Capital: A Theoretical and Empirical Analysis With Special Reference to Education*, Chicago: University of Chicago Press, 1994.

Benjamin, Walter, "Capitalism as Religion," *Walter Benjamin: Selected Writings*, Vol. 1, 1913~1926, Eds. Marcus Bullock and Michael W. Jennings, Cambridge, MA: Harvard University Press, 1996.

— , "Fragment 74: Capitalism as Religion." Trans. Chad Kautzer. *Religion as Critique: The Frankfurt School's Critique of Religion*. Ed. Eduardo Mendieta. New York: Routledge, 2005.

— , "Critique of Violence," *Reflections: Essays, Aphorisms, Autobiographical Writings*. Ed. Peter Demetz, Trans. Edmund Jephcott, New York: Schocken Books, 1978.

Blissett, Luther. *Q*. Trans. Shaun Whiteside, Orlando: Harcourt, 2003.

Bloch, Ernst, "Nonsynchronism and the Obligation to Its Dialectics," Trans. Mark Ritter, *New German Critique*, No. 11(Spring, 1977): 22~38.

— , *Spirit of Utopia*, Trans. A. A. Nassar, Stanford: Stanford University Press, 2000.

Cohen, David, *Voodoo, Devils, and the Invisible World*, New York: Dodd, Mead and Company, 1972.

Cohn, Norman, *The Pursuit of the Millennium: Revolutionary Millenarians and Mystical Anarchists of the Middle Ages*. New York: Oxford University Press, 1970.

Davies, Margaret, "Derrida and Law: Legitimate Fictions," *Jacques Derrida and the Humanities: A Critical Reader*, Ed. Tom Cohen, Cambridge: Cambridge University Press, 2002.

Davis, Wade, *The Serpent and the Rainbow: A Harvard Scientist's Astonishing Journey into the Secret Societies of Haitian Voodoo, Zombis, and Magic*. New York: Simon & Schuster, 1985.

Derrida, Jacques, "The Law of Genre," Trans. Avital Ronell, *Critical Inquiry*, Vol. 7, No. 1(Autumn, 1980): 55~81.

—, *Specters of Marx: The State of the Debt, the Work of Mourning, & the New International.* Trans. Peggy Kamuf, New York and London: Routledge, 1994.

—, *The Gift of Death*, Trans. David Wills. Chicago and London: University of Chicago Press, 1995.

Diderot, Denis, *Rameau's Nephew and First Satire*, Trans. Margaret Mauldon, Oxford: Oxford University Press, 2006.

Diken, Bülent, *Nihilism.* London and New York: Routledge, 2009.

Eagleton, Terry, *Trouble with Strangers: A Study of Ethics*, Chichester: Wiley-Blackwell, 2009.

Elliott, Jane, "The Return of the Referent in Recent North American Fiction: Neoliberalism and Narratives of Extreme Oppression," *Novel: A Forum on Fiction*, Vol. 42, No. 2(2009): 349~354.

Engels, Friedrich, *The Peasant War in Germany*, Trans. M. J. Olgin. London: George Allen & Unwin, 1927.

Foucault, Michel, *Power/Knowledge: Selected Interviews and Other Writings, 1972~1977*, Ed. Colin Gordon, Trans. Colin Gordon, et al. New York: Pantheon, 1980.

—, *The History of Sexuality: An Introduction*, Trans. Robert Hurley, New York: Vintage, 1990.

—, *The Birth of Biopolitics: Lectures at the College de France 1978~1979*, Trans. Graham Burchell, Hampshire: Palgrave Macmillan, 2008.

Fukuyama, Francis, "The End of History?" *The National Interest*, Vol. 16 (Summer 1989): 3~18.

—, *The End of History and the Last Man*, New York: Free Press, 2006.

Girard, René, *I See Satan Fall Like Lightning*, Trans. James G. Williams. New York: Orbis Books, 2001.

Gorz, André, *The Immaterial: Knowledge, Value, Capital*, Trans. Chris Turner. London: Seagull Books, 2010.

Gray, John, *False Dawn: The Delusions of Global Capitalism*, New York: The New Press, 1998.

—, *Heresies: Against Progress and Other Illusions*, London: Granta Books, 2004.

—, *Straw Dogs: Thoughts on Humans and Other Animals*, New York: Farrar, Straus and Giroux, 2002.

—, *Black Mass: Apocalyptic Religion and the Death of Utopia*, New York: Farrar, Straus and Giroux, 2007.

Greenblatt, Stephen J., *Learning to Curse: Essays in Early Modern Culture*, New York and London: Routledge, 1990.

Hardt, Michael, and Antonio Negri, *Empire*, Cambridge, MA and London: Harvard University Press, 2000.

—, *Multitude: War and Democracy in the Age of Empire*, New York: Penguin, 2004.

—, *Commonwealth*, Cambridge, MA: Harvard University Press, 2009.

Harvey, David, *A Brief History of Neoliberalism*, Oxford: Oxford University Press, 2005.

—, *The Enigma of Capital and the Crises of Capitalism*, Oxford: Oxford University Press, 2010.

Ishiguro, Kazuo, *Never Let Me Go*, New York: Vintage, 2005.

Jameson, Fredric, *Postmodernism, or The Cultural Logic of Late Capitalism*, Durham: Duke University Press, 1991.

—, *Archaeologies of the Future: The Desire Called Utopia and Other Science Fictions*, London and New York: Verso, 2007.

Jay, Martin, *Marxism and Totality: The Adventures of a Concept from Lukács to Habermas*, Berkeley and Los Angeles: University of California Press, 1984.

Kierkegaard, Søren, *Fear and Trembling*, Eds. C. Stephen Evans and Sylvia Walsh. Trans. Sylvia Walsh. Cambridge: Cambridge University Press, 2006.

Kojève, Alexandre, *Introduction to the Reading of Hegel: Lectures on the Phenomenology of Spirit*, Trans. James H. Nichols, Jr. Ithaca, NY: Cornell University Press, 1980.

Kristeva, Julia, *Powers of Horror: An Essay on Abjection*, Trans. Leon S. Roudiez, New York: Columbia University Press, 1982.

Kundera, Milan, *The Book of Laughter and Forgetting*, Trans. Michael Henry Heim, New York: Alfred A. Knopf, 1980.

Kunstler, James Howard, *The Long Emergency: Surviving the Converging Catastrophes of the Twenty-First Century*, New York: Atlantic Monthly Press, 2005.

Larsen, Lars Bang, "Zombies of Immaterial Labor: The Modern Monster and the Death of Death," *e-flux journal*, Vol. 15 (April, 2010). http://e-flux.com/journal/view/131

Lauro, Sarah Juliet, and Karen Embry, "A Zombie Manifesto: The Nonhuman Condition in the Era of Advanced Capitalism," *boundary 2*, Vol. 35, No. 1 (Spring, 2008): 85~108.

Lawrence, D. H, *Lady Chatterley's Lover*, London: Penguin, 1994.

Le Guin, Ursula K., "The Year of the Flood by Margaret Atwood" *The Guardian* (August 29, 2009)

—, *The Dispossessed*, New York: Perennial, 1974.

Lenin, Vladimir Ilyich, *State and Revolution*, New York: International Publishers, 1943.

Linebaugh, Peter, and Marcus Rediker, *The Many-headed Hydra: Sailors, Slaves, Commoners, and the Hidden History of the Revolutionary Atlantic*, Boston: Beacon Press, 2000.

Lovejoy, Arthur O., *Essays in the History of Ideas*, Baltimore: Johns Hopkins University Press, 1948.

Lovelock, James, *The Vanishing Face of Gaia: A Final Warning*, New York: Basic Books, 2009.

Lukács, Georg, *History and Class Consciousness*, Trans. Rodney Livingston, Cambridge, MA: The MIT Press, 1971.

Mandeville, Bernard. *The Fable of the Bees*, Ed. Phillip Harth, London: Penguin, 1970.

Mannheim, Karl, *Ideology and Utopia: An Introduction to the Sociology of Knowledge*, Trans. Louis Warth and Edward Shils, San Diego, New York and London: Harcourt, 1936.

Marx, Karl, *Capital: A Critique of Political Economy*, Vol. 3. Trans. David Fernbach. London: Penguin, 1981.

—, *Grundrisse*, Trans. Martin Nicolaus. London: Penguin, 1993.

Marx, Karl, and Friedrich Engels, *The Communist Manifesto: A Modern Edition*, London and New York: Verso, 1998.

Matheson, Peter, Ed. *The Collected Works of Thomas Müntzer*, Edinburgh: T&T Clark, 1988.

McCarthy, Cormac, *The Road*, New York: Vintage Books, 2006.

Milton, John, *Paradise Lost*, Eds. William Kerrigan, John Rumrich, and Stephen M. Fallon, New York: Modern Library, 2007.

More, Thomas, *Utopia*, Trans. Clarence H. Miller, New Haven and London: Yale University Press, 2001.

Nietzsche, Friedrich, *On the Genealogy of Morality*, Ed. Keith-Ansell Pierson, Trans. Carol Diethe, Cambridge: Cambridge University Press, 2006.

—, *The Gay Science*, Trans. Walter Kaufmann, New York: Vintage Books, 1974.

—, *Thus Spoke Zarathustra: A Book for All and None*, Trans. Walter Kaufmann, New York: Modern Library, 1995.

—, *The Will to Power*. Trans. Walter Kaufmann and R. J. Hollingdale, New York: Vintage, 1967.

Ortega y Gasset, José, *The Revolt of the Masses*, New York and London: W. W. Norton, 1993.

Paik, Peter Y., *From Utopia to Apocalypse: Science Fiction and the Politics of Catastrophe*, Minneapolis: University of Minnesota Press, 2010.

Pippin, Tina. "'Behold, I Stand at the Door and Knock': The Living Dead and Apocalyptic Dystopia," *The Bible and Critical Theory*, Vol.6, No.3 (2010): 40.1~40.11.

Plato, *The Republic*, Ed. G. R. F. Ferrari, Trans. Tom Griffith, Cambridge: Cambridge University Press, 2000.

Rancière, Jacques, *Hatred of Democracy*, Trans. Steve Corcoran, London and New York: Verso, 2006.

Rupp, E. G., and Benjamin Drewery, *Documents of Modern History*, Eds. Martin Luther. London: Edward Arnold, 1970.

Salecl, Renata, *On Anxiety*, London and New York: Routledge, 2004.

Shakespeare, William, *Hamlet*, Eds. Ann Thompson and Neil Taylor, London: Arden Shakespeare, 2006.

Shor, Juliet B., *Plenitude: The New Economics of True Wealth*, New York: Penguin, 2010.

Sloterdijk, Peter, *Rage and Time: A Psychopolitical Investigation*, Trans. Mario Wenning, New York and London: Columbia University Press, 2010.

Sophocles, *The Three Theban Plays: Antigone, Oedipus the King, Oedipus at Colonus*,

Trans. Robert Fagles. New York and London: Penguin, 1984.

Sorel, Georges, *Reflections on Violence*, Ed. Jeremy Jennings, Trans. Thomas E. Hulme, Cambridge: Cambridge University Press, 1999.

Sorkin, Aaron, *The Social Network: Screenplay*, Sony Pictures Edition.

Szeman, Imre, "System Failure: Oil, Futurity, and the Anticipation of Disaster," *South Atlantic Quarterly*, Vol.106, No.4 (Fall 2007): 805~823.

Toscano, Alberto, *Fanaticism: On the Uses of an Idea*, London and New York: Verso, 2010.

Trenkle, Norbert, "Tremors on the Global Market: On the Underlying Causes of the Current Financial Crisis," Trans. Josh Robinson, 2009. http://www.krisis.org

Voegelin, Eric, *The New Science of Politics: An Introduction*, Chicago and London: University of Chicago Press, 1987.

—, "Nietzsche, the Crisis, and the War," *Published Essays: 1940~1952* (Collected Works of Eric Voegelin, Volume 10), Ed. Ellis Sandoz, Columbia, MO: University of Missouri Press, 2000.

White, Thomas I., "Festivitas, utilitas, et opes: The Concluding Irony and Philosophical Purpose of Thomas More's Utopia," *Albion* Vol. 10 (1978): 135~150.

Žižek, Slavoj, *Welcome to the Desert of the Real: Five Essays on September 11 and Related Dates*, London and New York: Verso, 2002.

—, *Violence: Six Sideway Reflections*, New York: Picador, 2008.

—, *First as Tragedy, Then as Farce,* London and New York: Verso, 2009.

—, *Living In the End Times*, London and New York: Verso, 2010.

감사의 말

모든 책이 그렇듯, 이 책 역시 혼자서는 쓸 수 없었다. 박사논문의 지도교수이자 파국 시대의 정치철학적 질문들을 사이언스 픽션 분석을 통해 제출한 역저 『유토피아에서 아포칼립스로From Utopia to Apocalypse』의 저자이기도 한 위스콘신대(밀워키) 비교문학과의 피터 백Peter Y. Paik 선생님을 만나지 못했더라면 이 책은 애초에 탄생할 수 없었을 것이다. 강의실에서, 연구실에서, 도서관에서, 카페에서 선생님은 언제나 읽어야 할 책 목록과 영감靈感과 질문거리를 주셨다. 문학평론가 복도훈 선생님은 '파국'이라는 주제의 적실성에 공감하며 '하이브리드' 연재를 요청하셨고, 이에 관련된 한국 소설들을 멀리 미국까지 보내주셨다. 그 뜨거운 학문적 관심과 동료애로 인해 나는 외롭지 않게 글을 쓸 수 있었다. 자음과모음의 채미애, 이진아 선생님은 이 책의 전체 편집을 맡아 한 문장 한 문장을 까다롭게 살펴보시고 소중한 조언을 해주셨다. 연재지면을 허락하신 자음과모음의 강병철 사장님과 정은영 주간님, '하이브리드' 원고를 편집해주신 김지혜, 배성은 선생님께 마음으로부터 고마움을 전한다. 모르고 지나쳤던 다양한 참고자료들을 소개해주신 난장출판의 이재원 편집장님, 민음사의 장은수 주간님, 문학동네의 고원효 인문팀장님, 반비의 김희진 선생님, 발표된 원고를 책에 실을 수 있도록 너그럽게 허락해주신 문화과학사의 손자희 선생님, 문학동네의 조연주 편집장님께도 감사드린다.

인생의 스승이자 학문의 사표이신 중앙대 김누리, 강내희 선생님, 한국예술종합학교 심광현 선생님께 부끄럽지 않은 제자가 되겠다고 언제나 다짐한다. 어린 시절부터 선배이자 친구로 나를 이끌어준 정치학자 하승우 형, 문학평론가 오창은 형, 영화진흥위원회 김미현 누나께는 언제나 인생의 큰 빚을 진 느낌이다. 앞으로 갚아갈 때가 있으리라 믿는다. 중앙대의 정정호, 고부응, 손정희, 추재욱, 신광영, 노영돈, 오성균, 육영수 선생님, 서울대의 김명환, 정상준, 유두선, 유명숙, 박지향, 안성찬, 황윤희 선생님께서는 학문의 길에서 나를 단련시키시며 공부의 혹독한 즐거움을 알게 해주셨다. 흑석동의 이정화 선생님, 광주의 나익주, 정현진 선생님, 목포의 류황석 형, 참여연대 최인숙 팀장님, 문화평론가 권경우 형을 비롯해, 친구 정중수, 정경석, 장재영, 박용일, 이서, 박고은, 김인희, 탁윤아, 양기민, 김용기는 언제나 나와 내 글을 아끼고 사랑해주었다. 허접한 글을 읽고 생각을 나누는 기쁨을 주는 블로그의 얼굴 모르는 친구들께도 감사드린다. 매일 출근하다시피 가서 책을 읽고 글을 썼던 동네의 단골 카페 알테라Alterra at Prospect에서 말동무가 되어 준 친구들 폴Paul, 토니Tony, 조쉬Josh에게도 고맙다는 말을 전한다.

광주와 대전의 사랑하는 부모님과 형제들에게는 그 어떤 말로도 감사의 마음을 표현하기 힘들다. 그들의 사랑과 믿음을 받아먹으며 내가 자라났고 또 살아간다. 인생의 길동무이자 학문적 동료, 아내이면서 첫 번째 독자인 혜정은 이 원고의 출산과정을 지켜보며 언제나 힘을 실어주었다. 그녀를 통해 나는 새삼, 그리고 다시, 사랑이 없이는 공부도 없다는 사실을 깨달았다.

2011년 8월 밀워키에서

문강형준

인물 찾아보기